周易与预测学

邵伟華 著

張震寰 題

U0119656

蓍之德圓而神

卦之德方以知

六爻之義易以貢

神以知來

知以藏往

　　録《系辞》贈

《周易与預測學》

　　唐明邦

　　一九八九、五、四

(唐明邦係武漢大學哲學系教授，中國《周易》研究會會長。)

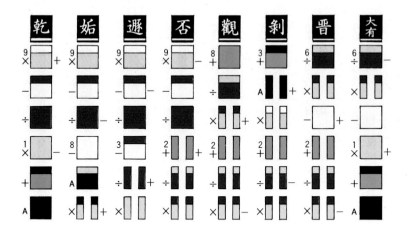

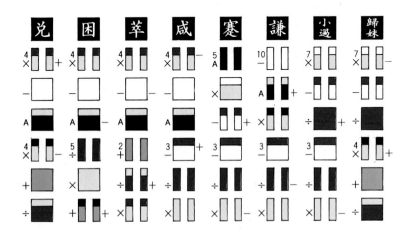

離　旅　鼎　未濟　蒙　渙　訟　同人

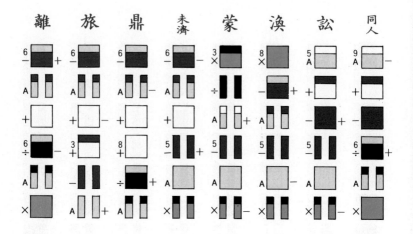

震　豫　解　恒　升　井　大過　隨

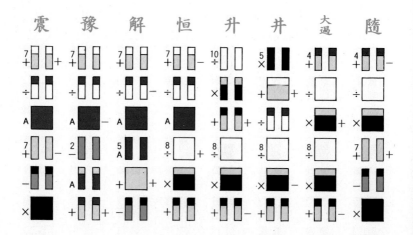

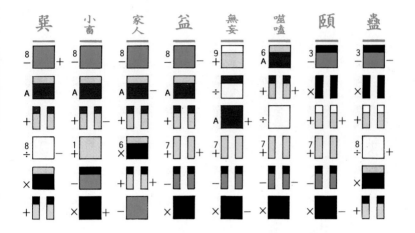

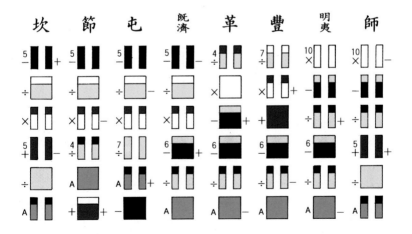

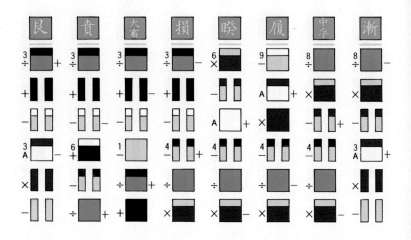

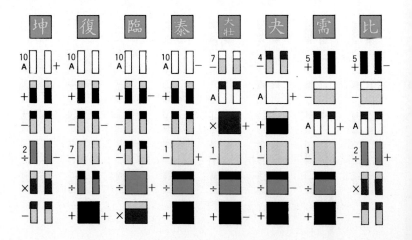

	1.2.	3.4.	5.	6.	7.8.	9.10.
	玄武	青龍	朱雀	勾陳	騰蛇	白虎
	白虎	玄武	青龍	朱雀	勾陳	騰蛇
	騰蛇	白虎	玄武	青龍	朱雀	勾陳
	勾陳	騰蛇	白虎	玄武	青龍	朱雀
	朱雀	勾陳	騰蛇	白虎	玄武	青龍
	青龍	朱雀	勾陳	騰蛇	白虎	玄武

六爻預測信息卡使用說明

六爻預測信息卡（邵氏卡）是我在一九八四年冬至一九八五年秋研究的成果。此卡是按陰陽五行、六親、世應而設計的。不同的顏色，標誌着不同的內容。可用塑料片按卦名制成64個卡片。邵氏卡是六爻預測法必不可少的工具。卡中標誌和用法說明如下：

一、卡上顏色是陰陽五行的標誌：白色爲金；綠色爲木；紅色爲火；黑色爲水；黃色爲土。

二、全白者，爲酉金，白色上帶一道紅色，爲申金。全綠者，爲□木，綠色上帶一道黑者，爲寅木。全黑者，爲水，黑色帶一道黃者□亥水。全紅者，爲午火，紅色上帶一道黃者，爲巳火。全黃者，爲□土，黃色上帶一道紅者，爲未土；黃上帶一道白者，爲戌土；黃上帶□道黑者爲丑土。整四方塊者，爲陽爻，兩半者，爲陰爻。其金、木□水、火、土五色，如上所敍述。

三、卡左邊黑色符號，爲六親的標誌：「×」爲父母爻，「－」□兄弟爻，「＋」爲妻財爻，「A」爲子孫爻，「÷」爲官鬼爻。

四、卡右邊紅色的「＋」「－」符號，爲世應標誌，「＋」爲□爻，「－」爲應爻。

五、卦名用白字者都是屬金；用綠字者，都是屬木；用黑字者□水；用紅字者，屬火；用黃字者，屬土。因金中有乾宮、兌宮，爲□乾兌，故乾宮八卦的卦名下有一道白線。木有震宮、巽宮，故巽宮八□的卦下有一道綠線。土有艮宮、坤宮，故艮宮八卦的卦名，都有一□線。

六、六神五行標，與卦爻五行標一樣。靑龍屬木，用綠字；朱雀□火，用紅字；勾陳、螣蛇屬土，用黃字；玄武屬水，用黑字；白虎□金，用白字。

六神卡上的數字，是日干標誌：如1、2，爲甲、乙日用；3、□丙、丁日用；5爲戊日用；6爲己日用；7、8爲庚、辛日用；9、1□壬、癸日用。

七、卡左邊六親標誌旁的阿拉伯數字爲天干數。

八、用法：不管是按時間起卦，還是搖錢卦，只要卦成之後，即□按卦名，抽出主卦，變卦之卡，配上六神，用不着發愁去死背六親□

應爻的位置及排法，用起來很方便，又快又不會錯，特別是年高、記憶力差者，更爲適用。因此，很多學者、專家，稱此設計是一重大發明。

邵偉華

代序：用八卦預測未來的學者

——記邵偉華和他的《八卦與信息》　　　　里　程

　　春雨潛入夜，潤物細無聲。此刻，在廣州某校的教室裏，燈光璀璨。但偌大一個教室雖坐滿了學員，卻鴉雀無聲。衆人都在靜靜地聽着一位戴着眼鏡、風度翩翩的中年學者講學；這位講者就是邵偉華。

　　1988年5月26日，《鄭州晚報》在第一版上登載上了一篇不尋常的通訊，一位名叫尚虎的兩歲男孩在某公司自辦的幼兒園裏被人抱走了。事情發生在4月27日上午9時許，阿姨因天氣熱，把孩子們放到車子上，推出去乘涼。恰在這時，小虎子說要拉屎，阿姨就讓他自己去了，卻沒有關上託兒所的大門。不久，阿姨發現了不見小虎子，就慌了起來，於是到處尋找。中午12時許，領導才知道此事，於是立即動員全公司的人員到火車站、汽車站和各個路口查找，但一直不見孩子的踪影。差不多一個月了，孩子的親屬和單位的職工們，幾乎跑遍了全河南省，並在鄭州晚報、河南日報、鄭州電視台連續刊發廣告，仍然沒有查到孩子的下落，尚虎的命運，牽動了多人的心啊！許多讀者關心着孩子，不斷提供綫索，但仍然沒有下落。就在此時，鄭州市文聯一位工作人員看到了這篇通訊，於是，他立即給邵偉華寫去一信，言明詳情，請邵偉華測算一下。邵偉華當即作了測算：1、孩子未死；2、在西南方；3、小偷從東北方來；4、是翻牆或欄杆而入的；5、阿姨當時被事情絆住了；6、小偷身高1.66米以上，戴帽子的；7、孩子在陰曆五月底以後，六、七月（三十日）以前回。測後，他即將結果告知對方。果然，尚家根據他的預測，在山東省某地找回小虎子，日期是8月30日（即陰曆7月19日）。此事說來有點「玄」，但是，邵偉華預測的方法是從研究《周易》中來

的。

郭沫若曾說過，《周易》是一座神秘的殿堂。它之所以神秘，因爲它是由一些神秘的磚塊——八卦所砌成的。於是，這座殿堂一直到二十世紀的現代都還散發着神秘的幽光。邵偉華是怎樣走進這座神秘殿堂的呢？說起來，由於種種原因，我們祖先發明的瑰寶，卻是「牆內開花牆外香」，外國人在這方面研究已經走在我們的前面了。而我們呢，說起來慚愧，過去雖有人研究，但也只是從純哲學的觀點去研究。前些年，書市上還根本看不到《周易》這本書的影子呢。邵偉華研究《周易》，是在經濟條件極差的情況下利用廢舊紙、烟盒等，在上寫字研究的。他研究，人家說他搞封建迷信。大、小會都批他，說他搞精神污染。84年整黨，說要開除他的黨籍。眞是困難重重。但他矢志不移。84年9月，他第一次給某雜誌寄上了他的研究成果。在一個內部通訊刊物上，中央國防科工委副主任張震寰看到了他的研究成果，於是，在八五年二月，特地在西安接見了他。接見後，張震寰對邵偉華說：「蘇聯的黨中央書記契爾年科有病，只知道他今年七十歲，更不知道他的出生年月日時，用八卦能不能測出他的病甚麼時間好，或者甚麼時間會去世？」邵偉華說，不知出生時間，可以用其他方法測。根據預測結果，斷定契爾年科必病逝在一九八五年正月無疑。後契爾年科果然於一九八五年正月十九日死。於是，有些科學家去信向邵偉華表示祝賀。張震寰也鼓勵他，希望他繼續努力。從此，邵偉華更加理直氣壯地研究了。一九八八年八月，在貴州省，他出席了全國《周易》學術研討會，被推選爲主席團成員並主持了大會。

邵偉華研究《周易》的重點是在天氣、地震、自然災害、牢役之災、工傷事故和疾病預報等自然科學的方面。說幾個有趣的例子：

一九八三年九月十四日，邵偉華測出上海九月十六日有雨，斷定第五屆全運會不能按時開幕。十六日果然下大雨，大會延至十八日開幕。

一九八六年四月十六日下午，他所在單位的張某說起家裏被盜，請求邵偉華預測能否破案，東西是否能找回。預測後，邵告訴張：「第一，你家值錢的東西是放在房內最高處被盜的；第二，公安處對此一無線索，二無眉目；第三，小偷從東南方來的；第四，小偷共有三人，兩個男的，一個女的。一男臉帶黑，一男臉帶黃，女的上身穿紅色衣服。主要作案的小偷，臉帶黃色，個子瘦小，上身穿的軍衣，戴的軍帽，身高一米五七；第五，他們偷完東西先去西北樹下，然後去東南方向，今年陰曆三月能破案，東西能追回一部分。」事後老張告知說：「八卦太神了，三月破了案，主犯確實臉帶黃色，上身軍衣，戴軍帽，個子瘦小，一米五七。其他和你算的一樣，但他只承認兩個男的，沒有女的。」邵偉華說：「有一女是窩藏犯，只不過不交代而已。」

一九八五年六月，與邵偉華同病房的老施向醫生請求出院。邵偉華勸他不要出院，而且在星期天那天，哪裏也不要去。那天老施沒有出去，下午4點多，就被抬進了搶救室。醫生問邵偉華：「你怎麼知道他要病變？」「我預測出來的。」醫生又要邵測算老施患了甚麼病，邵偉華當場預測後說：「病在血上。」醫生驚奇地打手勢，意思要保密。邵偉華又向醫生建議要注意哪幾天，過了那幾天，就平安無事。後果然如此。

一九八五年十二月三十一日下午三時，張某要邵偉華預測一下我國女排與世界明星聯隊在上海比賽的結果。預測是我隊勝。到了第五場八比二，明星聯隊領先時，張某說：「邵叔，你看錯了吧！是否重測一次？」邵說：「不用再測，我已寫在紙上，我隊是轉敗為勝！」後果然如此。

一九八八年三月三日，張震寰去信給邵偉華，讓他測一下上海的甲型肝炎傳染病何時好轉，邵測後即回信說，三月份得到控制，四、五月一定會好。不久中央台廣播說上海肝炎得到控制了。

一九八六年十二月二十六日，邵偉華測出次年初有旱情，就建議陝西省委大抓水利建設，糧食生產等。省委領導果然動員抗旱。

　　這裏值得一提的是，對今年六月份世界盃足球外圍賽中國隊對伊朗隊的比賽，邵偉華已作出了預測，兩場合起來；我隊一定能轉敗為勝。讀者不妨拭目以待。（編者按：邵偉華1989年初此項預測，於三月份由本文作者在《南風》報公開發表，三個月後中伊足球賽結果與該預測完全吻合。邵偉華因此接到大量讀者的祝賀信，惜無暇一一覆函表謝，故特囑本書責任編輯在此代他向全國各地來信的讀者表示謝意。）

　　邵偉華多次受到中央國防科委副主任張震寰的接見和關懷，受到中國社會科學院有關部門的重視。他是陝西省氣協功理功法委員會顧問，還是貴州省易經研究會副秘書長、江蘇省易經研究會副理事長、《易經》雜誌社顧問，並曾先後多次在北京、西安、南京、開封等地舉辦《易經》學習班和作學術報告。目前正在廣州寶林氣功學校舉辦第二期學習班並準備舉辦第三期。本月初，他接到國際易經研究會的信，準備吸收他為會員。（編者按：邵氏於1989年正式加入該會；1990年到廣州、深圳等地講學。）

　　當日本代表團將他設計的「科學之巔——皇冠」的八卦等預測資料拍成電視時，他確實感到：《周易》是我們中國人的驕傲，我們應該感到自豪。

（原載《南風》報1989年三月第7期）

目錄

前言

　　《周易》是我國最古老、最有權威、最著名的一部經典，是中華民族祖先聰明智慧的結晶。在幾千年的歷史長河中，它歷經種種坎坷與考驗，或褒或貶，時衰時興，卻依然默默地為中國文化和世界文化作出重大貢獻。

　　《周易》這部書，講的是理、象、數、占。從形式和方法上看，好像是專論陰陽八卦的著作。但實際上，它論述的核心問題，是運用「一分為二」、對立與統一的宇宙觀，唯物主義和辯証法的方法論，揭示宇宙間事物發展、變化的自然規律，對立與統一的法則，並運用這一世界觀，運用八卦來預測自然界、社會和人本身的各種信息。《周易》內容十分豐富，涉及的範圍很廣，它上論天文，下講地理，中談人事，從自然科學到社會科學，從社會生產到社會生活，從帝王將相如何治國到老百姓如何處世做人等等，都有詳細的論述，真是包羅萬象，無所不有。

　　《周易》是我國預測學、信息科學的起源與基礎。《周易》中的八卦和六十四卦的卦辭、爻辭，不僅系統地記載了自然科學、社會科學、人體科學和醫學方面反映出來的、潛藏的以及過去、現在和未來的信息，同時還記載了預測信息的寶貴方法。

　　《周易》中，運用八卦來預測信息的方法的發明，正是我國人民的聰明才智和樸素的唯物主義世界觀的真實寫照。他們在實踐和日常生活中遇到疑難之事，不是求助於偶像，而是運用通過八卦進行信息預測的科學方法，預測自然和人事吉凶方面的有關信息，對一切做到心中有數，有備無患，從而更好地認識社會，改造社會，推動社會不斷向前發展。所以，《周易》中的六十四卦，是個儲存量很大的信息庫。

　　今天，《周易》在世界上享有「宇宙代數學」、「科學皇冠上的明

珠」的美稱。它不是「封建迷信」，不是「唯心主義」，而是眞理的泉源。國際《易經》學會主席成中英先生說：「《周易》是生命的學問，宇宙的眞理，文化的智慧，價值的源泉。《周易》不僅是中國的，也是東方的，更是世界的；不僅是古代的，也是現代的，更是未來的。」「《周易》是預測科學，決策科學。」

一九八四年，我國易學家在武漢召開了意義重大的全國第一次《周易》學術討論會。一九八七年，在濟南召開第四次國際《周易》學術討論會。《人民日報》發表報導並宣傳了「易理與象數兼顧，向多學科、多層次、多渠道、多角度的綜合研究」發展的方針後，我國各條戰綫上逐步掀起了學習《周易》、研究《周易》、結合現代科學，大搞科研的熱潮，喜人的科研成果不斷問世。爲了繼承、發揚、挖掘祖國優秀文化遺產，大力開展和推動《周易》的研究與應用，繁榮祖國科學事業，爲了滿足廣大易學愛好者、信息預測學者的需要，我根據自己多年學習和應用《周易》進行信息預測的粗淺體會，在全國各地講學的基礎上，寫了這部《周易與預測學》。

本書共分上、下兩篇。上篇主要講卦象預測方法，是從最系統的基礎知識講起，直到起卦方法和斷卦方法。爲了克服我國易學界搞易理研究的不懂預測方法，搞信息預測研究的不知《周易》基礎知識的偏向，我在上篇介紹了《周易》的概況，下篇則主要論述「六爻」預測方法。本書下篇比上篇卦象預測法在理論上深得多，在方法上複雜得多，在預測內容上廣泛得多，所測之事具體得多，是八卦預測方法中既常用又很重要的一個方法。

本書的寫作既抱着實事求是的科學態度，又在尊重和繼承前人寶貴經驗的基礎上，採用去粗取精、去僞存眞的原則，對確實可用，但又一時說不清其科學道理的，仍盡可能採用；對通過實踐檢驗，發現確有錯誤的則予以更正。

本書不但在方法和斷卦經驗上集古今之大成，而且包含了作者本人多年研究的成果。例如用一個人的出生年、月、日、時起卦的方法，來預測人的終生運氣的好壞，這是古代沒有的。這個方法的問世，改變了古代終生運氣採用多占的不科學作法。古代對於地震的預測，只有片言隻語，無專題論述，也無具體的預測方法。我根據自己的經驗，在書中作了探討性的嘗試，供大家在預測地震中參考。至於牢役之災、工傷事故等預測科研項目，由於尚在整理之中，沒作專題論述。以上情況，大家在預測中可以進一步探討。

本書的卦例，均有古今例題解。在今例中，有國內的，也有國外的。它是我近幾年來預測實踐所積纍的經驗中很重要的一部分。閱讀本書，可以使具有初中以上文化程度的人和初學者，對於《周易》的起源及其發展，有一個直觀的了解。學習其預測方法，不僅可以使有志研究預測學的學人入門，而且通過苦心研究和深造，也是可以登上信息預測學的大雅之堂的。

在研究、運用《周易》中，依我看須注意以下幾個方面。

首先，我們學習《周易》的目的就是爲了應用，就是用於國家建設。把重點放在科研項目上，就是結合本職工作，或者結合生產和科學實驗中存在的問題，進行科學研究。如搞醫務工作的，可把八卦用於醫學；搞法學的，可運用八卦的原理指導法學研究；在軍隊工作的，可以利用八卦來研究戰略戰術等。

其次，努力學習，勤於實踐。我們不僅要學習《周易》方面的著作，還要學習其他哲學知識，如《黃帝內經》等醫學方面的書，以及天文、地理、法學、哲學……學以致用，用就是實踐。實踐可從本身開始，從家人、熟人熟事慢慢擴大到生人生事。要作記錄和積纍資料，及時總結經驗教訓，不斷提高預測水平。

再次，注意保密。不管預測人，還是預測自然災害，都有個保密問

題，更不能把預測出來的張三的事告知李四，或在羣衆中擴散，不然，輕則造成不團結，重則會出人命官司。所以希望讀者們特別要注意保密。

我在學《易》和研究八卦信息預測最困難的時刻，受到前國防科工委主任張震寰先生的親切接見和關懷，在此向他表示衷心的感謝。對馬忠新先生給我的熱情指導，中國《周易》研究會會長唐明邦先生爲本書所寫題詞，亦在此表示感謝。

由於自己思想水平、文化水平有限，卦術不高以及在信息預測方面還有很多問題沒有過關，本書錯誤之處在所難免，誠請各位易學專家及廣大讀者斧正。

邵偉華　1989年4月30日於廣州

上篇

《周易》與預測學

第一章 《周易》概況

第一節 伏羲先天八卦

八卦是我們祖先發明的，是舉世無雙的國寶。那麼甚麼叫八卦呢？《繫辭》中有：「是故易有太極，是生兩儀，兩儀生四象，四象生八卦。」

太極，是陰陽未分，天地渾沌時期。太極，是因爲大到極點，故稱爲「太極」。物極必反，太極了，就會出現分化，故陰陽分離，形成了天與地，或者是天體本身有陰有陽。

陰陽分，兩儀成。兩儀就是天和地。它以陽 ▬ 代表天，以陰 ▬▬ 代表地。這一陰爻，一陽爻，就是組成八卦的最基本的符號。如八卦圖中的陰陽魚，白色的爲陽，黑色的爲陰。有的人把陰陽魚比作太陽和月亮，太陽爲陽，月亮爲陰。陰陽相互環抱，表示陰陽交合。

兩儀生四象，是陰陽相重、陰陽交合而致，如一陽爻與一陽相重（⚌）爲太陽；陽爻與陰爻交合（⚎）爲少陰；陰爻與陽交合（⚍）爲少陽；陰爻與陰爻相重（⚏）爲太陰。故純陽爲太陽，純陰爲太陰，一陰在一陽之上爲少陰，一陽在一陰之上爲少陽；古人以四象來象徵四方，也象徵一年的春、夏、秋、冬四季，即所謂四時。

四象生八卦，實際上還是陰陽相重、陰陽相合而成，高亨在《周易大傳今注》中講：「少陽、老陽、少陰、老陰四種爻乃象四時，八卦由此四種爻構成。」如陽儀之爻分別與太陽、少陰、少陽、太陰相重而成乾卦（☰），兌卦（☱）、離卦（☲）、震卦（☳）四卦。陰儀之爻分別與太陽、少陰、少陽、太陰相重而成爲巽卦（☴）、坎卦（☵）、艮卦（☶）、坤卦（☷）四卦。故乾一，兌二、離三、震

四、巽五、坎六、艮七、坤八。此爲「四象生八卦」。八卦，也是八方、八節。

關於先天八卦之說，這是宋朝造出來的。在宋朝以前，只有八卦和六十四卦。宋朝學者根據《說卦》中的「天地定位，由澤通氣，雷風相薄，水火不相射」而造出一個「先天八卦圖」來。所以，乾南、坤北、離東、坎西、震東北、巽西南、艮西北、兌東南（見圖）。

先天八卦圖有四個特點：一、先天八卦圖循環的過程有順逆之分，即「由一至四，反時針方向，順序爲乾、兌、離、震四卦，乾象徵天在最上方，亦即南方。由五至八，順時針方向，順序爲巽、坎、艮、坤四卦。坤象地，在最下方，亦即北方」（《白話易經》）。二是卦劃相對，「乾三陽與坤三陰一對也，坎中滿與離中虛一對也，震初陽與兌末陰一對也，艮末陽與巽初陰一對也」（《周易圖象凡表》）。三、是先天八卦主生，圖中「震巽木爲一氣，乾金生坎水，艮土生兌金，離火生坤土」（《周易淺述》）。震巽在五行上都屬木，故爲一氣。乾爲金，坎爲水，故乾金生坎水。艮爲土，兌爲金，故艮土生兌金。離爲火，坤爲土，故離火生坤土。四、在人事上表現了老與老、少與少相對。老男與老婦相對，長男與長女相對，中男與中女相對，少男與少女相對。

伏羲八卦次序圖

八坤	七艮	六坎	五巽	四震	三離	二兌	一乾	八卦
四 陰 太		三 陽 少		二 陰 少		一 陽 太		四象
儀 陰				儀 陽				兩儀

太極

伏羲八卦方位圖

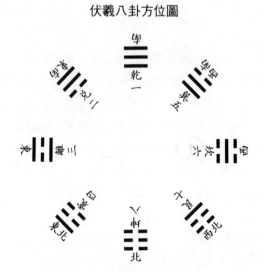

（由外向內看）

註：此乾一、兌二、離三、震四、巽五、坎六、

艮七、坤八爲「先天數」。

第二節　文王後天八卦

先天八卦和後天八卦之說，自從宋朝以後爭論不休，也就是說，在宋之前，根本不存在甚麼先天之說。劉大均教授在論述先後天八卦時說：「宋之前，漢唐無明確言『先天方位』者，至宋，由道家出『先天圖』。」「伏羲八卦方位圖」實據邵雍的先天圖，又稱爲「八卦先天方位」。劉氏又說，「文王八卦方位圖，又稱後天八卦方位，其八卦方位已見於《說卦》。」所謂後天八卦，實際上，就是按《說卦》中「帝出乎震①，齊乎巽②，相見乎離③，致役乎坤④，說言乎兌⑤，戰乎乾⑥，勞乎坎⑦，成言乎艮⑧」各卦的方位而畫的後天八卦圖（見圖）。

先天八卦是乾坤定南北，離坎定東西；後天八卦是坎離定南北，震兌定東西。故後天卦數是：坎一，坤二、震三、巽四、中五、乾六、兌七、艮八、離九。

後天八卦「循環的過程似乎只體現了順的過程，即模仿天左旋」（《周易圖象表》）。先天八卦是老與老、少與少相對；後天八卦除坎離外，其他都是老少相對。

我們現在看到的先天八卦圖是出自於宋朝的邵雍的先天圖。後天八卦是出自於《說卦》，宋人說這是文王所定。今人有不少學者對文王為甚麼改先天八卦為後天八卦作了種種推斷，他們認為：在夏朝時期，冰雪融化，海水上升，淹沒了大片土地，到處都是水災。到了周朝時，自然環境發生了變化，天地運氣與先天八卦方位不一致，故周文王改先天八卦為後天八卦。

後天八卦，以乾坤為父母，震、坎、艮、巽、離、兌為六子卦。故震長男得乾之初爻，坎中男得乾之中爻，艮少男得乾之上爻。巽長女得坤之初爻，離中女得坤之中爻，兌少女得坤之上爻。

八卦是由陰 -- 爻和陽 — 爻組成的，把天地萬物用陰陽二個爻來表示，陰陽是萬物萬事矛盾的兩個方面，既對立，又統一，萬物萬事都有陰陽，都有矛盾，也都有統一性。如：天為陽、地為陰；男人為陽，女人為陰；化學上的陽離子、陰離子；數學上的正與負；電學上的陽極、陰極；總之，無事無處都有陰陽。

陰陽符號不僅體現了任何事物都有陰陽兩個方面，還說明一個事物中，陰中有陽，陽中有陰這樣一個辯證法的觀點。就人來說，男人為陽，女人為陰，就身體來說，頭為陽，身為陰，背為陽，胸為陰，手背為陽，手掌為陰……如八卦圖中的陰陽魚，陰魚中有一點白為陽（像魚眼），陽魚中有一點黑是陰，就體現了一個事物陰中有陽、陽中有陰的觀點。

　　《繫辭》有「陽卦多陰，陰卦多陽，其故何也」。陽卦多陰，是指的震坎艮，一陽而二陰；陰卦多陽，指的是巽離兌，一陰而二陽。對於這個情況，《繫辭》作了回答：「陽一君而二民，君子之道也；陰二君而一民，小人之道也。」

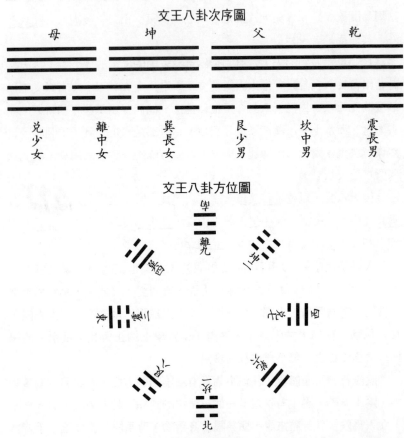

文王八卦次序圖

母	坤		父	乾

兌少女　離中女　巽長女　艮少男　坎中男　震長男

文王八卦方位圖

（由外向內看）

註：此坎一、坤二、震三、巽四、中五、乾六、
兌七、艮八、離九爲後天數

實用八卦圖

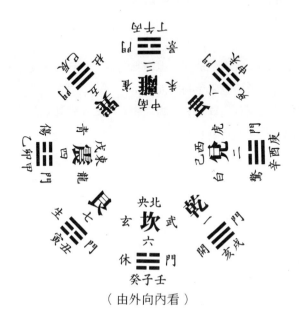

（由外向內看）

說明：

(一)、此圖據說是宋朝天文家、八卦大師邵康節所作。

(二)、邵康節進行預測時，用的是後天八卦圖、先天八卦數，實爲奇妙。但邵康節爲何用後天八卦圖先天數，現在還不知其因。現在按時間起卦法和「六爻」預測法，都是以此圖所配先天數爲用。

(三)、圖中天干地支排列，旣是時空方位的標誌，又是陰陽五行旺衰和生克的標誌。

(四)、圖中「八門」、「六神」，是我根據《奇門》等書而排列的。其目的，是讓讀者知道「八門」和「六神」在八卦上的排列。按時間起卦法一般不用八門，六神也只是在六爻預測法中才用。

(五)、「八門」中開門、生門是吉門。休門主休養，等待時機。傷門

，主傷和震恐之驚。杜門，主杜塞不通，不順之意。景門，主虛假之事。死門，主大凶。驚門，主驚險驚慌之事。

注釋：

　①帝出乎震：大自然的運行由震卦開始。（震卦爲東方，春二月之令，太陽東昇，普照萬物生長之期。）

　②齊乎巽：運行至巽卦，萬物齊興。（巽卦爲東南方，三、四月之令，太陽已升起，照耀萬物而鮮明。）

　③相見乎離：離卦是日中之象，光耀萬物，一切事物都明晰可見。（離卦爲南方，五月之令，正是太陽當空，明顯地看到萬物生長的情況。）

　④致役乎坤：天帝（指宇宙）於是將美育萬物的重任（役）交給大地（坤卦爲地）。（坤卦爲西南方，六、七月之令，坤爲地，養育萬物，物之成熟之時。）

　⑤說言乎兌：萬物喜悅（說即悅）之機，乃應於兌卦。（兌卦爲西方，八月之令，正是果實纍纍，喜慶豐收之時。）

　⑥戰乎乾：相應於乾卦的時刻，萬物相矛盾、對立、鬥爭。（乾卦爲西北方，九、十月之令，秋冬相交，太陽西沉，明與暗、陰與陽發生爭鬥之時。）

　⑦勞乎坎：當大自然運行到坎卦，太陽隱沒，萬物都勞累了。（坎卦爲北方，十一月之令，坎爲水，不停地流動，是勞苦之義。太陽在這一方位，完全沉沒，萬物勞累，應該休息之時。）

　⑧成乎艮：大自然運行到艮卦，完成了一個週期，又將進入另一個新的運動週期。（艮卦爲東北方，十二月及正月之令，正是冬春之交，黑暗即將過去，光明立刻來臨，萬物到此，旣是一天的完結，又是新的一天開始之時。）

第三節　河圖、洛書

　　自宋代以後，凡是注《易》、論《易》、治《易》的著作，都把「河圖」、「洛書」等圖，作為《周易》的重要組成部分。甚至有人說，八卦是根據「河圖」、「洛書」而畫，當初《周易》是據「圖」、「書」而出，而不是「圖」、「書」據《易》而出了（劉大均《周易概論》）。由於人們都認為伏羲是根據「河圖」畫八卦，故《山海經》中說「伏羲得河圖，夏人因之，曰《連山》」。但我認為《連山》一書中的八卦雖可能出於夏朝，但八卦不一定是按「河圖」而畫的。因為《易經》的原文中，沒有涉及到「河圖」、「洛書」之事。

　　關於「河圖」、「洛書」有種種神奇的傳說。相傳我國原始社會氏族部落的領袖伏羲時代，有龍馬出自黃河，背負「河圖」；有神龜出自洛水，背負「洛書」。伏羲得到後，就根據「河圖」、「洛書」上的陰陽點而畫八卦。所後來，朱熹就更神了，把「河圖」、「洛書」說成「天地自然之《易》」。

　　「河圖」、「洛書」之說，先秦的《尚書》、孔子的《論語》、以及《繫辭》中確有記載。但「圖」、「書」到底是甚麼樣子，誰也沒見過，更無論述。在宋以前，不少《易》家在著《易》的時候，很少談及「河圖」、「洛書」之事，少數談者，也是一帶而過。河圖、洛書之風潮，起於太平興國（宋太宗的年號）年間。因此，自宋以後，對「河圖」、「洛書」之說，一直有兩種不同的意見，如清朝的易學者胡渭，黃宗羲等就反對宋儒的說法。

　　今人劉大均教授經過多方考證說：「宋人『河圖』中五十五個黑白圓圈的分布，恐怕是啓於《繫辭》。《繫辭》說：天一；地二；天三；地四；天五；地六；天七；地八；天九；地十。天數五，地數五，五位

相得而各有合。天數二十有五，地數三十。凡天地之數，五十有五，此所以應變化而行鬼神也。」劉氏這一論證，看來是有道理的。

《繫辭》中天地之數出自何處？歷史的爭論並無結果。我認為天地之數，很可能是出自十天干「甲乙丙丁戊己庚辛壬癸」。其甲丙戊庚壬五陽數，正是天數二十有五；乙丁己辛癸是陰數，正是地數三十，兩數相合也是五十有五。天地之數五行，雖合出五行和方位，與天干化有出入，但化合的方法與天干相同。如天地數是一六合水，正是甲己合土；二七合火，是乙庚合金；三八合木，是丙辛合水；四九合金，是丁壬合木；五十合土，是戊癸合火。天地之數見於《繫辭》，而十天干的出現，在時間上早於《繫辭》，這是無可置疑的。所以《繫辭》中的天地之數出自十天干可能性大。

至於宋人出的「洛書」，其「四十五個黑白圓圈的出處」，所謂「洛書蓋取龜象」，無非是宋人按鄭玄的《乾鑿度》「載九履一，左三右七，二四為肩，六八為足」造出來的。

「河圖」中的白點代表陽，黑點代表陰：即一、三、五、七、九是奇數為陽，稱天之象；二、四、六、八、十是偶數為陰，稱地之象。此天地之數各自相合，正是五十有五。

天地之數五十有五，不僅是八卦的大衍之數，而且，也是合為五行之數。即一六合水；二七合火；三八合木；四九合金；五十合土。這樣天地萬物分屬為木、火、土、金、水的五行就出來了。

「洛書」中的白點為陽，黑點為陰。一、三、七、九為奇數屬陽，二、四、六、八為偶數屬陰。以上陰陽數也稱為天地之象。圖中之數載九履一，左三右七，二四為肩，六八為足，正好與後天八卦相符。

《易經》早於《易傳》七八百年時間，所以，八卦根本不是據「河圖」、「洛書」而畫，這一觀點已是無可否認。

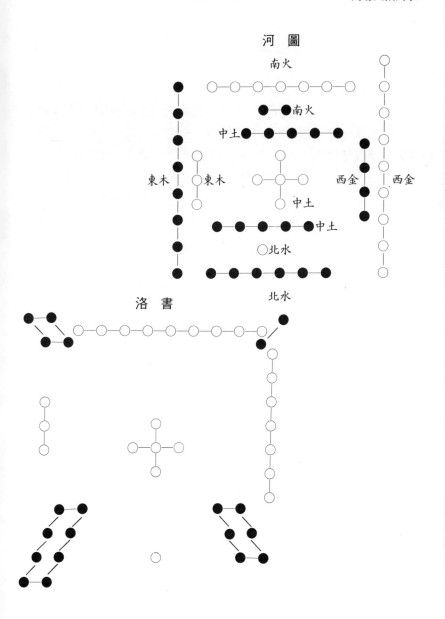

河　圖

洛　書

第四節　八卦的起源

自古以來，八卦被稱為無字天書，是因為它神奇而奧秘的科學理論，在世界文化史上是絕無前例的。關於它的起源問題，從古至今，雖從未停止過研究和探討，但直到現在仍然是一個「謎」，眾說紛紜。

一曰，八卦起源於古天文學：其理由是，八卦的「卦」字，「從圭從卜」。圭，土圭也，即用泥土堆疊而成，用來測日影之用。從卜，後來測日影不用土圭，而改用八尺標竿代之，為了保持標竿的垂直，標竿上挂一條繩子，繩子下懸一重物，故其形狀像「卜」字，故說，八卦起源於古天文學。

二曰，八卦起於文字，如古字坤、坎、震、兌而衍為八卦。

三曰，八卦是伏羲時代的八個官的符號。管天的官叫乾（☰）、管地的官叫坤（☷）、管雷的官叫震（☳）、管水的官叫坎（☵）、管山的官叫艮（☶）、管風的官叫巽（☴）、管火的官叫離（☲）、管澤的官叫兌（☱），所以有八卦起源於官名之說。

四曰，八卦起源於占卜，是模仿占卜的龜兆而來的。八卦和六十四卦都是標準的「兆」。屈萬里有「易卦源於龜卜」之說。又古遠時代早就有物象占、天象占、星象占等，故八卦起源於占卜。

五曰，八卦起源於「河圖」、「洛書」。相傳古代有龍馬出自黃河，背負「河圖」，有神龜出於洛水，背負「洛書」。伏羲得后，根據「河圖」、「洛書」上的陰陽點而畫八卦。

六曰，八卦起源於數字，古代記數的方法是劃道道，一數劃一，二數劃二，三數劃三等。

八卦陰陽符號的起源問題，和八卦的起源一樣，也是一個懸而未決的問題，但傳說甚多：一說，是取於男女的生殖器；二說，取於古代用

來占卜的竹節，一節爲陽，二節爲陰，還有無節的爲陽，有節的爲陰；三說天一色爲陽，地有水陸之分爲陰；四說，《繫辭》上有「結繩而治」取於古代結繩記數的方法。一個結爲陽，二個結爲陰。後來占筮用來表示占卜之數，所以衍成八卦。八卦符號的出現時間是一個很複雜的問題，原有考證認爲它可能出現於距今五千年前，但是現在又有新發現：「在大約距今萬年的陶片上有些刻劃貌似卦畫。」（《易圖的數字結構》）

第五節　《易經》成書時代

八卦和六十四卦形成的時間，約在夏期。這有《玉海》引《山海經》證之：「伏羲得河圖，夏人因之，曰《連山》；黃帝得河圖，商人因之，曰《歸藏》；烈山氏得河圖，周人因之，曰《周易》。」鄭玄的《易贊》、《易論》有「夏曰《連山》，殷曰《歸藏》，周曰《周易》。」

《周禮》記載：春官大卜「掌三易之法，一曰《連山》，二曰《歸藏》，三曰《周易》。其經卦皆八，其別皆六十有四。」又：安陽出土的殷代末期銅器，已出現過八卦符號（《中國甲骨文字史》77頁）。由此可見，八卦和六十四卦形成的時間，應在夏朝。至於後人有文王重六十四卦的說法，雖然不存在，但文王更加完整六十四卦排列，則有可能。

《連山》、《歸藏》二書早已失傳，後人見到的只是《易經》。但對於《易經》的成書時代，自古至今也一直在探討之中。根據近三十多年探討的結果，有三種觀點：

一、成書於春秋時期：郭沫若說：天地對立觀念，在中國思想史上出現很晚，周金文中無八卦的痕迹，甚至無「地」字；乾坤等字古書中很晚才出現……足見《易經》不能早於春秋時期。

二、成書於西周初年：張岱年根據卦爻辭中的故事，如「喪牛於易

」,「喪羊於易」,「高宗伐鬼方」,和「帝乙歸妹」,「箕子之明夷」等,都是商和西周的故事,周成王以後的故事,沒有引用,推論《易經》成書不能晚於成王時代。

三、成書於殷周之際:金景芳等認為,《易經》是殷周之際的作品。他們肯定「卦出於筮」。古之巫史逐年總結占筮活動的大量記錄,經過篩選整理,寫成了《易經》。有的學者還從中國思想發展的邏輯進程和從殷周之際社會矛盾中考查《易經》的成書年代,也認為是殷周之際。

《易經》分上下兩經,其六十四卦,每卦六爻,乾坤兩卦各有七個爻,(乾的用九,坤卦的用六,其本體不是爻,其作用等於爻,為方便記稱為爻),共計三百八十六個爻。每卦先列卦形,次列卦名,再列卦辭。每爻先列爻題,次列爻辭。卦辭和爻辭共四百五十條,四千九百多個字。後人說,卦辭是文王作,爻辭是周公所作。

第六節　《周易》的形成及發展

《周易》這部書,是由《易經》和《易傳》兩部分組成的:《易經》是一部信息預測學,分為上下兩經。《易傳》是一部哲學著作。它由《彖》上下、《象》上下、《繫辭》上下、《文言》、《說卦》、《序卦》、《雜卦》共十篇文章構成。它的成書時代,大約始自殷商、西周而下限晚至春秋、戰國時期,故這些文章不是出自一人,而是多人所作之合。

《易經》原只有六十四卦的卦辭和爻辭,由後人在《易經》的基礎上寫了《易傳》,又稱為十翼。《易傳》中的文章,開始是附在《易經》的後面,都是圍繞解經而著的。這樣,《易經》和《易傳》就合併成為今天的《周易》。

以《周易》作為書名,最早見於《左傳》。如《左傳・莊公二十二年》:「周史有以《周易》見陳侯者。」至於其他史料,有關《周易》

的書名記載就更多了。

　　爲甚麽要把書名定爲《周易》，自古以來有不少的解釋。總的來說，「周」字主要是指朝代名，即周朝。「易」字是日月的含義，主變，故易「變」也。

　　《易傳》解《經》的哲學思想，是在《易經》占筮的基礎上建立起來的，它對《易經》的解釋，從天文、地理、人事等方面論述，比較全面，又較系統，第一次用科學的思想和唯物觀點，揭示了《易經》占卜的哲學思想和唯物辯證法。

　　《易經》和《易傳》這兩部分，在內容上既有差別，而在形式上又有着密切的聯繫的情況下，結合爲一個整體，這在中外文化史、思想史上，是個引人注目的奇迹。《易經》形成於殷商、西周之際，《易傳》則形成於戰國時期，二者相隔七、八百年的歷史，所以現在稱《周易》成書於商、周至春秋、戰國之際。

　　《周易》的歷史與發展，是漫長的，也是複雜的。它大約經歷了：陰陽概念的產生；八卦的創立；重卦和卦辭的問世和「十翼」的形成。在時間上，它經歷了夏、商、周、春秋。在成書的過程上，它由《連山》、《歸藏》、《易經》到《周易》。

　　《連山》是以艮卦，即以山爲六十四卦的起點，這雖然反映了夏人的思維能力比其前人有發展，但對天地觀念的認識還很膚淺：當時因洪水泛濫，大地浮沉，人們主要是居住在山洞裏，所以把山作爲地球的主體（「艮」代表山）。

　　《歸藏》是以坤卦，亦即以地爲六十四卦的起點，說明殷人的知識比夏人有了進一步提高，這不僅說明母系社會的勢力還存在（「坤」爲太陰、爲母），而且在對宇宙、對大自然的認識上，初步形成了地球中心論的世界觀。

　　《易經》是以乾卦，亦即以天爲六十四卦的起點，這說明社會已由

母系社會轉到父系社會（「乾」為天、為父），同時證明周人對天體有了初步的認識，開始研究天體運動對地球、對人的影響，揭示了宇宙間對立與統一的規律，所以，一個新的宇宙觀開始出現。

從《周易》發展的漫長歷史中，我們可以看到，我們祖先發明了八卦，是我國信息預測史上一次重大的革命。還可以看到，人的思維能力，人們的認識，不論對自然界方面，對於社會方面，也都是一步又一步由低級向高級發展，由淺入深，由片面認識進步到比較全面認識。

第二章　卦理概要

第一節　六十四卦的排列

　　《易經》和《易傳》的作者，雖無從考查，但古今學者，都認爲這《經》、《傳》不是出自一人之手，而是多人之作。所以《易經》中關於六十四卦的排列之次序，當然也不是一人一次完成的，而是經過長時間的調整和由衆多的人來完成卦序排列的。

　　六十四卦的排列方法和形式，除《周易》起於《乾、坤》終於《未濟》的方法外，還有圓圖排列、方陣排列、圓中布方的排列，有一、太極，二、兩儀，三、四象，四、八卦，五、六十四卦的排列，還有按八宮等各式各樣的排列。六十四卦各種圖形的排列，大都出自宋人之手或源自宋朝。各家各派對每一圖形的排列都有專門的論述。如六十四卦的圓圖排列中代方陣圖的排列法，就有「圓爲天爲動」、「方爲地爲靜」的說教。鑒於各種圖式大同小異，並且對研究實用的預測法之作用並不大，所以本書對於六十四卦各種圖式的排列法，就不一一論述了。

　　《易經》中六十四卦的排列，起於《乾、坤》兩卦，故它是在乾爲天、坤爲地、有天地然後有萬物這種思想指導下排列的。至於其他六十二卦的排列次序，我認爲是以卦象相錯的方法進行排列的。如第三卦的《水雷屯》☶☵與第四卦的《山水蒙》☶☵，兩個卦象（其他都如此）都是相錯排列的。至於其他各卦的排列，除按卦象相錯的排法外，還有按事物由小到大、由大到小的發展變化規律進行排列的。這在《序卦》中都有詳細的論述。如乾坤兩卦爲天地，有了天地然後有萬物。「盈天地之間者唯萬物，故受之以《屯》。《屯》者，物之始生也」（意思是說：由於《屯》卦是萬物開始生長的時期，所以《屯》卦排列第三）。「

物生必蒙，故受之以《蒙》」（意思是說：萬物開始生長時期，先必有個蒙（萌）芽的階段，所以《屯》卦後接着爲《蒙》卦）。

　　爲便於信息預測的需要，我按八宮的順序將六十四卦排列於下；而對於八個單卦之象（形狀），讀者宜黯熟方能便於進一步研究，所以先將八單卦之「口訣」記於六十四卦之前。

　　卦象：乾三連，坤六斷，震仰盂，艮覆碗，離中虛，坎中滿，兌上缺，巽下斷。

乾宮八卦屬金：

乾爲天 ䷀ ，天風姤 ䷫ ，天山遯 ䷠ ，

天地否 ䷋ ，風地觀 ䷓ ，山地剝 ䷖ ，

火地晉 ䷢ ，火天大有 ䷍ 。

兌宮八卦屬金：

兌爲澤 ䷹ ，澤水困 ䷮ ，澤地萃 ䷬ ，

澤山咸 ䷞ ，水山蹇 ䷦ ，地山謙 ䷎ ，

雷山小過 ䷽ ，雷澤歸妹 ䷵ 。

離宮八卦屬火：

離爲火 ䷝ ，火山旅 ䷷ ，火風鼎 ䷱ ，

火水未濟 ䷿ ，山水蒙 ䷃ ，風水渙 ䷺ ，

天水訟 ䷅ ，天火同人 ䷌ 。

震宮八卦屬木：

震爲雷 ䷲ ，雷地豫 ䷏ ，雷水解 ䷧ ，

雷風恒 ䷟ ，地風升 ䷭ ，水風井 ䷯ ，

澤風大過 ䷛ ，澤雷隨 ䷐ 。

巽宮八卦屬木：

巽爲風 ䷸ ，風天小畜 ䷈ ，風火家人 ䷤ ，

風雷益 ䷩ ，天雷無妄 ䷘ ，火雷噬嗑 ䷔ ，

山雷頤 ䷚ ，山風蠱 ䷑ 。

坎宮八卦屬水：

坎爲水 ䷜ ，水澤節 ䷻ ，水雷屯 ䷂ ，

水火旣濟 ䷾ ，澤火革 ䷰ ，雷火豐 ䷶ ，

地火明夷 ䷣ ，地水師 ䷆ 。

艮宮八卦屬土：

艮爲山 ䷳ ，山火賁 ䷕ ，山天大畜 ䷙ ，

山澤損 ䷨ ，火澤睽 ䷥ ，天澤履 ䷉ ，

風澤中孚 ䷼ ，風山漸 ䷴ 。

坤宮八卦屬土：

坤爲地 ䷁ ，地雷復 ䷗ ，地澤臨 ䷒ ，

地天泰 ䷊ ，雷天大壯 ䷡ ，澤天夬 ䷪ ，

水天需 ䷄ ，水地比 ䷇ 。

以上八宮所屬五行，參看《說卦》。

八卦重爲六十四卦，共有八個宮，每宮的第一卦，稱爲「首卦」，或叫做「純卦」：

乾 ䷀ 卦，兌 ䷹ 卦，離 ䷝ 卦，震 ䷲ 卦，

巽 ䷸ 卦，坎 ䷜ 卦，艮 ䷳ 卦，坤 ䷁ 卦。

八卦，單卦為經卦，如乾 ☰，兩卦相重為別卦，如乾為天 ䷀。八個別卦按五行分為八個宮，八宮只有八個卦象，那麼其他五十六個卦象是怎樣產生出來的？這是大家所關心的。

八卦是物象的標誌，也是陰陽二氣旺衰五行生克的標誌。陰陽的規律是「變」，可以說是變化無窮，因此，其他五十六個卦象，都是由八首卦變出來的。例如乾宮八卦變法如下：

䷀，䷫，䷠，䷋，䷓，䷖，䷢，䷍。

此為乾宮八卦，就是說乾宮中其他七個卦象，是從乾卦 ䷀ 中變出來的。其變法是：陽變陰，陰變陽。如乾卦六個爻都是陽爻，變時從最下面那個爻開始變（稱為初爻，二爻，三爻，四爻，五爻，上爻，自下往上數），乾卦初爻由陽爻變為陰爻，為變出《天風姤》卦，即第二卦。乾卦二爻由陽爻變為陰爻，為變出《天山遯》卦，即第三卦。乾卦第三爻由陽爻變陰爻，為變出《天地否》卦，即第四卦。乾卦第四爻由陽爻變陰爻，為變出《風地觀》卦，即第五卦。乾卦第五爻由陽爻變陰爻，為變出《山地剝》卦，即第六卦。《山地剝》卦第四爻由陰爻變陽爻，為變出《火地晉》卦，即第七卦。《火地晉》卦初爻，二爻、三爻都是陰爻全變為陽爻，為變出《火天大有》卦，即第八卦。至此，乾宮八個卦俱全。

八宮變法，都有一個共同的規律，首卦中有陽爻，就變為陰爻，有陰爻，就變為陽爻，每變一個爻，就變出一個新的卦象。每宮變到第五爻時為止，第六個爻就不變了。第七卦是由第六卦「山地剝」變來的，是把已變出的第六卦的第四爻進行變化（是陽爻即變為陰爻，是陰爻即變為陽爻）。如乾宮《山地剝》變為《火地晉》卦。第八卦是由第七卦《火地晉》卦變出來的，也就是把《火地晉》卦的初、二、三爻，由陰

爻全變爲陽爻，這樣就變出《火天大有》卦。

第七卦《火地晉》卦，稱爲「游魂」卦，是因爲在變化時，不變第上六爻，而往下游復變第四爻。第八卦《火天大有》卦，稱「歸魂」卦是因爲乾卦的《火地晉》卦初、二、三爻，都由陰爻全變爲陽爻，爲還原的意思，故稱爲「歸魂」卦。故每宮第七卦爲游魂卦，第八卦爲歸魂卦。

「游魂」，「歸魂」，多爲測行人之用，如測行人何時回：遇游魂卦，即爲游夠方休，不能馬上回來；若遇歸魂卦，此人走不遠，很快就會回來。

以上是乾宮八卦變法，其他宮的變法仿此。這個變法，是漢朝大易學家京房發明的。關於每個卦的世爻、應爻定法及作用，在本書的下篇將有詳述，在此不論。

第二節　卦象

何爲卦象？《繫辭》云：「易者，象也。」「象者，言象在其中矣！」「立象以盡意，設卦以盡情僞。」「八卦成列，象在其中矣！」古以八卦爲經卦，兩卦相重爲六十四卦，稱爲別卦。兩卦相重而卦象成，卦象，物之象，象有「羣」義，它對物對事不只是含有重複或兩種意義，而且包含多種意義和多種事物。如重坎，它不只是一種水，或兩水相混，或是兩個中男相遇。拿物來說，水中生百物，水中藏百物；拿自然現象來說，卦中六個爻有天，有地，有人；拿人來說，有父母，有兄弟，有官鬼，有妻財，有子孫等等。八卦的卦象，不僅代表的物象多，而且還有「八卦之象」，「六畫之象」、「像形之象」、「爻位之象」、「反對之象」、「方位之象」、「互體之象」，眞可稱象之「羣」象。

《說卦》歸納八卦之象爲：

「乾，健也。坤，順也。震，動也。巽，入也。坎，陷也。離，麗也。艮，止也。兌，說也（按：說即悅）。

「乾爲馬。坤爲牛。震爲龍。巽爲雞。坎爲豕。離爲雉。艮爲狗。兌爲羊。

「乾爲首。坤爲腹。震爲足。巽爲股。坎爲耳。離爲目。艮爲手。兌爲口。

「乾，天也，故稱乎父。坤，地也，故稱乎母。震一索而得男，故謂之長男；巽一索而得女，故謂之長女；坎再索而得男，故謂之中男；離再索而得女，故謂之中女；艮三索而得男，故謂之少男；兌三索而得女，故謂之少女。

「乾爲天，爲圜，爲君，爲父，爲玉，爲金，爲寒，爲冰，爲大赤①，爲良馬，爲老馬，爲瘠馬，爲駁馬，爲木果。

「坤爲地，爲母，爲布，爲釜，爲吝嗇，爲均，爲子母牛，爲大輿②，爲文，爲衆，爲柄，其於地爲黑。

「震爲雷，爲龍，爲玄黃③，爲旉④，爲大塗⑤，爲長子，爲決躁⑥，爲蒼筤竹⑦，爲萑葦。其於馬也，爲善鳴，爲馵足⑧，爲作足⑨，爲的顙⑩。其於稼也，爲反生⑪。其究爲健，爲蕃鮮。

「巽爲木，爲風，爲長女，爲繩直，爲工，爲白，爲長，爲高，爲進退，爲不果，爲臭。其於人也，爲寡髮，爲廣顙，爲多白眼，爲近利市三倍⑫。其究爲躁卦。

「坎爲水，爲溝瀆，爲隱伏，爲矯輮，爲弓輪⑬。其於人也，爲加憂，爲心病，爲耳痛，爲血卦⑭，爲赤。其於馬也，爲美脊，爲亟心，爲下首，爲薄蹄，爲曳⑮，其於輿也，爲多眚⑯。爲通，爲月，爲盜。其於木也，爲堅多心⑰。

「離爲火，爲日，爲電，爲中女，爲甲胄⑱，爲戈兵。其於人也，

為大腹，為乾卦（按：此處「乾卦」為「乾燥之卦」的意思）。為鱉，為蟹，為蠃，為蚌，為龜。其於木也，為科上槁。⑲

「艮為山，為徑路，為小石，為門闕，為果蓏⑳，為閽寺㉑，為指，為狗，為鼠，為黔喙之屬，其於木也，為堅多節。

「兌為澤，為少女，為巫㉒，為口舌，為毀折，為附決㉓。其於地也，為剛鹵㉔。為妾，為羊。」

以上卦象見《說卦》，信息預測中必用，故要認真記熟。

注釋：

①乾卦在十二月消息卦中是四月卦，四月太陽火紅，故為大赤。

②坤為大輿，車也。故坤卦為車，有車象。

③玄黃，指黑黃色。

④勇，布施，施舍的意思。

⑤大塗，即大道。

⑥決躁，決斷快速。

⑦蒼筤竹，是小青竹。

⑧馵（讀注）足，是後左腿白色的馬。

⑨為作足，是腳步快速的馬。

⑩為的顙（讀桑），是白額的馬，或腦門子白的馬。

⑪為反生，是果實在根部，如花生洋芋等作物。

⑫近利市三倍，一說乾是金玉，初爻變巽，巽為進入，所以是利市三倍。一說近於市場好作生意，得利三倍。

⑬為弓輪，車也，☵ 有車象。

⑭為血卦，血和水形似，血為紅色故為血卦。

⑮為曳，是水摩地面流。

⑯多眚（讀省）為多凶。

⑰坎卦陽爻在中間，相當木心堅硬。

⑱為甲冑，離卦內虛而外則剛，故像古代士兵的帽子。

⑲科上槁，枝幹枯槁的樹木。

⑳為果蓏（讀洛），指瓜類果實。

㉑為閽（渾）寺，看門人。

㉒為巫，多指占卜者或巫醫。

㉓為附決，附在樹枝上的果實墜落。

㉔水澤乾枯後變為堅硬的鹼性地。

附：《梅花易數》萬物類象

「萬物類象」是《梅花易數》中占象的重要部分，也是進行信息預測所不可不掌握的，故錄下，供讀者在預測時應用；欲學預測，不可不熟習這部分內容。

「萬物類象」中講的是八純卦的物象。不少讀者提到，當上下卦不一樣時怎麼辦？遇此情況時，看上卦是何卦，下卦是何卦，看測何事，然後看上下卦各主何象就是。例如測飲食，得《訟》卦 ䷅，看上卦之乾卦在飲食物象中是何物，下卦之坎卦在飲食物象中是何物，這樣，一桌席上有何菜，就很清楚了。至於互卦、變卦都是如此。其他卦象都仿此。

萬物類象

乾卦：

〔天時〕：天、冰、雹、霰。

〔地理〕：西北方、京都、大郡、形勝之地①、高亢之所。②

〔人物〕：君、父、大人、老人、長者、宦官、名人、公門人。③

〔人事〕：剛健勇武、果決、多動少靜。

〔身體〕：首、骨、肺。

〔時序〕：秋、九十月之交，戌亥年月之時，五金年月日時。④

〔動物〕：馬、天鵝、獅子、象。

〔靜物〕：金玉、寶珠、圓物、木果、剛物、冠、鏡。

〔屋宿〕：公廁、樓台、高堂、大廈、驛宿、西北向之居。

〔家宅〕：秋占宅興隆，夏占有禍，冬占冷落，春占吉利。

〔婚姻〕：貴官之眷，有聲名之家，秋占宜成，冬夏不利。

〔飲食〕：馬肉珍味、多骨、肝肺、乾肉、木果、諸物之首、圓物、辛辣之物。

〔生產〕：易生，秋占生貴子，夏占有損，坐宜向西北。

〔求名〕：有名，宜隨內任、刑官、武職、掌權、天使、驛官，宜向西北之任。

〔謀旺〕：有成，利公門，宜動中有財，夏占不成，冬占多謀、少遂。

〔交易〕：宜金、玉、珍寶珠貴貨，易成，夏占不利。

〔求利〕：有財，金、玉之利，公門中得財，秋占大利，夏占損財，冬占無財。

〔出行〕：利於出行，宜入京師、利西北之行，夏占不利。

〔謁見〕：利見大人，有德行之人，宜見貴官，可見。

〔疾病〕：頭面之疾、肺疾、筋骨疾、上焦疾、夏占不安。

〔官訟〕：健訟，有貴人助，秋占得勝，夏占失理。

〔墳墓〕：宜向西北，宜乾山氣脈，宜天穴，宜高，秋占出貴，夏占大凶。

〔方道〕：西北。

〔五色〕：大赤色、玄色。

〔姓字〕：帶金旁者，行位一四九⑤。

〔數目〕：一四九。⑥

〔五味〕：辛、辣。

坤卦：

〔天時〕：陰雲、霧氣、冰霜。

〔地理〕：田野、鄉里、平地、西南方。

〔人物〕：老母、後母、農夫、鄉人、眾人、老婦人、大腹人。

〔人事〕：吝嗇、柔順、懦弱、眾多、小人。

〔身體〕：腹、脾、肉、胃。

〔時序〕：辰戌丑未月、未申年月日時、八五十月日。⑦

〔靜物〕：方物、柔物、布帛、絲綿、五穀、輿斧、瓦器。

〔動物〕：牛、百獸、牝馬。

〔屋宿〕：西南方、村居、田舍、矮屋、土階、倉庫。

〔家宅〕：安穩、多陰氣、春占宅舍不安。

〔飲食〕：牛肉、土中之物、甘味、野味、五穀之味、芋笋之物、腹臟之物。

〔婚姻〕：利於婚姻，宜稅產之家、鄉村之家、或寡婦之家，春占不利。

〔生產〕：易產，春占難產，有損或不利於母，坐宜西南方。

〔求名〕：有名、宜西南方或敎官、農官守土之職、春占虛。

〔交易〕：宜利交易、宜田土交易、宜五穀利、賤貨、重物、布帛、靜中有財、春占不利。

〔求利〕：有利，宜土中之利、賤貨重物之利、靜中得財，春占無財，多中取利。

〔謀旺〕：利求謀、鄰里求謀、靜中求謀，春占少遂、或謀於婦人。

〔出行〕：可行、宜西南行、宜往鄉里行、宜陸行，春不宜。

〔謁見〕：可見，利見鄉人、宜見親朋或陰人，春不宜見。

〔疾病〕：腹疾、脾胃之疾、飲食停滯、穀食不化

〔官訟〕：理順、得眾情、訟當解散。

〔墳墓〕：宜向西南之穴、平陽之地、近田野、宜低葬，春不可葬。

〔姓字〕：帶土姓人、行位八五十。

〔數目〕：八五十。

〔方道〕：西南。

〔五味〕：甘。

〔五色〕：黃、黑。

震卦：

〔天時〕：雷。

〔地理〕：東方、樹木、鬧市、大途、竹林、草木茂盛之所。

〔身體〕：足、肝、髮、聲音。

〔人物〕：長男。

〔人事〕：起動、怒、虛驚、鼓噪、多動少靜。

〔時序〕：春二月、卯年月日時、四三八月日。

〔靜物〕：木竹、葦、樂器（竹木）、花草繁鮮之物、核。

〔動物〕：龍、蛇、百蟲、馬鳴。

〔屋舍〕：東向之居、山林之處、樓閣。

〔家宅〕：宅中不時有虛驚，春冬吉，秋占不利。

〔飲食〕：啼、肉、山林野味、鮮肉、果酸味、菜蔬、鯉魚（魚）。

〔婚姻〕：可、有成、聲名之家、利長男之婚，秋占不利。

〔求利〕：山林竹木之財、動處求財、或山林、竹木茶貨之利。

〔求名〕：有名、宜東方之任、施號發令之職、掌刑獄之官、有茶木稅課之任、或鬧市市貨之職。

〔生產〕：虛驚，胎動不安、頭胎必生男，坐宜向東，秋不吉。

〔疾病〕：足疾、肝經之疾、驚恐不安。

〔謀旺〕：可旺、可求，宜動中謀，秋占不遂。

〔交易〕：利於成交，秋占難成、動而可成，山林、木竹茶貨之利。

〔官訟〕：健訟、有虛驚、行移取勘反覆。

〔謁見〕：可見、有宜山林之人、利見宜有聲名之人。

〔出行〕：宜行，利東方、利山林之人，秋占不宜行、但恐虛驚。

〔墳墓〕：利於東向、山林中穴、秋不利。

〔姓字〕：帶木姓人、行位四八三。

〔數目〕：四八三。

〔方道〕：東。

〔五味〕：甘、酸味。

〔五色〕：黑青、綠碧。

巽卦：

〔天時〕：風。

〔地理〕：東南方之地、草木茂秀之所、花果菜園。

〔人物〕：長女、秀士、寡婦之人、山林仙道之人、僧道。

〔人事〕：柔和、不定、鼓舞、利市三倍、進退不果。

〔身體〕：肱、股、氣、風疾。

〔時序〕：春夏之交、二五八之時月日、三月、辰巳月日時、四月。

〔靜物〕：木香、繩、直物、長物、竹木、工巧之器、臭、鷄毛、帆、扇、臼。

〔動物〕：鷄、百禽、山林中之禽、蟲、蛇。

〔屋舍〕：東南向之居、寺觀樓台、山林之居。

〔家宅〕：安穩利市，春占吉，秋占不安。

〔飲食〕：鷄肉、山林之味、蔬果酸味。

〔婚姻〕：可成、宜長女之婚，秋占不利。

〔生產〕：易生、頭胎產女、秋占損胎、宜向東南坐。

〔求名〕：有名、宜文職有風憲之力、宜入風憲、宜茶果竹、木稅貨之職、宜東南之任。

〔求利〕：有利三倍、宜山之利、竹貨木貨之利，秋不利。

〔交易〕：可成、進退不一、交易之利、山林交易、山林木茶之利。

〔謀旺〕：可謀旺、有財可成，秋占多謀少遂。

〔出行〕：可行，有出入之利、宜向東南行，秋占不利。

〔謁見〕：可見，利見山林之人，利見文人秀士。

〔疾病〕：股肱之疾、風疾、腸疾、中風、塞邪氣疾。

〔姓字〕：草木旁姓氏、行位五三八。

〔官訟〕：宜和、恐遭風憲之責。

〔墳墓〕：宜東方向、山林之穴、多樹木，秋占不利。

〔數目〕：五三八。

〔方道〕：東南。

〔五味〕：酸味。

〔五色〕：青綠、碧潔白。

坎卦：

〔天時〕：月、雨、雪、露、霜、水。

〔地理〕：北方、江湖、溪澗、泉井、卑濕之地，溝瀆、池沼、有水之處。

〔人物〕：中男、江湖之人、舟人、盜賊、匪。

〔人事〕：險陷卑下，外示以柔，內序以利，漂泊不成，隨波逐流。

〔身體〕：耳、血、腎。

〔時序〕：冬十一月、子年月日、一、六月日。

〔靜物〕：水帶子、帶核之物、弓輪、矮柔之物、酒器、水具、工、棟、叢棘、藜、桎梏、鹽、酒。

〔動物〕：豬、魚、水中之物、狐、水族。

〔屋舍〕：向北之居、近水、水閣、江樓、茶酒長器、宅中濕地之
處。

〔飲食〕：猪肉、酒、冷味、海味、湯、酸味、宿食、魚帶血、掩
藏、有帶核之物、水中之物、多骨之物。

〔家宅〕：不安、暗味、防盜，匪。

〔婚姻〕：利中男之婚，宜北方之婚，不利成婚，不可在辰戌丑未月
婚。

〔生產〕：難產有險，宜次胎，男，中男，辰戌丑未月有損，宜北
向。

〔求名〕：艱難，恐有災險，宜北方之任，魚鹽河泊之職，酒兼醋。

〔求利〕：有財防失，宜水邊財，恐有失險，宜魚鹽酒貨之利，防陰
失、防盜。

〔交易〕：不利成交，恐防失陷，宜水邊交易，宜魚鹽貨，酒之交
易、或點水人之交易。

〔謀旺〕：不宜謀旺、不能成就、秋冬占可謀。

〔出行〕：不宜遠行，宜涉舟，宜北方之行，防盜匪；恐遇險阻陷溺
之事。

〔謁見〕：難見，宜見江湖之人，或有水旁姓氏之人。

〔疾病〕：耳痛、心疾、感染、腎疾、胃冷水瀉、涸冷之疾、血病。

〔官訟〕：不利，有陰險，有失因訟，失陷。

〔墳墓〕：宜北向之穴、近水傍之墓、不利葬。

〔姓字〕：點水旁之姓氏。

〔數目〕：一、六。

〔方道〕：北方。

〔五味〕：鹹、酸。

〔五色〕：黑。

離卦：

〔天時〕：日、電、虹、霓、霞。

〔地理〕：南方、乾亢之地，窰、爐冶之所、剛燥厥地，其地面陽。

〔人物〕：中女、文人、大腹、目疾人、甲胄之士。⑧

〔人事〕：文化之所，聰明才學，相見虛心，書事，美麗。

〔身體〕：目、心、上焦。

〔時序〕：夏五月，午火年月日時，三二七日。

〔靜物〕：火、書、文、甲骨、干戈、槁衣、乾燥之物。

〔動物〕：雉、龜、鱉、蚌、蟹。

〔屋舍〕：南舍之居，陽明之宅、明窗、虛室。

〔家宅〕：安穩、平善，冬占不安，克體主火災。

〔飲食〕：雉肉、煎炒、燒炙方物、乾脯之體、熟肉。

〔婚姻〕：不成、利中女之婚，夏占可成，冬占不利。

〔生產〕：易生，產中女，冬占有損，坐宜向南。

〔求名〕：有名，宜南方之職，文官之任，宜爐冶亢場之職。

〔求利〕：有財宜南方求，有文書之財，冬占有失；

〔交易〕：可成，宜有文書之交易；

〔出行〕：可行，宜動向南方，就文書之行，冬占不宜行，不宜行舟。

〔謁見〕：可見南方人，冬占不順，秋見文書考案才士。

〔官訟〕：易散，文書動，辭訟明辨。

〔疾病〕：目疾、心疾、上焦病，夏占伏暑，時疫。

〔墳墓〕：南向之墓，無樹木之所，陽穴，夏占出文人，冬不利。

〔姓字〕：帶次或立人旁人士姓氏，行位三二七。

〔數目〕：三二七。

〔方道〕：南。

〔五色〕：赤、紫、紅。

〔五味〕：苦。

艮卦：

〔天時〕：雲、霧、山嵐。

〔地理〕：山徑路近山城，丘陵、坟墓，東北方，門闕。

〔人物〕：少男、閑人、山中人、童子。

〔人事〕：阻隔、守靜，進退不決，反背，止住，不見。

〔身體〕：手指、骨、鼻、背。

〔時序〕：冬春之月、十二月丑寅年月日時，七五十月日、土年月日時。

〔靜物〕：土石、瓜果、黃物、土中之物、閽寺、木生之物、藤生之瓜。

〔動物〕：虎、狗、鼠、百獸、黔啄之物、狐。

〔家宅〕：安穩，諸事有阻，家人不睦，春占不安。

〔屋舍〕：東北方之居，山居近石，近路之宅。

〔飲食〕：土中物味，諸獸之肉，墓畔竹笋之屬；野味。

〔婚姻〕：阻隔難成，成亦遲，利少男之婚，宜對鄉里婚，春占不利。

〔求名〕：阻隔無名，宜東北方之任，宜土官山城之職。

〔求利〕：求財阻隔，宜山林中取財，春占不利有失。

〔生產〕：難生，有險阻之厄，宜向東北，春占有損。

〔交易〕：難成，有山林田土之交易，春占有失。

〔出行〕：不宜遠行，有阻，宜近陸行。

〔謁見〕：不可見，有阻，宜見山林之人。

〔疾病〕：手指之疾，胃脾之疾。

〔官訟〕：貴人阻滯，官訟未解，牽聯不決。

〔墳墓〕：東北之穴，山中之穴，近路旁有石，春占不利。

〔姓字〕：帶土字旁之姓氏，行位五七十。

〔數目〕：五七十。

〔方道〕：東北方。

〔五色〕：黃。

〔五味〕：甘

兌卦：

〔天時〕：雨澤，新月、星。

〔地理〕：澤、水際、缺池、廢井，山崩破裂之地，其地為剛鹵。

〔人物〕：少女、妾、歌妓、伶人、譯人、巫師、奴仆婢。

〔人事〕：喜悅、口舌、讒毀、誘說、飲食。

〔身體〕：舌、口、喉、肺、痰、涎。

〔時序〕：秋八月，酉年月日時，金年月日，二四九月日。

〔靜物〕：金刀、金類、樂器、廢物、缺器之物、帶口之物、毀拆之物。

〔動物〕：羊、澤中之物。

〔屋舍〕：西向之居，近澤之居，敗墻壁宅，戶有損。

〔家宅〕：不安，防口舌，秋占喜悅，夏占家宅有禍。

〔飲食〕：羊肉、澤中之物、宿味、辛辣之物味。

〔婚姻〕：不成，秋占可成，有喜，主成婚之吉，利婚少女，夏占不利。

〔生產〕：不利，恐有損胎或則生女，夏占不利，宜坐向西。

〔求名〕：難成，因名有損，利西之任，宜刑官，武職，伶官，譯官。

〔求利〕：無利有損，財利主口舌，秋占有財喜，夏占不利。

〔出行〕：不宜遠行，防口舌，或損失，宜西行，秋占有利宜行。

〔交易〕：難有利，防口舌，有競爭，秋占有交易之財，夏占不利。

〔謁見〕：利行西方，見有咒詛。

〔疾病〕：口舌、咽喉之疾，氣逆喘疾，飲食不餐。

〔墳墓〕：宜西向，防穴中有水，近澤之墓，或葬廢穴，夏占不宜。

〔官訟〕：爭訟不已，曲直未決，因訟有損，防刑，秋占爲體得理勝訟；

〔姓字〕：帶口帶金字旁姓氏，行位四二九。

〔數目〕：四二九。

〔方道〕：西方。

〔五色〕：白。

〔五味〕：辛辣。

注釋：

①形勝之地：地形險要或名勝之地。

②高亢之所：高而乾燥之處。

③公門人：多指行政工作人員，如政府工作人員。

④秋九十月之交，戌亥年月之時，五金年月日時：九月爲戌，十月爲亥，乾卦正居此位，故乾卦應事的時間，可斷定在戌、亥之年、戌、亥之月或日或時。五金月日時，「五金」即指五行中的「金」，也就是說，乾卦應事的時間，可斷定在庚、辛、申、酉的金年、月或日時而成事（其他卦仿此）。

⑤行位一四九：乾卦數爲一，四月乾卦旺相，九月爲金，是乾卦正位。行位一四九，即此人在兄弟中排行是老大，或老四，或是老九，其他卦仿此。

⑥數目一四九：此可以是一月四月九月之令，或數是一，是四，是九；或是一百四十九，視具體事而定，其他卦仿此。

⑦辰戌丑未月，未申年月日時：坤卦五行屬土，臨辰戌丑未土月爲旺，其應事時間可斷在辰戌丑未年月，或日時。未申在坤卦方位，故還可斷坤卦應事在未申年月或日時，其他卦仿此。

⑧甲冑（讀咒）之士：甲冑是古代士兵的帽子。

第三節　卦位

《易經》中的六十四卦，其卦辭、爻辭中原無卦位之說。《繫辭》中雖有「卑高以陳，貴賤位矣」，《象》講「位」甚多，有「剛之位」，「位得當」等，《說卦》有「天地定位」、「有君臣然後有上下」等「位」的說法，但未見有「卦位」之論。由此可知「卦位」之說，肯定是後人根據上述之「位」和在預測的應用中，從實踐中總結出來的經驗。這些經驗是很寶貴的，也是十分重要的，是信息預測時必不可少的，爲後人進行預測，提供了可靠依據和有利條件。我在信息預測時，常用卦位、爻位定事，定人，定物，實踐證明很準確。如我一九八六年八月二十四日，預測「雷驚天地」的《未濟》卦，動爲《蒙》卦，其中就是用了「位」的測法，結果很準。

八卦之位，就是兩經卦相重之位。卦位屬於卦象，卦象包括卦位。卦位共有七種，一╱兩卦相重有上下之位，也稱上卦下卦；二╱兩卦相重有內外之位，也稱內卦外卦；三╱相同卦相重有前後之位，即上卦爲前，下卦爲後；四╱異卦相重有陰位陽位，也叫陰卦陽卦，如☲☷卦，外陰而內陽；五╱兩卦相重有剛位柔位，如☷☳卦；外剛而內柔；六╱同卦相重有平行之位，或重複之位；七╱兩卦相重，有遠位近位，外卦爲遠，內卦爲近。

卦位之說，有七種之多，可見在運用時，是各有不同，其含義也不一樣。如預測水災時，外卦有水，內卦無水，就是外地有水災，內地（

指本地）無水災，遠處有水災，近處沒有；就不能解爲上面有水災，下面無水災，也不能解爲剛位有水災，柔位無水災。總之，卦位、爻位用法，要根據預測的具體事來定，來作判斷，是充滿辯證法的，不能千篇一律。

第四節　爻象爻數

爻象：

卦有卦象，爻有爻象，先有爻象，然后有卦象。《繫辭》「觀變於陰陽而立卦」，故爻象者，陰陽也。爻象，只有兩種，即是組成八卦之基本符號：陰 -- 爻，陽 — 爻。

陽爻象陽，象天，象君，象君子，象大人，象父，象男人，象奇數，象陽性之物，象剛，象健，象動等。

陰爻象陰，象地，象民，象小人，象母，象女人，象偶數，象陰之物，象柔，象軟，象靜等。

爻數：

爻數者，來源於「天地之數五十有五」。以卦象六畫之數，而其用四十九。一卦之爻數，爲各爻所居之位數。

一卦六爻，其爻數排法，從下而至上排列。第一爻用「初」字，第二爻用「二」字，第三爻用「三」字，第四爻用「四」字，第五爻用「五」字，第六爻用「上」字。

爲區別爻的陰陽性質，陽爻用「九」字，陰爻用「六」字。故陽卦之陽爻，稱爲「初九」，「九二」，「九三」，「九四」，「九五」，「上九」。陰卦之陰爻，稱爲「初六」，「六二」，「六三」，「六四」，「六五」，「上六」。一卦之中，有陰爻有陽爻，按其所居的爻次，分別在數前加一個「九」字，或加一個「六」字。

乾卦多一「用九」爻，坤卦多一「用六」爻，此二卦各有七個爻數。其他卦皆無此二爻。因爲乾變坤卦，要以「用九」的爻辭來定吉凶；坤變乾卦，要以「用六」的爻辭來定吉凶。

第五節　爻位

《說卦》：「立天之道曰陰與陽，立地之道曰柔與剛，立人之道曰仁與義。兼三才而兩之，故《易》六畫而成卦，分陰分陽，迭用剛柔，故《易》六位而成章。」三才者，天，地、人之位也。

一╱**天位、人位、地位**：一卦六爻，五爻六爻爲天位，三爻四爻爲人位，初爻二爻爲地位。初、三、五爻爲天人地之正位。

二╱**上位、中位、下位**：一卦之上爻，爲上位。上卦之中爻和下卦之中爻爲中位，初爻爲下位。

三╱**陽位、陰位**：一卦六個爻，以初、三、五爻爲陽位，二、四、上爻爲陰位。

四╱**同位**：一卦六個爻，內外卦都有上、中、下的爻位。初爻居內卦之下，四爻居外卦之下爻，是爲同位；二爻居內卦之中，五爻居外卦之中，是爲同在中位；三爻居內卦之上，上爻居外卦之上，同在上位。

五╱**貴賤之位**：《繫辭》，「天尊地卑，乾坤定矣」，「卑高以陳貴賤」。虞翻曰：「乾高貴五，坤卑賤二。」（《周易集解》）很清楚，五爻爲貴位，二爻爲賤位。五爻爲貴位，是天子之貴，二爻爲賤，小人之賤。

六╱**剛柔居尊位**：每卦第五爻爲天位，爲君位，爲尊位。陽居第五爻，爲陽居尊位。陰居第五爻，爲陰居尊位。居尊位，象人居帝王之位。

七╱**陰陽得位與不得位**：一卦之初、三、五爻爲陽位，二、四、上

爻爲陰位。陽居陽位，陰居陰位，爲得位，或者是當位、正位、位正、在位。如陰爻居陽位，陽爻居陰位，爲不得位、失位、未當位。得位象人所處的地位、環境有利，或者人之才德與職位相當，或人行事與職位相當，否則不當，不利。得位者，有利之象，不得位者，不利之象。

八，**剛柔相勝**：一卦六個爻，下五爻爲剛，上一爻爲柔，爲剛勝柔，剛能制柔。反之，下五爻爲柔，上一爻爲剛，爲柔勝剛，柔能制剛。例 ䷪，爲剛制柔。

九，**柔從剛**：陰爻在陽爻之下，成柔者順從剛之象。如臣民順從君王，婦女順從男人等。例 ䷫，柔順從剛。

十，**柔乘剛**：陰爻在陽爻之上，是柔者欺剛之象，如臣欺君，女欺男等。例 ䷂，六二柔在初九之上，是柔乘剛。

十一，**剛柔相應**：五柔應一剛，一卦六爻，中間一爻爲陽爻，爲剛，上下五爻爲陰，爲柔，多爲五柔維護一剛之態，例 ䷇，衆從王。反則五剛應一柔，例如 ䷈（《小畜》），君從小人。

十二，**相應**：一卦六爻，還有爻與爻之間的相應問題。相應的次序是初爻與四爻相應，二爻與五爻相應，三爻與上爻相應。相應者，陰陽相應，陰陽之和；陽與陽，陰與陰爲不相應，爲陰陽不和。

十三，**爻位吉凶**：《繫辭》「二與四同功而異位」，二爻和四爻，均爲偶，陰柔。則以柔從命爲事，故曰「二與四同功」。但一個在內卦，一個在外卦，故爲異位。

「二多譽，四多懼」，第二爻爻辭多譽，第四爻爻辭多懼，因其位有遠近之分。二爻居內卦之中，在近處，多譽。四爻居外卦遠處，故多懼。

「三多凶，五多功，貴賤之等也。」三爻辭多凶，是居下卦之極，處卑賤之位，故多凶。五爻辭多功，是居上卦之中位，處尊貴之位。此二爻多功多凶之別，主要是貴賤之分。

第六節　大衍之數

《繫辭》中的「大衍之數五十，其用四十九」，這個數是用來起卦的。但這個數到底從何而來，自古至今都在探討。《周易集解》對此數注為「參天兩地者，謂從三始順數而至五七九，不取於一也。兩地者，謂從二起逆數而至十八六，不取於四。」這樣就出現陽數三、五、七、九，陰數二、十、八、六，共八個數。再將這八個數，按八卦進行相配。

艮為少陽，其數三。坎為中陽，其數五。震為長陽，其數七。乾為老陽，其數九。兌為少陰，其數二。離為中陰，其數十。巽為長陰，其數八。坤為老陰，其數六。這樣八卦之總數正好是五十，故稱「大衍之數」。因為「一」數和「四」數不在八卦之內，大衍之數不用。又因「一」為太極，舍去不用，由五十中減去一，剩下四十九，故只用四十九。

關於「大衍之數」的來源和「只用四十九」，類似上面的論述較多。劉大均教授在他的《周易概論》中，就引證古說四種，但他認為並不理想，尤其是「大衍之數五十只用四十九」，「這是古人始終沒有說清楚的問題」。

大衍之數五十，本是天地之數舍去五。古人為了探討「其用四十九」這個數的來歷，又按天地之數的方法進行演卦。如天一，地二，天三，地四，天五，地六，天七，地八，天九，地十。「天數五地數五」即一、三、五、七、九為天數；二、四、六、八、十為地數。「五位相得而各有合」，「天數二十有五，地數三十，凡天地之數五十有五。」故古人姚信曰：「天地之數五十有五者，其六以象六面之數，故減之而用四十九。」這種講法，雖不一定是真正的原意，但能說明問題，容易被

人接受，所以現在一般人都認爲，其用四十九，就是由五十五中減去六的結果。

大衍之數的來源，爲甚麼要舍去一根著草不用，只用其四十九？這個問題，現在仍在探討之中。

關於八卦爲萬物之數，也是通過大衍之數起卦（著筮）而出。也就是古人用著草占卜的方法，這個方法是古法中保留下來的，最古老、最完整的方法。但其算法，是極其複雜的。

六十四卦，共有三百八十四個爻。陽爻一百九十二，陰爻一百九十二。乾爲老陽，每爻三十六策；坤爲老陰，每爻二十四策。

故：36策×192爻＝6912策（乾）

　　24策×192爻＝4608策（坤）

所以二數相加（6912＋4608）等於11520策，因此，「古人就是利用這個策數作代表，曰世界萬物變化的數字」。

第七節　元亨利貞

《周易》卦辭爻辭中，元，亨、利、貞四字，爲數甚多，反覆出現。如不了解此四字的含義，就很難理解經文卦理。

元亨利貞四字，百家注釋甚多。近人高亨先生對此字注解極爲詳細，因內容繁多，故只好按《周易古經今注》中有關篇章，簡錄其義，供大家學習時參考。

「元、亨、利、貞爲人之四德。元以仁爲本，亨以禮爲宗，利以義爲幹，貞以固爲質。」「元、亨、利、貞之初義……元，大也；亨，即亨祀之亨；利，即利益之利；貞，即貞卜之貞也。」

一、釋元：

1、元吉，元吉猶大吉也；

2、元亨：元亨猶云大亨也；

3、元夫：元夫有元老之稱，元侯之稱，元女之稱，大夫之稱。

二、釋亨：

1、亨：亨利、亨吉、亨貞；

2、小亨：小亨乃記古人舉行小亨之祭也；

3、元亨：元亨猶言大亨也。

三、釋利：

1、無不利：言筮得此卦或此爻，所幹之事都很利；

2、無所利：言筮得此卦，或此爻，所幹之事皆無所利

3、利某或不利某：利某方或不利某方或對某方不利；

4、利貞：所做之事有利。

四，釋貞：

1、貞吉：稱占之事吉，某事貞吉，某人貞吉；

2、貞凶：皆指占凶事，某事貞凶，某人貞凶。

3、貞厲：厲，危也。所占之事則危；

4、可貞：所占之事可行，或不可行；

5、利貞：利即利益之利，有利之卜。

第八節　吉吝厲悔咎凶

《周易》中有關「吉、吝、厲、悔、咎、凶」，不僅是卦辭、爻辭的吉凶標誌，也是吉凶輕重的區別。只有懂得和掌握吉凶輕重的標誌，才能正確的作出預測結果的定性。下面所錄解釋，仍按高亨先生《周易古經今注》中的論述。

一、釋吉：

1、吉：吉，善也。蓋事有善結果為吉，故吉訓善。善果者，福祥

也。

2、初吉：吉有初吉、中吉、終吉之分，實為事情的階段之分；

3、貞吉，猶言占吉，測得此卦吉；

4、大吉：福祥很大也；

5、元吉：元吉大也，同大吉。

二、釋吝：

《周易》吝字皆借為遴。《說文》：「遴，行難也」，「遴，難也」。

1、吝：謂其事難行，或遭艱難之事；

2、小吝：謂遭遇小人艱難也；

3、終吝：謂畢竟艱難，最後還是難；

4、貞吝：猶言占吝，將遇艱難。

三、釋厲：

1、《周易》中厲字，厲者，危也，危險；

2、有厲：有危險；

3、貞厲，猶言占事危。

四、釋悔：

1、悔：後悔、困厄、憂慮之象；

2、有悔：謂有困厄；

3、悔有悔：謂悔之事相導而至；

4、無悔：謂無困厄；

5、悔亡：昔有悔而今其悔去也。

五、釋咎：

《周易》所謂咎，比悔為重，比凶為輕。悔乃輕小之困厄，凶乃巨大之災殃，咎則輕之災患；

1、為咎：謂將成為災患也；

2、匪咎：「匪」含義為「非」；匪咎即非咎，謂此非災患；

3、何咎：謂不至於有災患；

4、無咎：謂無災患也；

六、釋凶：

凶，惡也，蓋事有惡果為凶，故凶訓惡，惡果者，禍殃也，故凶者，禍殃也。

1、凶：謂筮得此卦爻凶也；

2、終凶：謂其事結果終為凶；

3、有凶：有凶謂有禍殃也；

4、貞凶：猶言筮得此卦爻則凶。

以上吉咎厲悔咎凶為：吉者，福祥也；咎者，艱難也；厲者，危險也；悔者，困厄也；咎者，災患也；凶者，禍殃也。

第三章　八卦與現代科學

　　《周易》這部書，講的是理、象、數、占，從形式和方法上，好像是專論陰陽八卦的著作。但實際上，講的是運用八卦預測信息的方法，其論述的核心問題，即是運用一分為二、對立與統一的宇宙觀，唯物主義辯證法的方法論，揭示了宇宙間事物發展、變化的自然規律，對立與統一的法則。其內容十分豐富，涉及的範圍很廣。它上論天文，下講地理，中談人事；從自然科學到社會科學，從社會生產到社會生活；從帝王如何治國，到老百姓如何做人，都有詳細的論述，真是包羅萬象，無所不有。本篇着重講八卦為甚麼被打成封建迷信及它與科學的關係、它對人類的貢獻。

第一節　關於八卦的封建迷信問題

　　《周易》這部書，歷來存在着兩種截然不同的看法，一種認為這部書，不管是從易理和象數上講，都有其寶貴科學價值，是中華民族的珍寶；另一種則認為這部書從總體上來講是帶有神學、神鬼色彩的，但從哲學、史學觀點來看，有一定的實用價值，認為《周易》中的八卦是「封建迷信」、「唯心主義」、「形而上學」的東西。所以歷史上出現了「易理派」和「象數派」兩種不同觀點的爭論。但是1949年以前，以至遠古來說，爭歸爭，行歸行，搞易理的從理論方面論述，研究易數（運用）的，則從易數方面進行實踐摸索。自漢以後，研究象數較盛行，到了宋朝時，象數興旺起來，為發展我國的預測學做出了更大的貢獻，這個時期的代表人物，有陳摶、朱熹、邵康節等人。

　　1949年後，我國對《周易》的研究，雖未停止，但除了對《周易》

中有關問題探討以外，多着重於歷史、哲學等方面的研究。對於《周易》中的八卦，即認爲純是「封建迷信」、「唯心主義」、「形而上學」等，成爲一種法定思想，尤其是對八卦能預測自然界和人體等方面的信息，更是禁區，無人敢談及。

1949年後，我國對《周易》的研究，特別是對象數研究基本是一言堂，近十年來雖有好轉，但仍然重視不夠，所以1987年12月11日，《人民日報》報道國際《周易》學術討論會的通訊中說：「易理與象數兼顧，在向多科學、多層次、多渠道、多角度的綜合研究方面取得較大的突破，顯示了多科學交叉研究勢頭。」這使我國兩千多年來以至全世界近幾個世紀以來在《周易》研究中，「易理」派和「象數」派兩派的爭論，得到了較好的解決。

說《周易》是「封建迷信」、「唯心主義」、「形而上學」的原因，有以下幾個方面：

一、因爲《周易》書中，有「神」、「鬼」、「祭祀」、「天祐」等字句。

在兩千多年就成書的《周易》，如果要求當時的作者沒有神鬼的觀念是不客觀的。所以，我們對待《周易》這部書也應這樣看。我們不能因一部科學的書籍有了「神」、「鬼」等字眼，不加分析，就斷它是宣揚「封建迷信」，這不是科學的態度。如我國醫學寶庫中的《黃帝內經》大多數篇章中都涉及神鬼之事和詞句，但醫學界並沒有認爲《黃帝內經》是封建迷信的，而是採取去粗取精的科學態度「爲我所用」，促進了我國中醫學的飛速發展。《周易》中提到神鬼等詞語與《黃帝內經》相比，從數量來說，那是小巫見大巫。

《周易》一書中神鬼等詞語，經查：《易經》，即六十四卦卦辭、爻辭中，無一個「神」字；有「鬼」字三個、「祭祀」七個、「自天祐」一處。《象》中有「神」字四處、「祭」字六處、「自天祐」和「

上祐」各一處。《文言》中有「神」字兩處。《繫辭》中有「神」字二十處、「鬼」字兩處、「自天祐」兩處。《說卦》中有「神」字兩處。全書共有「神」二十處，「祭祀」十三處，「鬼」字五處，「自天祐」和「自上祐」五處。這就是八卦是「封建迷信」的「罪證」。現在我們看一看《周易》書中提及「神鬼」等詞語究竟是怎樣的一回事：

1、《周易》中的神鬼來源於後人的注釋。《周易》中六十四卦，不管是卦辭、爻辭中無一個「神」字，雖有三個「鬼」字，見於「載鬼一車」、「高宗伐鬼方」、「震用伐鬼方」等語，但是前一個是形容詞，後兩個是指的族名（編按：鬼方是殷代邊疆的民族，或說「鬼方」即殷高宗時與殷激戰的苦方、土方等族，另說謂鬼方即後來的匈奴）。所以六十四卦根本不是甚麼談神論鬼、求神問鬼之事。

《周易》中「神鬼」等詞語，是來源古人的《十翼》。但歷代《易》注家，對其中「神、鬼」的解釋，雖有兩種不同的觀點，而多數把「神、鬼」比作陰陽二氣的變化。如《繫辭》「故知鬼神之情狀」句，句中「鬼」即「歸」，「神」即「伸」。「神無方，《易》無體」，句意說規律變化非常神妙，故「神」並非鬼神之神。

六十四卦中，有七個「祭祀」方面的詞語，有四個是談祭祀方面的事，但都不是卦辭，而是爻辭，也不是主詞。如「孚乃利用禴」（禴音躍，夏祭叫做「禴」），就是揭露古代奴隸主用俘虜來作祭物的罪行。

書中有些「祭祀」之事，多是古人強加於八卦的。如《震卦》卦辭中，本來沒有祭祀之詞語，而《象》在解釋時硬加上「可以守宗廟社稷，以爲祭主也」。類似這樣的情況，確爲現代一些人否定八卦是科學的提供了依據。

2、「八卦是封建迷信」，也有不少「理由」是當代人強加的。奇怪的是，八卦是科學的，古人和外國人都承認，我們自己倒有些人，卻極力反對。他們最有效的辦法，就是利用注解的機會，設法給八卦蒙上

一些「神鬼」的色彩。如《謙》卦的《象傳》中有「神鬼害盈而福謙」一句，古代著名的理學家程頤釋為「造化之迹」。虞翻按卦象解為「鬼謂四，神謂三（指三、四爻），坤為鬼害，乾為神福」，清朝的陳楚雷注為「滿招損，謙受益」，都不是指鬼神之事。而近人卻注為「此句的神道說明謙則亨，不謙之不亨」。

又如《既濟》卦的九五爻辭，「東鄰殺牛，不如西鄰之禴（音躍）祭，實受其福」，古人多從卦象上解釋。《周易集解》。認為九五為東，六二為西，坎為水，離為牛，水滅火為殺牛。東指殷朝，西指周朝。所以這一爻的爻辭，意思是說殷王朝要滅亡了，用殺牛祭祀鬼神也無益，周朝順應歷史的發展，得人心，不殺牛祭鬼神，同樣興起。這裏用「殺牛」，不僅是比喻，而且充分說明古人樸素的唯物主義思想。但今人注解這一句時，硬說古人是大搞封建迷信，求神保佑。

又如《遯卦》九五爻辭：「肥遯，無不利。」此處「肥」字，古為「飛」字，所以說「肥遯」是「遠走高飛」的意思。可是今人硬把「肥遯」解為「肥豚」，說成是祭神之牲。

二、說八卦是封建迷信第二原因：算卦吋要求神敬香，心誠則靈。

《周易通義》前言中「古人迷信，遇事狐疑，總喜歡向神請示」。在一些《周易》的注解中記載有古人在占筮時，把著草供起來的儀式。宋朝以後，有些專論占卜的書籍上，也有占卜前燒香求卜的說明。我認為這些作法，既不是《周易》本身所固有的，更不是《易經》的宗旨，而是占卜者故弄玄虛所致，不能強加於《周易》中的六十四卦。

關於《蒙》卦卦辭中的「初筮告，再三瀆，瀆則不告。利貞。」目前社會上進行信息預測時，也是按照這一原則照辦的。

為甚麼在進行信息預測時，只能搖一次卦，而不能搖第二次，第三次？這是因為我們要問事，把三個麻錢通過手搖，錢是金屬，有磁場，人體也有磁場，通過場接通信息的反應，所要預測的信息，在卦象中已

經反應出來了。如果你搖第二次、第三次，由於手搖的輕重不一樣，次數不一樣，更主要的意念不一樣，所得的信息就不一樣，因此，第二、第三次的卦象很難與第一次卦象相同。這樣出來三種卦象，而各卦動爻又不一樣，所主的事情又不一樣，到底以哪一個卦象爲主，占人無法下結論，故古人根據經驗，定初卦爲主，不再進行第二、第三次搖卦了。這本來是占卜的原則問題或方法問題。可是有些易學家不懂占卜方法，把「初筮告，再三瀆，瀆則不告」解釋爲：「如果卜者認爲筮不準，再次三次的占，便瀆犯了神靈，神靈就不告訴你。」這純屬誤解。這種誤解，必然導致錯誤的認識。

關於一些古書中有「心誠則靈」的說法，就是強調占卜者心要誠，心誠了才能算準。這個說法也成爲八卦是「卦建迷信」的罪証。

「心誠則靈」並不屬於封建迷信。「心誠」，用現代語言講，就是要「意念集中」，也就是說，問事的人，把注意力集中在要問的問題上，通過人的磁場作用，把信息灌注到手中的麻錢上，這樣才能準確的反映到卦象去。如果求占者，「意念」不強，精力不集中，胡思亂想，信息會受到干擾，卦象就不能正確地反映出信息，就不會測準。這像我們練氣功一樣，「意念」不集中，就不會收到好效果。古代還有無事不占、不響不占、不動不占、不問不占、無異常現象不占等，都屬於「意念」的範疇問題和預測的原則問題。

三、不少人認爲：「八卦預測吉凶，是唯心主義，形而上學。」

那些不了解人體科學的人，他們否定人有吉凶禍福的說法，所以，認爲八卦能預測人的吉凶禍福是唯心主義、形而上學。

《繫辭》有「八卦定吉凶，吉凶生大業」，這裏的吉與凶，禍與福，實際上就是得與失，勝與敗的問題。

天地有生殺，萬物有始終，帝王有興衰，人事有吉凶。這是世界的普遍規律。宇宙是一個大天體，人是一個小天體，宇宙間陰陽五行運動

所引出的生克變化，自然會對人有影響。故《靈樞陰陽二十五論》中云：「天地之合，六合之內，不離於五，人則應之。」因此，人必然會有吉凶禍福。總而言之，「從陰陽則生，逆之則死；從之則治，逆之則亂」（《四氣調神第三篇》），這對一個人來說，是如此，對社會來說也是如此。

對於八卦中一些尚弄不清的問題，或人事吉凶問題的產生原因不清楚，我們只能採取科學的態度，認真加以研究，絕不能簡單地斥為「唯心主義」和「形而上學」，這不是唯物主義者和科學工作者應有的態度。

第二節　八卦與科學㈠

八卦是幹甚麼用的？《繫辭》中指出：「八卦定吉凶」，「以定天下之業」。故八卦有文能定國、武能安邦、上能報國、下能救民的作用，其科學價值實為珍貴。

八卦中的乾為天、坤為地、坎為水、離為火、震為雷、巽為風、艮為山、兌為澤，本是宇宙間八種物質；將大自然各類物質歸納為八卦，標誌着人類對大自然的認識。六十四卦所測者，基本分三大類：物質生產，社會生活，科學知識。八卦，在科學領域應用范圍很廣，並在農業、天文地理、數學、化學、軍學、外交、人體學、醫學、生物學、政治、經濟、哲學、文學、法學、預測學、優生學、遺傳學、氣功史學、信息傳遞方面，都作過重大貢獻和有着密切的聯繫。為了說明八卦的科學性，現簡述如下事例：

1、八卦與歷史學：大家知道，史學界對於周朝以前的歷史和社會情況，長期因缺乏文字資料及實物資料而無法弄清楚。後來大量發現古都遺址和古墓，挖掘出數以萬計的甲骨。這些甲骨上以甲骨文清楚地刻下周朝和周以前的大量占卜記錄，這樣考古學家、歷史學家才逐步弄清

了周朝（西周）的歷史社會狀況。由此可見，當時用八卦預測時所記錄下來的歷史事實，是多麼可貴，又多麼真實。同時，也充分證明了當時八卦預測技術之高，其結果之準確，也是世界信息預測史上罕見的。

2、八卦與數學：在我國要考證數的起源，總是離不開伏羲畫的八卦。可以這樣說，伏羲是我國數學鼻祖。八卦是一生二，二生三，三生萬物，就是講八卦是由數組成的，或者說，八卦是數的表現。

八卦卦有卦數，爻有爻數，數貫穿卦的始終，如乾一，兌二，離三，震四，巽五，坎六，艮七，坤八，兩卦相重，又是一個新的數，這個數叫卦數。

再看各卦的爻數與二進制：

$$\left.\begin{array}{l} \text{-- } 2^2 \times 0 = 0 \\ \text{-- } 2^1 \times 0 = 0 \\ \text{— } 2^0 \times 0 = 0 \end{array}\right\} 0 \qquad \left.\begin{array}{l} \text{-- } 2^2 \times 0 = 0 \\ \text{-- } 2^1 \times 0 = 0 \\ \text{— } 2^0 \times 1 = 1 \end{array}\right\} 1$$

$$\left.\begin{array}{l} \text{-- } 2^2 \times 0 = 0 \\ \text{— } 2^1 \times 1 = 2 \\ \text{-- } 2^0 \times 0 = 0 \end{array}\right\} 2 \qquad \left.\begin{array}{l} \text{-- } 2^2 \times 0 = 0 \\ \text{— } 2^1 \times 1 = 2 \\ \text{— } 2^0 \times 1 = 1 \end{array}\right\} 3$$

$$\left.\begin{array}{l} \text{— } 2^2 \times 1 = 4 \\ \text{-- } 2^1 \times 0 = 0 \\ \text{-- } 2^0 \times 0 = 0 \end{array}\right\} 4 \qquad \left.\begin{array}{l} \text{— } 2^2 \times 1 = 4 \\ \text{-- } 2^1 \times 0 = 0 \\ \text{— } 2^0 \times 1 = 1 \end{array}\right\} 5$$

$$\left.\begin{array}{l} \text{— } 2^2 \times 1 = 4 \\ \text{— } 2^1 \times 1 = 2 \\ \text{-- } 2^0 \times 0 = 0 \end{array}\right\} 6 \qquad \left.\begin{array}{l} \text{— } 2^2 \times 1 = 4 \\ \text{— } 2^1 \times 1 = 2 \\ \text{— } 2^0 \times 1 = 1 \end{array}\right\} 7$$

所以計算機的二進制是：☷０００，☳００１，☵０１０，☱０１１，☶１００，☲１０１，☴１１０，☰１１１。德國數學家萊布尼茲就是根據我國八卦圖發明計算機二進制，震動了世界整個科學界，故八卦有「計算機之母」的冠稱。

八卦不僅是數學的起源，它與我國文字的起源也是同步的。八卦的八個符號，就是我國古代的文字，這一點《中國甲骨學史》上有詳細的記載。

3、八卦與醫學：我國很早就有「醫易相通」的說法，就是研究易學的人，都要把中醫學裏的《黃帝內經》作爲最主要的參考書，研究中醫學的人，也要把《周易》作爲理論的淵源，所以八卦的原理，早就用於中醫學的各個領域，它爲預測疾病和準確地診斷疾病預防疾病，在信息上提供了可靠的證據。現在我們看一看八卦與人體簡單的配備，就一目了然。

八卦與人體：

外五行：乾爲首，離爲目，坎爲耳，兌爲口，坤爲腹，艮爲手，震爲足，巽爲股。

內五行，即八卦配五臟：乾兌爲肺，離爲心，巽爲膽，震爲肝，艮爲脾，巽爲胃，坎爲腎。

4、八卦與生物：八卦中的六十四卦，與生物學中遺傳密碼研究所發現的生物遺傳基因組合方式是一致的。決定遺傳機制的分子有兩種，分別叫做脫氧核糖核酸（DNA），核糖核酸（RNA），這兩種結構相同，都是磷酸基、糖鹼基組成。DNA和RNA中的磷酸基是沒有區別的，只有一種。但糖有兩種，一種核糖，一種脫氧核糖。每種可分別接四種鹼基，兩種糖可以得到八種。現看下列組合：

這樣，每三個DNA和RNA能決定一種遺傳密碼，八種鹼基每次取三個，重複組合，只能是64種。它與八卦的結構及生成的六十四卦一模一樣。

5、八卦與品德思想教育也有關：例如《謙》卦裏提出了謙德化，認爲謙讓必須以明智、勤勞、奮發爲前提，不能把謙讓與糊塗、懶惰、怯懦混爲一談，指出「謙受益，滿招損」的好處和危害，這仍然是我們遵循的謙德。

6、八卦與法律：從八卦的卦象中和古代大量的預測記錄中，一方面我們看到了我國很早就有刑法，另一方面，我們也看到奴隸主、統治者對被統治者操生殺之權，設有殘酷的刑獄。如《困》、《革》、《天雷無妄》、《天水訟》等卦，就是論法、治獄的。它們的刑法，有打屁股的，有示衆的，有割鼻的，斷腿的，烙額的，關幽谷（監牢）的，砍頭的等殘忍的酷刑。

古代統治者在建立「法治」的過程中，也注意法制教育，要求人們遵法守紀，指出犯法是由於妄動，教育人們多做好事，不做壞事。如卦辭、象辭中有「積善之家必有餘慶，積不善之家必有餘殃」，「善不

積，不足以成名，惡不積，不足以滅身」，「罪大而不可解」等類語句，這些都是法制教育的好教材。

在審訊上，為了不冤枉一個好人，不放過一個壞人，《繫辭》就有「將判（叛也）者，其辭慙」。背信棄義的人，言行與實際相叛，違背事實說話，害怕別人揭露，所以說話時，其言語慙（慚）愧。而那些無事實證據，誣陷好人的人，即是「其辭游」，油腔滑調，信口雌黃。幹了壞事的人，「其辭屈」，在事實面前無話可說。相反，善良老實的人，為「吉人之辭寡」，這些從言語形態上區別好壞的作法，仍有參考價值。

《周易》中的八卦，不僅有刑法方面的卦象，而且現代對易學的研究還發現可用八卦來預測犯罪和官司方面的信息。這一發現，對預測牢役之災、預防犯罪、減少罪案及對國家建設等，其重大意義，是不可估量的。

7、八卦與氣象：《周易》中關於運用八卦預測天氣方面的論述很多。如《坤》、《屯》、《中孚》等，達十六卦之多，是專門論述氣象方面的信息。我國運用八卦來預測天氣，古代甲骨文裏就有大量的記載。《殷墟契前編》中就有「巳丑卜，庚雨」、「乙昱卜，卯丙雨」等例。我用八卦預測西安地區的天氣預報共四十六個月，其準確度達68.16%，比陝西氣象稍低，比中央台稍高，可是中央台、陝西台是今天報第二天的氣象，我則是在上一個月就測出下一個月的天氣。

八卦在天文方面的貢獻也是很大的。我國劉子華先生在法國留學時，曾在一九四○年用八卦測出太陽系第十顆行星的密度、速度、軌道，解決了當時世界天文學家難以解決的難題，從而震驚世界。

第三節　八卦與科學㈡

　　8、八卦與軍事：自古以來，八卦一直被歷代軍事家所重視，成爲建軍、治軍和進行戰爭必不可少的教科書。六十四卦中，對軍事方面也有不少論述。如《師》、《同人》卦，講的是戰爭準備，首先強調要有德才兼備精明能幹的指揮員，強調軍隊要有嚴格的組織紀律，才能打勝仗。同時，對於戰爭的勝敗，也作了詳細的分析。《復》卦講的是軍隊要熟悉地理地形，不然會迷失方向。《離》講的是對人警戒與遭受敵人侵襲的戰禍。《晉》卦講的是戰備戰術。其他卦講伏擊戰、攻堅戰、防御、進攻、遭遇戰，特別注意警戒，提高警惕性、聯防，主張和平，反對侵略等，其軍事知識特別豐富。

　　我國古代軍事家，如大家知道的孫臏、諸葛亮等人運用八卦治軍，用於戰爭是很有成就的。范文瀾的《中國通史簡編》對諸葛亮運用八卦治軍有專題記述：「諸葛亮治軍，特別着重訓練有紀律的軍隊。……最著名的有：㈠八陣圖。行軍安營而堅重，駐軍地方，所有營壘井烘厠所屏障都按法興造，不論行軍，隨時可戰可守。諸葛亮以前，杜憲曾勒八陣擊破北匈奴，大抵經諸葛亮推演改善後，成爲一種新造。西晉馬隆用八陣法收復涼洲，北魏刁雍請採諸葛亮八陣法，抵御柔然，李靜對唐太宗說，六花陣法，原出八陣法。諸葛亮在古代軍事學上是有貢獻的。」這裏講的八陣法、八陣圖，就是將八卦的八門九宮運用於軍事上的典型例子。

　　古代把八卦用於軍事，用於戰爭，現代也是如此。美國就把八卦用於核導彈戰略戰術上。古人把八卦用到軍事上，今人也是如此，如軍隊的紀律，也是來源於八卦中的《師》卦。總而言之，八卦對發展我國的軍事學有不可磨滅的偉大貢獻。

9、八卦與氣功：《繫辭》中「一陰一陽之謂道」，講的陰陽二氣運動的規律，是揭示事物運動的普遍規律。前面講過，天有陰陽，地有陰陽，人有陰陽，天地萬物都有陰陽，宇宙間陰陽二氣運動，決定事物生長變化、發展和推動事物前進。宇宙是大天體，人是一個小天體，因此人體與天體運動有着密切的聯繫，並且受着宇宙這個大天體的影響。

《寶命全形論》說：「人生有形，不離陰陽。」《周易集解》有：「陰陽交合物之始，陰陽分離物之終，合則生，離則死。」現代醫學證明，由於氣的運動，帶來五臟六腑的活動。人體內的氣，有陰陽之分，是一種活動力很強的精微物質，它流行全身，無處不有。人的生命活動，從根本上來說，是氣的生、降、出、入的活動，氣的活動一旦停止，生命的活動就停止了。事情很清楚，人之所以生病、死亡是陰陽二氣不平衡造成。我們練氣功，一要吸收大自然中的天地之氣補充自己，第二就是要強調、保持體內陰陽二氣的平衡狀態。被歷代奉為「萬世丹經王」的《周易參同契》就是根據《周易》寫出的練功書。因此，八卦中的陰陽學說，是指導練功的教科書。

現以《水火既濟》卦來講：坎為水，為腎，離為火，為心。人體的腎水和心火的升降，同大自然的陰陽二氣升降一樣，是既互相制約而又統一的。水性寒，火性熱，在生理上，心火下降來溫腎水、防腎寒。腎水上升制心火，心過熱，會灼傷臟腑，這樣水火互用的過程，稱為心腎相交，叫做「水火既濟」，也就是陰陽平衡。陰陽平衡了，就是生命穩定處在最佳狀態，即「氣功狀態」，所以練功，既能防病健身，又能延年益壽，甚至可以出特異功能。

10、八卦與婚姻：八卦中不但記載了原始社會的婚姻遺風、對偶婚與劫奪婚姻，而且對婚姻的吉凶都有預測方法和論述。如《咸》講男女正配，《風天小畜》講的「夫妻反目」不到頭，《姤》講的「勿用取女」，因為她作風不正派。《屯》卦講的求婚，《睽》是訂婚，《賁》是迎婚。

總之，預測婚姻的信息，有助於建立一個和睦的家庭，既有利於個人，又有利於社會，特別是對培養教育下一代是具有重大意義的。

11、八卦與佛教、道教：我國的佛教、道教，也十分重視對《周易》的研究。因爲八卦陰陽符號裏，稱陽爲天爲神，陰爲地爲鬼。佛教和道教認爲，陽爲神，陰爲鬼，人在陰陽之間，既可以成神，又可以成鬼。但成神成鬼有個條件，這就是佛教道教要求人們多做好事，多行善事。做了好事者，死後變爲純陽升天爲神，幹了壞事、惡事，損人利己者，死後變成純陰下地獄爲鬼。我認爲佛教道教等教，勸人爲善，不做壞事，有利社會，有利於人民，和我們全心全意爲人民服務，多爲人民作好事的政治主張是一致的。所以我們要大力支持佛教、道教等教的事業。

12、八卦與哲學：凡是研究哲學的學者，無不認爲哲學的源頭出自八卦。八卦深奧無窮的理論，就是一部生動而實際的哲學教科書和哲學大典。

哲學名詞「陰陽」和「矛盾」，就是八卦的基本符號陰爻 $--$ 與陽爻 $—$。「一分爲二」，正是八卦上的「太極生兩儀」。至於事物發展變化規律、矛盾的對立與統一的法則、唯物辯證法、邏輯思維、多層次思維方式、形而上學等以及愛因斯坦的「相對論」，都是出自八卦或與八卦緊密相關的。因此，八卦在我國古典哲學和現代哲學史上建有偉大的功勛。

13、八卦與文學：八卦的卦辭、爻辭都具有高深的文學思想和藝術價值，同樣是我國文學寶庫中的瑰寶。

八卦的卦辭、爻辭在寫作手法及語言等方面有其獨特的風格。主要的特點有三個：

運用比喻的手法，是六十四卦的第一個特點。卦辭爻辭都採用比喻的方式爲人指示吉凶禍福。二是卦辭、爻辭都體現了濃厚的詩歌、短

歌、民歌、寓言的風格，其內容豐富，故事色彩濃厚。第三是語句簡短而洗練，詞滙豐富，描寫人物、事物生動多姿，形象逼眞，給人以身臨其境之感。凡歷史上有名的文學家、詩人、作家、劇作家和新聞工作者，他們的作品中都滲透着八卦的文學思想。如我們常見的「頂天立地」一詞，就是八卦中的「上爻、五爻爲天，四爻、三爻爲人，二爻、初爻爲地」，人正好在天地之間，上頂天下立地，故稱「頂天立地」。我國不少文學作品如小說、詩歌、戲劇等，常有引人入勝而生動的八卦篇章。

14、《周易》是治國之道。《周易》講的是天道、地道、人道，也講治國之道。它從思想到政治，從經濟到軍事，從工業到農業，從文化到科技，從教育到刑法……等都有評論。因此，《周易》成爲我國歷代王朝的治國之本，爲帝王所重視，我國歷史上凡有建樹的帝王，不僅自己熟知《周易》，還要有易理高深卦術高超的人作爲軍師。

周文王囚羑里而演《周易》，以深通易道的姜子牙爲軍師；秦始皇知《周易》爲天書而不焚；劉邦建漢，以善推易理的張良爲軍師；唐太宗得大唐，用善推會算的徐茂功爲軍師。三國的諸葛亮，明朝的劉伯溫，他們深知易道，卦術高超。然而也有的帝王，不懂易理，治國無方，有的不聽軍師之言，不是國家衰敗，就是革命夭折。如李闖王不聽軍師宋獻策之言，革命半途而廢，成爲歷史的悲劇。

古代政治家如此，現代政治家亦有類似之例。毛澤東在領導中共奪取政權的過程中，既以馬列主義爲指導，又非常重視對《周易》的研究和運用。他不但重視《周易》研究，而且易道很深。早在一九二〇年時，他就與蔡和森大談「《周易》之道」（《毛澤東早期哲學思想探源》）。一九三七年他在一篇哲學批注上寫下：「完全否定，乾坤或幾乎息」（《毛澤東哲學批注集》一二三頁）。這裏的「乾坤」，就是《周易》中的《乾》卦和《坤》卦。

　　毛澤東對《周易》的研究，不僅表現在理論上，而且運用於戰略決策，其應用之實效是驚人超羣的。如八卦上有八個門，乾西北爲開門，艮東北爲生門，這是八門中唯一的兩個吉門，在抗戰勝利後國共內戰時期都被毛澤東所控制。他和中共中央佔據陝北乾位的開門（也爲天位、天門），東北的哈爾濱爲艮位是生門，爲林彪和蘇聯紅軍所據。北京坎位爲北方是休門，休門主休養生息，故北京後來不戰而易幟。

　　開門、生門不僅是吉門，而且都是居高臨下之勢，乾艮兩門形成了一把異常鋒利的剪刀，所向無敵，一個又一個地剪掉了國民黨八百萬軍隊。毛澤東經千辛萬苦二萬五千里長征，選擇陝北這個貧瘠之地建立大本營，後又派林彪進據東北的生門。他千方百計控制開門和生門的戰略決策，與八卦的布陣營完全一致，這決不是偶然的，也不是歷史的巧合，而是毛澤東的易道高深廣大的證明。又：毛澤東、周恩來等在國共大決戰時均曾去山西五台山抽籤算卦，證明他們非常重視信息預測。

　　在建立政權後，毛澤東仍堅持研究和應用《周易》。他在一九五六年八屆中央委員會第二次全體會議上批判黨內一點論的傾向時說：「中國古人講『一陰一陽之謂道』，不能只有陰沒有陽，或者只有陽沒有陰，這是古代的兩點論，形而上學是一點論……」（《毛澤東選集》第五卷三二一頁）。「一陰一陽之謂道」，就是《周易・繫辭》中所講的陰陽變化的規律。

　　毛澤東重視對《周易》的研究與運用，這是無可否認的事實。他的五卷選集及其他書籍所記載的他研究《周易》、應用《周易》的資料，是非常寶貴的，我相信在毛澤東的第六、第七……卷等著作中，還會有他研究《周易》的事例和文獻披露出來。

　　《周易》對我國的現代科學做出了重大貢獻。自然科學發展從先秦至今，共分三個大階段，亦稱爲自然科學發展的三次浪潮。第一次浪潮以象數結合的《周易》整體觀念爲代表，第二次浪潮以伽俐略、牛頓、

愛因斯坦為代表，以儀器觀測和數據分析為特徵，第三次浪潮以六十年代以來的系統科學為開端，相繼出現耗散結構理論、混沌理論、分形幾何、一元數學、物元分析。這些學術理論和方法都與《周易》象數分不開或有着共同特點。從六十年代以來，聞名世界的重大科研成果共十四項。其中十二項是八十年代以後的。更可喜的是，十四項科學成果中，有九項是我國科學家八十年代以後研究的成果。這些成果中有一元數學、物元分析、混沌理論、天地生偶次序、全球地質構造的呂德斯線、地球經絡穴位結構、地震自然節律、自然週期可公度性、生物全息律，其理論基礎都來源於《周易》中的象數或與象數有關，有的與《周易》中的理論完全一致。如地球經絡穴位的思想，驚人地合乎八卦中「遠取諸身，近取諸物」的理論。（上述分析請參見李樹青《自然科學第三次浪潮條條道路通象數》）

從以上大量事實中我們可以看到，《周易》不是「封建迷信」，不是「唯心主義」，不是「形而上學」，而是一切科學的起源和基礎。

第四章　八卦與信息預測

八卦包羅萬象，無所不有，是人類的信息庫，它仰觀於天文，俯察於地理，中明人事，具有上測天、下測地、中測人吉凶禍福的本事。怎樣測天、地、人吉凶、禍福的信息呢？《繫辭》中告之：「以定天下之吉凶，成天下之亹亹者，莫大乎蓍龜。」「蓍龜」，就是古代人民用來預測信息的兩種方法和工具。它告訴人們，要得到吉凶的信息，可以用預測的方法來獲得。

古人之所以重視信息的預測，這是因「八卦定吉凶，吉凶生大業」，前面講過，吉凶就是得與失，勝與敗的問題。

人們都有這樣一個慣例，不管幹甚麼工作，完成甚麼任務，首先就抓信息問題。如要開一個工廠，辦一個百貨公司等，事先要組織人員調查、研究，然後才根據調查的情況，決定幹與不幹。這些都屬於信息預測的問題。因此，信息預測，是一切工作的基礎，是一切工作的先導，也是一切工作勝利的保證。本章主要講信息預測的有關問題及起卦的方法等。

第一節　人體與信息

前面講了信息的重要性，現在講一下人體與信息的關係及當前用來預測信息的方法。

人體本身就是一個信息感應器，他本身不僅有預測信息的功能，而且分工細而嚴密。就拿人的體表來講吧，皮肉管痛癢，管冷、熱、有風無風等方面的信息，眼睛管遠近，管大小，管顏色、醜美等方面的信息，鼻子管香臭和各種氣味方面的信息；嘴管各種味道的信息，耳管聲

音大小，甚麼聲音等方面的信息，手管重輕等方面的信息。但是它們所管和預測的信息，是宏觀的、表面的、感覺到的、看得見的，是在一定范圍內的，而對那些微觀的、潛藏的、複雜的、超出它的范圍之外的，就無能爲力了。

人類爲了生存，受人體信息感應的啓發，開始用各種辦法製造各種預測信息的工具，來獲得所需要的信息以保存自己。如人知道凍餓的信息就要穿衣、吃飯，所以，就有農業；有的東西太遠、太小，眼睛看不見，就發明望遠鏡、顯微鏡；有的信息要急傳，傳遞的目的地，又太遠，就發明了電報、電話、人造衛星通訊等。總之，現所用的一切預測信息或傳遞信息的工具，都是來源於人體信息感應。因此，列寧說：「假如人的感覺沒有使人對環境具有客觀的正確觀念，這個生物體就不能適應環境。」（《列寧全集》14卷139頁）

現代用來獲得信息的方法很多，大致有：人往類，如派人調查、偵察、潛伏；報刊通信類；廣播電子儀器類，如電視、人造衛星等。這些獲得信息的工具雖然有的很先進，既能獲宏觀的也能得微觀的，但它不是萬能的，因本身的條件有限，有的信息它無法獲得。如要預測蘇聯契爾年科有病，是好是壞，會在甚麼時候死，它們就無能爲力了。而八卦不花錢，遠在千里以外，很快就測出契爾年科的死亡時間。所以我們的祖先在幾千年前就發明能預測信息的八卦，眞是了不起。古代用八卦來預測信息，現在信息時代更少不了八卦。

第二節　陰陽學說

陰陽學說是我國古代勞動人民，通過對各種事物和現象的觀察，把宇宙間的萬物萬象，分爲陰陽兩大類，而建立起來的一種樸素的唯物論和辯證法的思想。陰陽學說認爲，一切事物的形成、變化和發展，全在

於陰陽二氣的運動。它總結出來的自然界陰陽變化的規律，與對立統一哲學思想是一致的。陰陽學說，不僅應用到各個科學領域裏，而且成為我國自然科學的唯物主義世界觀的理論基礎。

一、陰陽學說的起源

陰陽學說的產生，早在夏朝就已形成。這可以從《易經》中的八卦陰陽爻的出現而得證實。八卦中陰爻 -- 和陽爻 — 出現在我國夏朝的古書《連山》中，故《山海經》中有，「伏羲得河圖，夏人因之，曰《連山》；黃帝得河圖，商人因之，曰《歸藏》；烈山氏得得河圖，周人因之，曰《周易》。」這就是說，在夏朝就有《連山》這樣的八卦書，而八卦又是由陰和陽這兩個最基本的爻組成的。所以陰陽學說，至少起源於夏朝是無疑的。

二、陰陽對立

陰陽對立，是指自然的萬物萬象，其內部都同時存在着相反的兩種屬性，即存在着對立着的陰、陽兩個方面。如八卦是由陰與陽兩種對立的符號組成的，也是由四種對立的符號組成八卦，再由三十二種對立的符號組成六十四卦。故《周易乾鑿度》指出：「乾坤者，陰陽之根本，萬物之祖宗也」。乾卦純陽，坤卦純陰，所以說，陰陽兩種對立的矛盾，是一切事物的根本矛盾。然而乾坤雖是兩種對立的矛盾，但又是互相統一的。唯有這種統一，然後才能產生變化，生成萬物，故陰陽的對立與統一，是一切事物的始終。

三、陰陽屬性

陰陽不但統攝了萬物萬象對立的兩個方面，而且具有兩種相反的不同屬性。然而，事物和現象中對立着的雙方所具有的陰陽屬性，既不能任意指定，也不能顛倒，而是按照一定規律歸類的。那麼用甚麼標準來劃分事物和現象的陰陽屬性呢？《繫辭》有：「乾道成男，坤道成女。」乾為父，坤為母，生震、艮、坎、巽、離、兌六子，六子分男女，即天

地生萬物，萬物無不分為兩性。

《繫辭》還有：「天尊地卑」，「乾陽物也，坤陰物也」和「陽卦奇，陰卦偶」。凡是類似男、高和奇的性質的都屬於陽的範疇，凡是類似女、低和柔的性質的都屬於陰的範疇。

四、陰陽互根

陰陽互根，是事物或現象中對立着的兩個方面，具有互相依存、互相為用的聯繫。陰與陽的每一個側面都以另一側面作為自己存在的前提，即沒有陰，陽不能存在；沒有陽，陰也不存在。正如沒有乾，就沒有坤，沒有天，也就沒有地。《素問陰陽應象大論》說：「陰在內，陽守之，陽在外，陰之使也。」因此陰陽是互相依存，互相為用的。

五、陰陽消長

陰陽消長，是指事物和現象中對立着的兩個方面，是運動變化的，其運動是以彼此消長的形式進行的。由於陰陽兩個對立的矛盾，始終處在彼消此長、此進彼退的動態平衡之中，才能保持事物的正常發展變化。《繫辭》有云：「日往月則來，月往日則來，日月相推而明生焉。寒往暑來，暑往則寒來，寒暑相推而成歲焉。」所謂往來就是陰陽消長，白天變黑天，由黑夜變白天，天氣由熱變冷，由冷變熱。用日月、寒暑的變化的規律，反映事物發展變化的規律。如果這種變化出現了反常，也就是陰陽消長的異常反應。

六、陰陽轉化

陰陽轉化，就是陰陽變化，它事物或現象的陰與陽兩種不同的屬性，在一定條件下向其對立面轉化。《繫辭》說「陰陽合德，則剛柔有體」。陰與陽是對立的，但又互相依存的，只有陰陽統一起來，才能推動事物的變化和發展，這樣陰陽才能長期共存。

陰與陽雖然具有兩種不同的屬性，但又可以互相轉化。「生生之謂易」、「道有變動，故曰爻」。易，即陰陽相易，也就是陰極生陽，陽

極生陰，所以就陰變陽、陽變陰，乾初九的陽在下，坤初六的陰始凝，說明乾坤兩卦代表着陰陽矛盾的統一體。兩卦初爻是陰陽結合、陰陽轉化的開始。就是說陰陽互相轉化，是事物發展的必然規律，事物只要順着陰陽變化的規律發展下去，最終就能達到事物互相轉化的目的。

第三節　五行學說

五行學說也是我國人民獨創的。它光輝的哲學思想，對我國科學事業的發展有極重大的促進作用。五行學說的實質，認為世界是由木、土、火、金、水五種最基本物質構成的，自然界各種事物和現象（包括人在內）的發展、變化，都是這五種不同的物質不斷運動和相互作用的結果。這一發現，找出了宇宙間萬物生生滅滅的規律和原因。所以，五行學說，同樣是樸素的唯物主義和辯證法。五行學說在科學領域是用途極廣的。

一、五行學說的起源

五行學說的產生，在學術界中仍然是一個尚未搞清的問題，三種意見對立極為明顯，易學界認為五行學說的產生，很可能與陰陽學說是同步的。但史學界認為五行學說的創始人是孟子。如范文瀾在《中國通史簡編》中講：「孟子是五行學說的創始者，孟子有五百年必有王者興，由堯舜至於湯五百有餘歲……，由文王至孔子五百有餘歲……等近乎五行推運的說法。比孟子稍後的鄒衍，擴大五行學說，成為陰陽五行家。」說五行學說是孟子發明並沒有確切證據，這一點，范文瀾自己又否認了自己的說法。他在同一書同一篇中又講：「墨子不信五行，駁斥占卜術用五色青龍定吉凶，足見東周時五行說早已通行了，至鄒衍特別發揮。」孟子是戰國時代的魯國人，而東周時就有五行學了，顯然不是孟子發明了五行。有的史書上講，陰陽五行學說是漢朝的董仲舒創立

的，那就更不對了。

哲學界，如巫白慧、王鎌則認為：「五行的明文見於《尚書‧洪範》（相傳為西周初年文字，據近人考證可能是戰國時代所作）。五行，一曰水，二曰火，三曰木，四曰金，五曰土；水曰潤下，火曰炎上，木曰曲直，金曰從革，土爰稼穡。」（見《陰陽五行學說對中國傳統科學的影響》）。可見五行的學說起源問題，仍是一疑案。

二、五行的特性

「木」具有生發、條達的特性；「火」具有炎熱、向上的特性；「土」具有長養、化育的特性；「金」具有清靜、收殺的特性；水具有寒冷、向下的特性。

五行學說，採用取象比類的方法，把需要說明的事物或現象，樸素地分為五類，將具有相似屬性的事物或現象，分別歸屬於五行之中，並在五行屬性的基礎上，運用五行規律解釋和說明事物或現象的聯繫及變化。

三、五行生克

五行學說認為，事物與事物之間存在着一定聯繫，而這種聯繫促進着事物的發展變化。五行之間存在着相生相克的規律，因此生克就是五行學說用以概括和說明事物關係和發展變化的基本觀點。

相生，含有互相滋生、促進、助長的意思。相克，含有互相制約、克制、抑制的意思。

五行相生：木生火，火生土，土生金，金生水，水生木。

五行相克：木克土，土克水，水克火，火克金，金克木。

在相生的關係中，都有生我、我生兩個方面的關係。生我者為父母，我生者為子孫，克我者為官鬼，我克者為妻財，比肩者為兄弟。如生日干是庚金。土生金，土為金之父母；火克金，火是金的官鬼；金克木，木是金的妻財；金生水，水是金的子孫；金與金相同，故為比肩為

兄弟。妻財，對男人來說，旣代表錢財，又代表妻子；官鬼對女人來說，旣是官星，又是丈夫。

相生相克，像陰陽一樣，是事物不可分割的兩個方面，沒有生就沒有事物的發生和成長；沒有克，就不能維持事物在發展和變化中的平衡與協調。所以沒有相生就沒有相克，沒有相克，就沒有相生。這種生中有克、克中有生、相反相成、互相爲用的關係，推動和維持事物正常生長、發展與變化。

四、五行亢乘

物盛極爲亢太過。凡事物亢極則乘，強而欺弱，這叫做乘。事物亢極，太過，往往易折，如玉硬易碎，鋼太剛易折，就是這個道理。

五、五行反侮

五行生克中，並不只存在順克，如旺克衰、強克弱，有時也會出現逆克：衰克旺、弱克強的現象。如土旺木衰，木受土克；木旺金衰，金受木克；水衰火旺，水受火克；土衰水旺，土受水克；金旺火衰，火受金克。這種逆克，叫做反侮。

第四節　天干

十天干，十二地支，《史記》稱十干爲十母，十二支爲十二子，又簡稱干支。

從歷史的發展看來，大概先發明十干，再發明十二支；再發明甲子。早在公元前一五六二年至前一六〇〇年殷商時期，便已經有了干支甲子，十干首先被用於商王朝世系的帝號，如成湯名天乙，他的兒子便叫大丁，中丙，中壬，孫子名大甲……。「大橈始作甲乙以名日，謂之干，作子丑以名月，謂之支。」（《運氣學說》），這就說明干支的產生與曆法有密切的關係。如《殷虛書契前編》七、四四卜辭云：「乙卯

卜，昱丙雨」，「辛亥卜籤，昱壬雨」等，都說明十干是記日的。

一、十天干

甲、乙、丙、丁、戊、己、庚、辛、壬、癸

二、十天干陰陽之分

《素問入式運氣論奧・論十干》說：「甲、丙、戊、庚、壬爲陽，乙、丁、己、辛、癸爲陰，五行各一陰一陽，故有十日。」

甲爲甚麼屬陽，乙爲甚麼屬陰（其他同此）？一是先言者爲剛爲陽，二是奇數爲陽，故甲爲陽，甲在先，乙在後，甲奇數，乙偶數，故乙爲陰。

三、天干五行

甲乙同屬木，甲爲陽木，乙爲陰木；

丙丁同屬火，丙爲陽火，丁爲陰火；

戊己同屬土，戊爲陽土，己爲陰土；

庚辛同屬金，庚爲陽金，辛爲陰金；

壬癸同屬水，壬爲陽水，癸爲陰水。

四、十干方位

甲乙東方木，丙丁南方火，戊己中央土，庚辛西方金，壬癸北方水。

五、十干配五季

甲乙屬春，丙丁屬夏，戊己長夏，庚辛屬秋，壬癸屬冬。

六、十干配外五行內五行

①十干配身體：甲爲頭，乙爲肩，丙爲額，丁齒舌，戊己鼻面，庚爲筋，辛爲胸，壬爲脛，癸爲足。

②十干配臟腑：

甲膽，乙肝，丙小腸，丁心，戊胃，己脾，庚大腸，辛肺，壬膀胱，癸腎。單爲腑，雙爲臟。

七、十天干化合

甲己合化土，乙庚合化金，丙與辛合化水，丁與壬合化木，戊與癸合化火。

十干化合，是由二十八宿位於天體上的方位來決定的。如「黔天之氣經於星，尾、己、分者，」即五行土氣在天體上經過心、尾、角、軫四宿時，在十干側適當的甲己方位，因而逢甲逢己年，便是屬土的氣象運行主事。（其他見《運氣學說》）。四柱中見甲己天干，就爲化土。其化合吉凶與十二支三合相同。

第五節　地支

十二地支名爲月，故《爾雅・釋天》中有：「歲陰者，子、丑、寅、卯、辰、巳、午、未、申、酉、戌、亥。

一、十二支陰陽

子、寅、辰、午、申、戌爲陽。

丑、卯、巳、未、酉、亥爲陰。

二、十二支配五行

寅卯屬木，寅爲陽木，卯爲陰木；

巳午屬火，午爲陽火，巳爲陰火；

申酉屬金，申爲陽金，酉爲陰金；

子亥屬水，子爲陽水，亥爲陰水；

辰戌丑未屬土，辰戌爲陽土，丑未爲陰土。

三、十二支配方位

寅卯東方木，巳午南方火，申酉西方金，亥子北方水，辰戌丑未四季土。辰、戌、丑、未在每個季度的最後一個月，故爲四季土。

四、十二支配四季

寅卯辰爲春，巳午未爲夏，申酉戌爲秋，亥子丑爲冬。

五、十二支配臟腑

寅爲膽，卯爲肝，巳爲心，午小腸，戌辰胃，丑未脾，申大腸，酉肺，亥腎，子膀胱。

六、十二支六合化合

子與丑合化土，寅與亥合化木，卯與戌合化火，辰與酉合化金，巳與申合化水，午與未合，午爲太陽，未爲太陰，合而爲土。

十二支六合之運用，第一是用在四柱中，即人的出生年、月、日、時中的天干地支的排列中。如出生的年月日時中，地支中有子與丑，就是子與丑合，有寅與亥二支，就是寅與亥合。相合者，爲合好之意。

相合，又有合中有克，有合中有生。合中有克者，是先好後壞，先熱後冷，先合後分。有的夫妻關係，或朋友關係，開始很好，後來鬧離婚，或朋友關係破裂，就是因爲四柱中有合中有克的信息標誌。如子與丑合，卯與戌合，巳與申合。子爲水，丑爲土，土克水；卯爲木，戌爲土，木克土；巳爲火，申爲金，火克金。此爲合中有克。

合中有生者，不管是夫妻關系，還是人與人之間的關系，是越合越好，越來越好，這也是四柱中有合好的信息標誌。如，寅與亥合，辰與酉合，午與未合。寅爲木，亥爲水，水生木；辰爲土，酉爲金，土生金；午爲火，未爲土，火生土。故爲合中有生。

十二支六合之運用，第二是用於八卦的六爻中，其用法同上，下篇有論（見本書下篇第七、八、九、十章）。

七、十二支三合局

申子辰合化水局，亥卯未合化木局。

寅午戌合化火局，巳酉丑合化金局。

三合化局有吉有凶。化生者爲吉，化克者爲凶。現舉例如下：

化生：假設庚申年、乙酉月、甲辰日、甲子時生人。四柱中金旺，

木處死地，日支辰土又克時上子水，日干甲木和月上乙木、時上甲木受克無生，是凶象。但四柱中有申子辰合水局，又得年上庚金，月上酉金生水，故有水生木之喜，爲受克得救，此爲申子辰合水局化生爲吉。

化克：假設庚申年、戊子月、丙午日、壬辰時生人，四柱中水旺，丙火日干處死地，又受柱中旺水之克，已是大凶之象；而且四柱中又有申子辰合水局，進而克日干丙火（午也如此），丙火有克無生，受克無救，則是凶上加凶。此爲三合化克，爲化凶局。

八、十二支相沖

子午相沖，丑未相沖，寅申相沖，卯酉相沖，辰戌相沖，巳亥相沖，相沖實爲對沖。如在八卦圖上可以看出，卯爲木在東，酉金在西，午爲火在南，子爲水在北，其他干也如此，都是處在互對的位上，故又爲對沖。相沖爲相克之意。凡四柱中逢沖不吉。六爻中逢沖有吉有凶。沖去福神者爲凶，沖去克神者爲吉。

假設，丙午年、庚子月、丁卯日、巳酉時生人，四柱中，有子午相沖，有卯酉相沖，此爲不吉之象。相沖，有相臨而沖，隔位而沖。相臨而沖災大，隔位而沖災輕。此因相臨近而力大，隔位而力小。

九、十二相害

子未相害，丑午相害，寅巳相害，卯辰相害，申亥相害，酉戌相害。

相害爲受害、被害，也爲相克之意。假設，丙申年、乙未月、戊子日、丁巳時，四柱中就有子未相害。相害當然不好，但還看有制無制，有制者無妨，無制者不利。

十、十二支相刑

子刑卯，卯刑子，爲無禮之刑；寅刑巳，巳刑申，申刑寅，爲恃勢之刑；丑刑未，未刑戌，戌刑丑，爲無恩之刑；辰午酉亥爲自刑。

刑者，刑罰也。多主刑事犯法之事，也主傷災病痛之疾。凡四柱中

見者不吉，遵紀守法，不作壞事可免刑役之苦。至於病災多加防範，堅持練功可免病痛之憂。

凡四柱中有子卯二支（其他如此）爲「無禮之刑」，是因無禮之事而造成犯法或生災禍。「恃勢之刑」，是因自己仗着有權有勢，胡作非爲，欺壓人民和他人，而導致犯法和生災。「無恩之刑」，是知恩、得恩不報，相反陷害恩人，或殺害恩人而受到刑法的判決。「自刑」，即是自己爲達到某種陰謀或企圖而造成犯罪。

十一、五行長生帝旺

木長生在亥，帝旺在卯，死在午，墓在未。

火長生在寅，帝旺在午，死在酉，墓在戌。

金長生在巳，帝旺在酉，死在子，墓在丑。

水土長生在申，帝旺在子，死在卯，墓在辰。

運到長生帝旺之地，主人創新，盛快；有進財生子升官之慶；運到死墓之地，主人骨肉分離，身經禍患。此長生帝旺，指卦象而言。

十二、四廢

春，庚申、辛酉；夏，壬子、癸亥。

秋，甲寅、乙卯；冬，丙午、丁巳。

此指四柱卦爻而言。

十三、五行旺相休囚

春木旺，火相，土死，金囚，水休；

夏火旺，土相，金死，水囚，木休；

秋金旺，水相，木死，火囚，土休；

冬水旺，木相，火死，土囚，金休。

凡是卦遇之都如此。如春季起得震卦，震爲木，爲卦旺爲吉；起得坤卦，坤爲土，爲處死地，不吉。

十四、十二支配月建

正月建寅，二月建卯，三月建辰，四月建巳，五月建午，六月建未，七月建申，八月建酉，九月建戌，十月建亥，十一月建子，十二月建丑。故一、二爲木，四、五爲火，七、八爲金，十、十一爲水，三、六、九、十二月爲土。正月建寅，就是正月爲寅月，正月建寅，是因北斗星斗柄指在寅位。

十五、十二支配十二時辰

時辰	子	丑	寅	卯	辰	巳
時間	23－1	1－3	3－5	5－7	7－9	9－11
時辰	午	未	申	酉	戌	亥
時間	11－13	13－15	15－17	17－19	19－21	21－23

十六、十二支配十二生肖及支數

子、	丑、	寅、	卯、	辰、	巳、	午、	未、	申、	酉、	戌、	亥
鼠	牛	虎	兔	龍	蛇	馬	羊	猴	雞	狗	猪
1、	2、	3、	4、	5、	6、	7、	8、	9、	10、	11、	12

第六節　六十甲子表及其他

一、六十甲子納音表

在人體科學中，對於人的各種信息的預測，尤其是對於人的命運好壞的信息預測，不管是用四柱預測法，還是用八卦預測等方法，都是以陰陽變化爲原理，五行生克制化爲法則的。

陰陽五行之氣，是極其精微的物質，一般人是看不見摸不着的，目

前無法測量它。至於人體內的陰陽五行之氣，其分布、結構、排列，又是怎樣發生五行生克，怎樣識別和在甚麼時間，對人的成長有甚麼影響，現代科學也是一無所知的，所以就無法進行防災免難，趨吉避凶。

我們的祖先，為了解決上述難題，發明了天干地支，作為陰陽五行在人體上的各種信息的具體標誌。這樣，人們就很容易看出人體陰陽五行之氣的分布、結構、排列組合及五行生克的時間和對人的命運影響。因此，六十甲子表，既是人體陰陽五行之氣，又是時間、空間方位的信息標誌；既是人身體好壞，又是人的命運好壞的信息標誌；既是人體陰陽五行之氣旺衰，又是陰陽五行發生生克制化的信息標誌。總之，人的一生中，各種信息都儲存在人的出生時間天干地支中。所以，人的出生時間中的天干地支的排列，不僅是一個人一生的時間表，而且是一個內容豐富，富有戲劇性的節目表和檔案。

六十甲子表用途很廣，人的出生年、月、日時中天干地支排列，就是由表中查出。表中分為金、木、水、火、土五行，就是把在六十年中出生的人，按金木水火土分為五種類型的命。表內每兩年為一行，為一個年命。金年生者，為金命，火年生者，為火命。如1924年、1984年（甲子年），1925年、1985年（乙丑年）生的人，都是「海中金」命，簡稱「金命」人。其他命如表所示，每六十年一輪，周而復始。

六十甲子表的五行納音，到底是根據甚麼原則定的；古人雖有所論述，但一無根據，又沒講清。因此深奧難解。變化無窮的「六十甲子」表對於我國學術界仍然是一個「謎」。

六十甲子表中，把人分為金木水火土五種命，這五種命存在和發生五行之間的生克關係，特別對相克，我們一定要具體分析，具體對待，分清克性。如火克金，但「海中金」在海底，「沙中金」在沙裏，火就不易克金。有的金，不但不怕火克，反而喜火。例「劍鋒金」，就喜火煉之，因為它只有通過火的熔煉才能成為利劍。「白蠟金」是蠟燭上的

金，最易被火克之。「海中金」、「沙中金」雖不易被火克，但它也怕「霹雷火」，因「霹雷火」可打入海底，打入很深的地下。

金可克木，但柱中木多反喜金制之，又衰金不能克旺木。木弱逢旺金則不利。在一般的情況下，「大林木」、「平地木」不易受金克之。但木最怕「劍鋒金」，因「劍鋒金」是成器之金。

木可克土，柱中土多土旺，喜木疏之，否則不育稼穡。又木衰土旺，不能克土，木旺土衰，必受其克。在一般的情況下，「壁上土」、「大驛土」，不易受木克之。但土最易受「大林木」、「平地木」克之。

土可克水，水多水旺喜土圍之，可灌艮田，滋潤萬物，但衰土難克旺水。如水衰土旺，必受其克。水怕土克，「天河水」，「大海水」不但不怕土克，土還難以克住，因天河水在天上，土在地下，「大海水」水大而猛，土難以克住，只好等其二水星下班退位，土星值班時止之。

水可克火，火多火旺喜水制之，火旺水衰，不怕水克。水旺火衰，必受其克。在一般的情況下，「天上火」、「霹雷火」不受水克之。可以說，「霹雷火」不但不怕水克，反在雨天更旺更厲害，還可潛入海底行克。

陰陽五行相生相克，當然對人的一生有重大的決定性的影響，生多為吉，克多為不利。但在處理人與人之間的關係，特別是夫妻關係時，當然是年命相生為佳。若二人遇年命相克時，既要看其克性大小和能不能克住，還要雙方的四柱排列組合，相生相制和相合等，不能一見年相克，就認為不吉，這是不全面的。

五行各有所主，特點各異，在人的性格方面，一般的情況下是金命人講義氣，柱中金多金旺性質而剛，但易受其折；火命人主禮，接人待客總是彬彬有禮，遇事多以論理，但火多火旺，性急而躁，易於把事情弄壞；土命人主信，講信用，說一不二，說到做到，但土旺土多喜靜，

不愛動，因而好失時機；木命人主慈，心底善良好施舍，但木多木旺，性格倔强，特別是「桑松木」人，寧願站着死，不願跪着生，此種人最適當兵，當偵察兵、特工人員；水命人主智，聰而好學，但水命人曲折多，猶如水從崑崙山流入東海，要歷經千辛萬苦。如水旺水多者，性情急躁而兇暴，易於造出禍端。

六十甲子表，不僅是人體信息的標誌，也是自然界萬物萬事興衰的信息標誌，對一個國家來說也是如此。如有時是風調雨順，農業大豐收，各方面情況都好。有時不是天旱，就是水災，或者地震等自然災害和各種事故不斷發生，造成天災人禍，使國家人力財力遭受重大損失。造成這種原因，特別是自然災害，也與陰陽五行生克制化有關。爲了說明問題，就舉1988年爲例。

1988年是「大林木」年，其年命是木命，其年干支戊辰是土，是木克土，此爲年命自行相克，所以1988年各種天災人禍較多。

㈠關於上海甲型肝炎。上海地處東方（古代八卦以陝西西安爲中心），東方爲木，年命又是木。正二月又是木旺之季，上海又在水邊，木得水生，是旺上加旺。太旺者，爲太過，太過必有災，因木爲肝，故有肝病之災。

㈡水災多。1988年水災多，主要是因爲木克土，土受傷而無力克水，因此造成水災。

㈢糧食歉收。土是養育萬物之母。1988年木命之年，自克戊辰太歲之土，土受傷，猶母有病而不能生育一樣。又土受克而傷，水無制。因此，形成莊稼長不好，或者被水淹，因此糧食收成不好。

今年（按：此書寫於1989年初）仍然是「大林木」命之年，年命仍然克年干之土，因此，1989年的年景仍然不好，自然災害等將比1988年更爲嚴重。

六十花甲子納音表

年號	年命	年號	年命	年號	年命	年號	年命	年號	年命
甲子	海中金	丙子	澗下水	戊子	霹雷火	庚子	壁上土	壬子	桑松木
乙丑		丁丑		己丑		辛丑		癸丑	
丙寅	爐中火	戊寅	城牆土	庚寅	松柏木	壬寅	金箔金	甲寅	大溪水
丁卯		己卯		辛卯		癸卯		乙卯	
戊辰	大林木	庚辰	白蠟金	壬辰	長流水	甲辰	佛燈火	丙辰	沙中土
己巳		辛巳		癸巳		乙巳		丁巳	
庚午	路旁土	壬午	楊柳木	甲午	沙中金	丙午	天河水	戊午	天上火
辛未		癸未		乙未		丁未		己未	
壬申	劍鋒金	甲申	泉中水	丙申	山下火	戊申	大驛土	庚申	石榴木
癸酉		乙酉		丁酉		己酉		辛酉	
甲戌	山頭火	丙戌	屋上土	戊戌	平地木	庚戌	釵釧金	壬戌	大海水
乙亥		丁亥		己亥		辛亥		癸亥	

　　國家的運氣和一個人一樣，也有好有懷，而且也有一定的規律。從時間上來看，1926、1927、1928、1929，1936、1937、1938、1939，1946、1947、1948、1949，1956、1957、1958、1959，1966、1967、1968、1969，1976、1977、1978、1979，1986、1987、1988、1989等等年份，國家都有大事動蕩之災。拿1928年來說，上海大逮捕大屠殺，是人遭災，1988年上海甲型肝炎嚴重，也是人遭災。雖然遭災的性質不一樣，但總是人有災。根據《地母經》中記載的情況來看，國運的好壞，也有一個循環的規律，有些災害到時會重演，只不過性質不同而已，所以中國凡逢6、7、8、9之年不順。特別逢「九」之年就動軍隊，就有戰爭，就有流血事件發生。1929年軍閥割據互相殘殺、1939年抗日戰爭全面展開、1949年第三次國內戰爭白熱化；1959年中印邊境戰爭激烈；1969年中蘇邊境珍寶島之戰轟動全球；1979年抗擊越南之戰十分慘烈；

所以，1989年也是不會平靜的……

根據上面的情況來看，如果我們對六十甲子表進行深入細致的研究，特別是對每年的自然災害等災情提前測出，如有水提前作好防洪準備，有旱災提前修好水庫，有病災提前作好預防，有地震提前作好抗震準備工作，……就會大大地減少人力物力的損失。因此，六十甲子表，是宇宙全息信息的總標誌。

二、年上起月法

甲己之年丙作首，乙庚之歲戊為頭。

丙辛之歲尋庚上，丁壬壬寅須水流。

若問戊癸何處起，甲寅之上好追求。

年上起月法，就是查每一年十二個月的每個月是甚麼名稱（干支），知道了每個月的名字，就能知道每一個月的月令。這也是排四柱中八卦預測中的起月之法。

「甲己之年丙作首」就是逢甲年和己年時，正月的月干支是「丙寅」，二月「丁卯」，依次順排十二個月（見年上起月表）。如1984年是甲子年，1989年是己巳年，其年干是甲和己，故，這兩年的正月都是「丙寅」月。

「乙庚之歲戊為頭」。就是乙年和庚年的正月的干支是「戊寅」，二月是「己卯」。例1980年是庚申年，1985是乙丑年，其年干是「庚」和「乙」，故這兩年的正月都是「戊寅」，二月是「己卯」。

「丙辛之歲尋庚上」。方法同上。例1981年是辛酉年，1986年是丙寅年，其兩年的年干是丙與辛，故正月都是「庚寅」，二月是「辛卯」。

「丁壬壬寅順水流」。1982年是壬戌年，1987年是丁卯年，這兩年的年干是丁與壬，故正月都是「壬寅」，二月是「癸卯」。

「若問戊癸何處起，甲寅之上好追求」。1983年是癸亥年，1988年是戊辰年，其兩年的年干是戊與癸。故其兩年的正月都是「甲寅」，二

月是「乙卯」。

現排一例如下：

1989年三月，十四，午時。

己巳，戊辰，己酉，庚午。

1989年是己巳年，按甲年、己年正月起的是「丙寅」，二月是「丁卯」，三月必是「戊辰」。其他月依次類推。（年上起月表見第84頁）

三、日上起時法

甲己還加甲，乙庚丙作初。

丙辛從戊起，丁壬庚子居。

戊癸何方發，壬子是真途。

「甲己還加甲」，是講的甲日、己日的子時起「甲子」時，這「甲子」，就是甲日己日的子時的干支名稱。其法與年上起月法相同。至於甲日，或者己日的干支名稱，是從萬年曆上查到的，然後按查到的日子干支，再根據其日干來查時的干支。這樣，只要知道了每一天「子」時的名稱，以下各時的名稱按表順查就知道了。

「甲己還加甲」就是「甲日，己日」的子時的名稱起「甲子」，丑時是「乙丑」。

「乙庚丙作初」就是「乙日、庚日」的子時起「丙子」，丑時是「丁丑」時。

「丙辛從戊起」，就是「丙日，辛日」的子時起「戊子」，丑時是「己丑」時。

「丁壬庚子居」，就是「丁日，壬日」的子時起「庚子」，丑時是「辛丑」時。

「戊癸何方發，壬子是真途」，就是「戊日、癸日」的子時起「壬子」，丑時是「癸丑」。

現舉例如下：

1989年，三月，十三日，子時。

己巳年，戊辰， 戊申 ，壬子時

根據己年，查出三月叫「戊辰」，根據《萬年曆》上查到三月十三日，是「戊申」日，就根據「戊日干」查到子時是「壬子」時。這一天的十二個時辰的名稱，就按「日上起時表」查出。（日上起時表見第85頁）

又，1989，三月，十四日，子時。

己巳，戊辰， 己酉 ，甲子時。

三月十四日，在《萬年曆》上查到是「己酉」日，就按「甲己還加甲」在表上查到「己酉」的子時是「甲子」時。這一天的十二個時辰的名稱，就按「日上起時表」的「甲己」這一欄往下查就是了，其他日的查法都如此。

六十甲子表，是排四柱時必不可少的。人的出生年、月、日、時中，天干地支的排列，就是一個人的一生命運的信息標誌，如父母、兄弟姐妹、夫妻、兒女、身體、以至人的一生命運好壞，盡在其中。這就是能測出和測準人的命運好壞、吉凶禍福的依據。

一個人的出生年、月、日、時中，排有父母、兄弟姐妹、夫妻、兒女的排列方法，古代有兩種情況。一種排法是：年上為祖上，月上為父母，日上為兄弟和自己，時上為兒女位。另一種排列方法較為常用，見於《奇門遁甲統宗大全》，排例是，年干為父，年支為母，月干為兄弟，月支為姐妹，日干為自己，日支為配偶（夫妻），時干為兒子，時支為女。根據實踐，上述的後一種排列法切合實際。現排式如下。

男：1989年，三月，十五日，巳時

己	巳	戊	辰	庚	戊	辛	巳
父	母	兄弟	姐妹	自己	配偶	兒	女

　　婦女是以月干為姐妹，月支為兄弟，其他都和男人一樣。

　　用四柱預測人體信息不僅準確度高，而且面較廣而具體，但是方法極其複雜和高深，在此不作詳論。這裏講排年、月、日，時的天干地支的方法，主要是為了八卦預測時，以月令、日令作為標準，來決定卦象的旺衰，特別是月令，它有主宰生殺之權力，故月令極為重要。不知月令，就無法衡量卦象的旺衰，也就無法來決斷所測信息的成與敗，吉與凶。如正、二月木旺，測得《坤》、《艮》之土卦，為卦遇死地，諸事莫為，秋天金旺，測得《震》、《巽》之木卦，為卦遇死地，不吉。其他如「五行旺相休囚」所示。

年上起月表

月＼年	甲 己	乙 庚	丙 辛	丁 壬	戊 癸
正 月	丙 寅	戊 寅	庚 寅	壬 寅	甲 寅
二 月	丁 卯	己 卯	辛 卯	癸 卯	乙 卯
三 月	戊 辰	庚 辰	壬 辰	甲 辰	丙 辰
四 月	己 巳	辛 巳	癸 巳	乙 巳	丁 巳
五 月	庚 午	壬 午	甲 午	丙 午	戊 午
六 月	辛 未	癸 未	乙 未	丁 未	己 未
七 月	壬 申	甲 申	丙 申	戊 申	庚 申
八 月	癸 酉	乙 酉	丁 酉	己 酉	辛 酉
九 月	甲 戌	丙 戌	戊 戌	庚 戌	壬 戌
十 月	乙 亥	丁 亥	己 亥	辛 亥	癸 亥
冬 月	丙 子	戊 子	庚 子	壬 子	甲 子
臘 月	丁 丑	己 丑	辛 丑	癸 丑	乙 丑

　　凡遇甲年、己年，正月起丙寅，二月丁卯，其他如表所示。

日上起時表

時＼日	甲 己	乙 庚	丙 辛	丁 壬	戊 癸
子	甲 子	丙 子	戊 子	庚 子	壬 子
丑	乙 丑	丁 丑	己 丑	辛 丑	癸 丑
寅	丙 寅	戊 寅	庚 寅	壬 寅	甲 寅
卯	丁 卯	己 卯	辛 卯	癸 卯	乙 卯
辰	戊 辰	庚 辰	壬 辰	甲 辰	丙 辰
巳	己 巳	辛 巳	癸 巳	乙 巳	丁 巳
午	庚 午	壬 午	甲 午	丙 午	戊 午
未	辛 未	癸 未	乙 未	丁 未	己 未
申	壬 申	甲 申	丙 申	戊 申	庚 申
酉	癸 酉	乙 酉	丁 酉	己 酉	辛 酉
戌	甲 戌	丙 戌	戊 戌	庚 戌	壬 戌
亥	乙 亥	丁 亥	己 亥	辛 亥	癸 亥

凡遇甲日、己日，子時起甲子，丑時是乙丑，其他如表所示。

四、十天干生旺死絕表

十天干生旺死絕表，是以十干的時令旺衰來說明事物由生長、興旺、到衰、到病死這樣一個發展變化的全過程。這個過程是事物發展的必然規律。

十天干引入人體學進行信息預測，已有幾千年的歷史。實踐證明它是科學的，因為人的出生年月日時中有十天干的排列，可以從十天干節令興衰的信息標誌看到和測出人的命運興衰的信息和自然事物興衰的信息，這個問題，自古以來都無法否認。但是，由於現代科學還無法解釋它深奧的道理，故有的人就胡說它是「唯心主義」。

表中「長生」猶如人剛出生於世，或降生階段；「沐浴」為嬰兒降生後洗浴階段；「冠帶」，為小兒可以穿衣戴帽了；「臨官」也稱「進祿」，與「帝旺」都為身旺、運氣旺的階段。事物旺者，必有「衰敗」階段，故從衰至絕都為敗地。「胎」、「養」在運上講，多稱為「平

運」，因為「胎」為懷胎，「養」又稱為「休養」。表中所列各狀態，從事物發展、變化規律來講，就是事物由生到成長、壯大，到衰敗死亡，然後又有生這樣一個循環不已生生不息的過程。

表中十干是指日干為主，就是本人出生的日干。如甲木遇亥為長生，遇子為沐浴，遇丑為冠帶……遇辰為衰，遇巳為病……也就是說，甲木遇到亥年、或亥月、亥日、亥時，都為遇「長生」。相反的，甲木遇到午年，或午月、午日、午時，都為遇死地。遇死地，不一定就是必死了。死地多主運氣不順，或者有凶災，所以，甲木生人如果在年月日時都同時遇到午的情形下，或者不知自己四柱的排列組合的情況下，各方面都要多加小心為上，不然會造成一定的損失。其他的用法同此。

表中從長生至帝旺為有利，從衰到絕為不利，胎養多主一般。表中的地支，用來測吉凶是知有利和不利的時間，並告知了方位，例如甲帝旺在卯，這裏的卯，是卯年、卯月、卯日、卯時，都是時間。方位是東方，這裏的東方，多指自己出生地的東方。

甲木墓在未，墓為入墓，當然不吉；其未，是未年、未月、未日、未時，都是時間；方位是西南方。所以有利的事，要在有利的時間裏到有利的方位去辦。不利的事，在不利的時間裏不辦，不要去不利的方向，就可以免去意想不到的災患。所以，十天干生旺死絕表，是一個趨吉避凶的信息標誌表和時間表。其表如右所示：

十天干生旺死絕表

五行時令狀態	五　　陽　　干					五　　陰　　干				
	甲木	丙火	戊土	庚金	壬水	乙木	丁火	己土	辛金	癸水
長生	亥	寅	寅	巳	申	午	酉	酉	子	卯
沐浴	子	卯	卯	午	酉	巳	申	申	亥	寅
冠帶	丑	辰	辰	未	戌	辰	未	未	戌	丑
臨官	寅	巳	巳	申	亥	卯	午	午	酉	子
帝旺	卯	午	午	酉	子	寅	巳	巳	申	亥
衰	辰	未	未	戌	丑	丑	辰	辰	未	戌
病	巳	申	申	亥	寅	子	卯	卯	午	酉
死	午	酉	酉	子	卯	亥	寅	寅	巳	申
墓	未	戌	戌	丑	辰	戌	丑	丑	辰	未
絕	申	亥	亥	寅	巳	酉	子	子	卯	午
胎	酉	子	子	卯	午	申	亥	亥	寅	巳
養	戌	丑	丑	辰	未	未	戌	戌	丑	辰

五、十二節令

正月立春，二月驚蟄，三月清明，四月立夏，五月芒種，六月小暑，七月立秋，八月白露，九月寒露，十月立冬，十一月大雪，十二月小寒。

十二節令，也稱十二月令。月令掌一月生殺之權，是萬物之提綱，月令不僅是一年、一月的分界線，是衡量卦旺衰的唯一標準，也是四柱中干支旺衰的標準。所以月令在人體信息預測中極為重要。

㈠年前立春和年後立春的四柱排法：

⑴例：年前立春的四柱排法：

1987年，十二月，十七日，假設此日3點30分立春，那麼寅時生者為：

丁卯，癸丑，己丑，丙寅時（此是3點30分前生人的四柱）：

如果1987年，十二月，十七日，3點30分後（即立春後）生人，就應作：

1988年，正月，十七日，寅時生，則四柱是：

戊辰，甲寅，己丑，丙寅

因是3點30分後，即立春後生的人，故為1988年正月生人，其日子、時辰的天干地支不變。

(2)例：年後立春四柱的排法：

1987年，正月，初七（假設10點4分立春）：

1986年，十二月，初七，巳時；

丙寅年，辛丑，甲申，己巳時，此是立春前生人。

1987年，正月，初七，10點4分後，立春後生人四柱是：

丁卯年，壬寅，甲申，己巳時。

㈡月令交節的排法，和年令一樣，交節令前生的人，按上一個月的月令干支排列，交節後生人，按下一個月的月令干支排列。也就是交節令前生的人，是按上一個月令出生計算，交節令後生的人，是按下一個月令出生計算。現以潤月為例。

1987年潤六月，十四，10點4分立秋前生人，四柱為

丁卯年，丁未，己丑，己巳時。

1987年潤六月，十四，10點4分過一秒生，應當作

1987年，七月，十四，巳時生，其四柱為：

丁卯年，戊申，己丑，己巳時。

以上講的是交節令前和交節令後生人的四柱排法。我在這裏講的排四柱方法，不是專為推四柱用的，而是為了用月令、日令來衡量卦象旺

衰用的。如果用八卦進行信息預測時，不懂排每天的四柱，就無法用八卦進行四柱預測信息。

六月爲丁未土月值令，如起卦爲《坎》卦，《坎》爲水，未土就克《坎》卦爲不利。如交節令後爲戊申月，同樣是《坎》卦，那麼申月之金，就生《坎》之水，爲有利之象。

第七節　神殺

神者，吉神也；殺者，爲凶之事。

一、天乙貴人

天乙貴人，就是一個人出生的年月日時支中有貴人。貴人爲吉星，爲解危之星，救助之星。四柱中有貴人吉星，遇事有人幫，遇危難之事有人救，是逢凶化吉之星。

甲戊並牛羊，乙己鼠猴卿，丙丁猪鷄位，

壬癸兔蛇藏，庚辛逢虎馬，此是貴人方。

「甲戊並牛羊」，「甲」是甲年的年干，「戊」是戊年的年干，就是這兩年中生的人，四柱中見有「牛、羊」，即丑未，即爲四柱中有貴人。這丑未二字同時有，爲四柱之中有兩個貴人；只有一個，不論是「丑」還是「未」，就爲有一個貴人。

有的書上，把甲、戊當年干，有的書把甲、戊當日干。根據實踐經驗證明。甲戊既可當年干來查貴人，也可以當日干來查貴人用。年干上的貴人，大於日干的貴人。現排一例：

1984年，六月，十三，丑時生人

甲子年，辛未，丙午，己丑。

此四柱中未和丑爲貴人，柱中有兩個貴人。又如：

1984年，五月，十二，酉時生人。

甲子年，庚午，丙子，丁酉。

此四柱中，按甲干來查貴人，四柱中無丑、未二字，故無貴人。年干甲字無貴人，就以日干「丙」字查貴人。根據「丙丁豬雞位」，四柱中時上「酉」字，是「雞」，故此四柱中日干丙字見貴人，為日上有「貴人」。又如：

1986年，六月，初三，午時

丙寅年，乙未，甲寅，庚午時

按年干「丙」字查貴人，四柱中無「亥酉」二字，故四柱中「丙」字無貴人。雖然「丙」字上無貴人，日干「甲」字上查，四柱中有「未」字，未為羊，故日干甲上有貴人。其他查法仿此。卦爻中的貴人查法，以日干為主。

二、馬星

馬星，為馬也，主健跑，走動之象。故四柱中有馬星者，卦爻中有馬星者，主好走動之象。四柱中的馬星如落在時上，為馬逢邊寨：軍人和經常出差者，多有馬星；鎮守邊疆的將士，其馬星多在時上。馬星不能多，多者主奔波勞苦之象。婦女馬星多者，更是身心不安，住無定處，為不利之象。

申子辰馬在寅，寅午戌馬在申。

巳酉丑馬在亥，亥卯未馬在巳。

「申子辰馬在寅」，一指申年、子年、辰年生的人，四柱中見「寅」字者，為有馬星。二指申日、子日、辰日三日中生的人，四柱中見有「寅」字者，為有馬星。實踐運用，都適用。

如1989年，三月，十六，午時生人。

己巳年，戊辰，辛亥，甲午時。

按「巳酉丑」來查此柱中的馬星。今以年支為準，四柱中有「亥」字，故亥為馬星。又如：

1989年，三月，十七，寅時。

己巳年，戊辰、壬子、壬寅。

以年支巳查四柱中無亥字，故巳上無馬星。日支爲「子」，根據「申子辰馬在寅」，查得的四柱中有「寅」字，此爲日上有馬星。其他查法仿此。

四柱中馬星，又分有合有沖兩種：馬星被合者，爲馬被拴住，想走走不了，此馬星有而若無。馬星如果被沖，此馬跑得更快，受驚則跑，猶人受沖受了刺激就不辭而別。沖者，巳亥相沖，合者，寅與亥合。卦爻以日子爲主。

三、咸池（又名桃花殺）

桃花主人漂亮，聰明好學，慷慨大方，風流。

寅午戌見卯，巳酉丑見午，

申子辰見酉，亥卯未見子。

「寅午戌」爲寅年、午年、戌年三年中生的人，四柱中見有「卯」字者，爲有桃花。又可爲寅日、午日、戌日，三日中生的人，四柱中見有「卯」字，就爲四柱中桃花。如：

如1986年，二月，十一，巳時生人；

丙寅年，辛卯，癸亥，丁巳時。

此四柱中，以年支寅查桃花，四柱中有「卯」字，故爲有桃花。

如1986年，四月，初四，酉時。

丙寅年，癸巳，丙辰，丁酉時。

此四柱的年支寅字，無「卯」字，故無桃花。但有「申子辰見酉」爲桃花之論。今日支辰字，四柱中時上有「酉」字，所以有桃花。此爲日支上查得桃花。

桃花又分牆內桃花，牆外桃花（編按：時上見桃花，爲牆外桃花；餘則爲牆內桃花）。牆內桃花，不易被折；牆外桃花易被過往行人折。

故牆內桃花少惹是非，牆外桃花多惹是非。其他查法仿此，卦以日支爲主查之。

四、羊刃

羊刃者，爲劫殺也。有喜有忌。羊刃劫殺多主災星之事，如得卯生羊刃，則得重權在握，故爲喜。

甲羊刃在卯，乙羊刃在寅，丙戊羊刃在午，丁己羊刃在巳，庚羊刃在酉，辛羊刃在申，壬羊刃在子，癸羊刃在亥。

羊刃之論，以日干爲主，如甲日生人，四柱中有「卯」字者，爲「羊刃」。例如：

1989年，三月，十九日，卯時生人，

己巳年，戊辰，甲寅，丁卯時。

此甲日四柱中有「卯」字，故有「羊刃」。四柱遇甲日，不管「卯」在年位、月位、時位，都算「羊刃」。

五、十干祿

甲祿在寅，乙祿在卯；丙戊祿在巳，丁己祿在午，庚祿在申，辛祿在酉，壬祿在亥，癸祿在子。

祿者，福祿也，食祿也。有祿者，福之徵也。祿，以日干爲主，同羊刃的查法相同。

六、華蓋星

「華蓋星」，主聰明好學，多才多藝、氣傲、性孤。又主出家（四柱組合不好），或者信佛，信道等教，喜卜藝相學之類。

寅午戌見戌，巳酉丑見丑，申子辰見辰，亥卯未見未。

「寅午戌見戌」，就是寅年、午年、戌年三年中生的人；四柱中又見「戌」字者，爲有華蓋星。或者，寅日、午日、戌日三日中生的人，柱中又見「戌」字者，爲有華蓋星。例：

1982年，九月，初一，戌時生人：

壬戌年，庚戌，癸酉，丙辰時。

此四柱中，月上有「戌」此爲有華蓋星。又如：

1982年，十二月，十二，午時生：

壬戌年，癸丑，癸丑，戊午。

此例年支爲「戌」，但柱中，再沒有「戌」，故無華蓋星。但日爲「丑」，根據「巳酉丑見丑」句，丑爲「巳酉丑」的華蓋星，四柱中見「丑」，所以「丑」就是其華蓋星。余仿此。

七、天羅地網

「天羅地網」者，多主犯刑法。故四柱中有「天羅地網」者，以遵紀守法爲佳，切莫胡作非爲，否則難免牢役之苦。

「天羅地網」又有主病傷之苦。只要一心苦練氣功，可免病傷之災。

辰爲天羅，戌爲地網。辰人見巳、巳人見辰爲天羅；戌人見亥，亥人見戌爲地網。火命人逢戌亥爲天羅，水命人逢辰巳爲地網。男忌天羅，女忌地網。

天羅地網之說，古亦有以年支爲主，亦有以日支爲主，而在實踐之中，年、日支見者都不吉，都不同程度地有災厄。其查法同查天乙貴人等相同。

八、天赦

「天赦」，主犯刑法之後能夠得到寬大處理，雖有從寬之喜，還是守法爲上。

春戊寅，夏甲午，秋戊申，冬甲子。

凡在春季生人者，四柱中不論何位，只要見有「戊寅」干支者，爲有「天赦」星。其他仿此。

九、十惡大敗日

「十惡大敗日」爲不利之日，古謂凡人遇「十惡大敗日」者，主「倉庫金銀化爲塵」，即是花錢如流水，不會持家。

甲辰，乙巳，壬申，丙申，丁亥，庚辰，戊戌，癸亥，辛巳，乙丑。大敗日，共此十天，就是在這十日中生的人，謂之日遇大敗。

十、六甲空亡

甲子旬中戌亥空，甲戌旬中申酉空，甲申旬中午未空，甲午旬中辰巳空，甲辰旬中寅卯空，甲寅旬中子丑空。

「六甲旬空亡」，就是六十甲表中由六旬組成，共分爲六個旬。旬，爲十天一旬，也就是從甲子日起，到癸酉日這十天中，日支中沒有「戌、亥」二字。如在這十天中生的人，如果四柱中，有「戌」或「亥」字，就爲空。如在這十天中起的卦，爻中有「戌」和「亥」就爲之空。空者，主時間不到，時間到了就不爲空，該成事者成事，該出事者，則主事。故旬空，也是有主吉，有主凶的。如：

1989年，三月，十六日，寅時；

己巳年，戊辰，辛亥日，庚寅時。

辛亥日，是在甲辰旬中，「甲辰旬中寅卯空」，四柱中「寅」字，故「寅」爲旬空，也可以叫落空。如今日起卦測求財，卦爻中以「寅木爲財爻」，那這個財只有等到三月的十九日的甲寅日或三月二十日的乙卯日才能到手，此爲出空不空，故能成事。其他仿此。

第八節　陰陽五行與人體的關係

陰陽五行及天干地支學說，據說是漢朝的董仲舒創造並引入命學的，這種說法雖不足爲信，但董仲舒至少在這方面有了較大的發展。現在我們從醫學和人的運氣這兩個方面，簡單的談談陰陽五行、天干地支對人的影響。

一、從疾病看陰陽五行及天干地支的影響。

陰陽五行是個抽象的哲學名詞，要說明它在科學領域裏的作用與人

體的關係，離不開八卦、天干、地支。因為八卦、天干、地支中明確標出了陰陽五行的屬性，而這些屬性又是人體信息的具體標誌。所以，陰陽五行天干地支不僅說明對人體生理、病理和氣候變化的重大影響，而且還說明人體內外環境統一性的「天人相應」的整體觀念。

先從陰陽二氣來說。《陰陽應象大論》云：「陰勝則陽病，陽勝則陰病。」人體內的陰陽二氣是相對平衡的，如果陽氣發生偏勝，陰氣必虧損，陰氣發生偏勝，陽氣必虧損，這樣人就會生病，以至死亡，如《脈解篇》中對一些疾病的發生原因講得更具體。「所謂耳鳴者，陽氣萬物盛上而躍，故而耳鳴，所謂甚則狂顛者，陽盡在上，而陰氣從下，下虛上實，故狂顛疾也」，因此百病生於氣。

再從五行方面來看，《素問澤釋》有「合人形，以法四時五行而治……，五行者金、木、水、火、土也，更貴更賤，以知生死，以決成敗，而立五臟之氣，甚間之時，生死之期」。人體是一個極為複雜的陰陽對立體，中醫學上，早就根據陰陽五行天干地支，在人體各個部位，各個組織器官的排列，定人盛衰，診斷和治療疾病。所以陰陽五行天干地支，不僅用以說明人體生理功能、病理變化，而且對指導診斷和治療疾病是十分重要的。為了說明這個問題，我再把陰陽五行天干地支配臟腑列於下表。

五行配臟腑

五行	木		火		土		金		水	
天干	陽甲	陰乙	陽丙	陰丁	陽戊	陰己	陽庚	陰辛	陽壬	陰癸
地支	寅	卯	午	巳	辰戌	丑未	申	酉	子	亥
臟		肝		心		脾		肺		腎
腑	膽		小腸		胃		大腸		膀胱	

天干地支配於臟腑，根據四時旺衰和每年的歲運所主，就能知道甚麼時間會流行甚麼病。《氣交變大論》云：「歲木太過，風流行，脾土受邪。火太過，炎暑流行，金肺受邪。歲土太過，濕流行，腎水受邪。歲金太過，燥流行，肝木受邪。歲水太過，寒流行，邪害心火。」又《藏氣法時論》中有「病在肝，愈於夏，夏不愈，甚於秋，秋不死，持於冬，起於春……肝病者，愈在丙丁，丙丁不愈，加於庚辛，庚辛不死，持於壬癸，起於甲乙……」，人體臟腑的陰陽五行屬性，都同於天干地支中的陰陽五行，而金木水火土，又有四時衰旺之別，故木太旺，脾胃必受其克，所以脾胃就得病。或者說，一個人出生時間中，木多，或木旺而土衰，他的脾胃定有毛病。因此，明確了天干地支與人體生克關係及其重要性，就能有效地防止疾病和知道疾病輕、重、吉、凶。

二、從人的運氣好壞看干支的影響

運氣學說，是中醫學在古代探討氣象運動規律的一門科學，後來發展有天文運氣學、海洋運氣學、氣象運氣學、醫學運氣學等。總之，運氣對萬物來說，都是客觀存在的。所以，萬物有始終，帝王有興衰，人有吉凶，都統在五運之中。

人們對天地之間，寒暑往來的季節變化都有親身的體會，對於其他領域裏有「運氣」科學都能承認，但人有沒有「運氣」問題，也應該不存在甚麼爭論。因為人也是萬物中的一種，同樣受着天體運動的影響，受着「運氣」的扶與制。

甚麼叫做「運」？甚麼叫做「氣」？我認為「運」就是「行」，「氣」就是「陰陽之氣」。陰陽二氣的運動，存在着平衡和不平衡的兩種狀態。沒有平衡，事物就不可能有一定的質的規定性；沒有不平衡，矛盾的統一體就不會破壞，一事物就不可能轉化為他事物。而這種平衡與不平衡，破壞與成長，都是在一定的時間和一定的條件下發生的。這個時間和條件，就是事物發生變化的全過程。這個過程中，遇到相生之

氣，為利：遇到受克之氣，為害。所以，事物在運行中遇到的相生相克之氣，就稱之為運氣。

春來草木旺，秋到草木枯，季節的變化對人來說也是如此。因此，《天元紀大論》中說：「天有五行御五位，以生寒暑燥濕風，人有五臟化五氣，以生喜怒思憂恐。」

前面講了天干地支支配臟腑來斷人的疾病，現在講人的出生時間裏天干地支的排列及旺衰對人的運氣的影響。

將人的出生時間，按年月日時配上天干地支來進行信息預測，這種方法經過兩個歷史階段：開始是唐朝的李虛中，按人出生的年、月、日配天干地支引進人的信息預測。到了宋朝時，徐子平發展成按人的出生年、月、日、時配上天干地支，這樣配下，正好是八個字，故稱為「八字」。「八字」發明後，又發明了人的「運氣」排列法。因此，用人出生時間裏的天干地支和排運法，為人引進信息預測，又是我國人民在信息預測上一大發明。這一發明，能預測出人在一生中的吉凶禍福，是人體吉凶信息預測中較全面又較難掌握的一種，而且準確性較高。

人出生年月日時中的天干地支，不僅是人身體狀況，疾病的信息標誌，也是人的一生好壞的信息標誌，用天干地支的方法預測信息，同樣是以陰陽變化的原理，以五行旺衰、生克制化為法則。比如說，日元為自己，日元為木，又生在受克之年，或者柱中金多，他一生必然不順；如日元是木，柱中有水滋生，五行平和，得時得地，他一生中必然順利。為了說明問題，現舉例如下：

1、癸未、乙卯，甲子，己巳。

這個四柱，是一九八七年元月兩個同行來拜訪我時，給我的「禮物」，要我預測。我看四柱只有年的干支，而無時間，六十年中只有一個癸未年，六百年中只有十個癸未年，六千年中有一百個癸未年。於是問來者：是哪一年的癸未？來客說：「你甚麼也不用問，就按四柱進行

測算。」

像這樣不知哪一個具體年份的四柱，我還是第一次見，只好用推四柱的方法和起卦進行預測。我說：「此四柱，是個男子，個子較高，長得漂亮；其妻子也較漂亮，夫妻關係很好。他的子息老大是男的，故難以成人，若是女孩可以成長爲人……」對方說：「你測的這幾點都對，你看這個人是幹甚麼的？是農民？是工人？是幹部還是老師？或者是營業員？」

我切鐵般地說：「甚麼也不是，是將帥，領兵打仗。」

「對。你看他39歲那年運氣如何？」我經排出大運是「辛亥」，小運是「庚寅」，流年是「辛酉」，時中巳中又暗藏七殺庚金。而柱中日干是「甲」木，遇庚辛金殺混雜，五金圍克一「甲」木，甲木受克無生，定死無疑，故我說：「39歲那年，上半年有功，下半年定遭災殃。」來人驚奇而高興地講：「完全測對了，此是民族英雄岳飛的四柱。」

2、1986年12月，我給盧×測運，根據她的出生時間所排四柱和大小運、流年，斷她87年有破身之災，時間在上半年，特別是陽曆三、四月份不要去西北方向工作，並告知解災的辦法，她沒有照辦。於1987年4月14日去西北方向工作，在回來的途中，因車禍將胸部撞碎而死，正應破身之災，也是陰曆三月，現看四柱和大小運：

1964年，三月，初七，卯時生：

甲辰年，戊辰，丁酉，癸卯。

大運：丙寅，15歲至24歲遇死地。

小運：己卯，酉金沖克太歲卯木。

流年：丁卯。卯木爲太歲，威不可犯。

①爲甚麼斷她在1987年（丁卯年）有破身之災？因四柱中，日元「丁酉」，與時元「癸卯」正是天克地沖，日支「酉」金正遇「卯年太

歲」而沖克太歲，卯酉相沖克必破，沖克太歲大凶之兆。

②小運「己卯」，流年太歲「丁卯」，時上「癸卯」，柱中有「酉」金，正好構成一酉刑三卯、三卯刑一酉，為大凶之兆。。

③為甚麼斷陽曆三、四月份不要去西北方向，因這個時間正是陰曆三月。她的四柱中，年上是甲辰，月上是戊辰，已經有兩個辰土，1987年三月也是甲辰，西北方為戌，這樣就組合成「三辰沖一戌」和「一戌沖三辰」的格局，也是大凶之兆。

④大運遇死地，是凶兆。

我根據上述所測信息，斷她1987年有破身之災，3、4月不要去西北工作，否則後果嚴重。結果是兩汽車相撞（為相沖克），胸部撞碎是破身，死亡時間、方向全部應驗，實為神奇。

3、1989年二月份，我在廣州講學期間，遇一人被兇殺身亡案例，為研為何死於1988年，故錄其人生時，排出四柱和大小運，究其死因。

1952年，八月，十五，寅時生：

壬辰年，巳酉，壬午，壬寅。

大運：癸丑：衰地；

小運：庚辰：辰為水庫，墓地；

流年：戊辰：辰為水庫，墓地；

①四柱中「辰酉午為自刑」。

②四柱中三壬為比肩劫財，因財或女人之事而遭劫殺之禍（實際是因財而身亡）。

③日干壬水，怕土克之；大運、小運、流年是三土重重而克身，有克無生之徵。

④四柱中年支上有一辰土，又遇小運、流年二辰土；四柱又是三個

「壬」水，正好與四柱中組合而成三辰土克三壬水，三墓收三壬，故遭凶死之災。

《黃帝內經》云：「天地之間，六合之內，其氣九卅九竅，五臟，十二節，皆乎通天氣。」人的出生年月日時中的天干地支，就是陰陽五行之氣在人體內的具體標誌，也是人一生的命運好壞的信息標誌，人體是自然界陰陽五行生克演變的產物，故人體與自然界是息息相通。人體與天體之所以互相感應，成為一個統一體，就是因為人氣與天氣相通。所以，天體陰陽五行生克引起的種種變化，對人的身體、對人的命運都有決定性的影響，因為人的生命活動也是按照陰陽五行生克的對立與統一的規律進行的。因此，人的命運，也違背不了這一規律。

上面所舉的三個凶死例子，不僅說明人的出生時間中天干地支的排列所標誌的陰陽五行生克制化對人的影響，而且說明，人和萬物一樣，都有一個興衰死亡的發展過程，這個「過程」就是人們講的運氣。

古代把人的出生時間中天干地支的排列稱為「命」，把一生所行的各個階段稱為「運」，二者結合一體，就是「命運」。一個人的「命運」好壞，既要看出生時間的四柱排列組合好，又要行「運」好。四柱排列組合好，行運也好，為上；四柱排列組合好，行運不好，所遇困難、坎坷是暫時的；四柱組合不好，又遇敗運，當然是「雪上加霜」、「破屋又逢連陰雨」；四柱組合不好，恰逢好運，此為美景不久。命和運二者相比，當然是四柱排列組合好為佳。

自己的命運自己掌握，這是對的，但是不了解自己的命運，就無法掌握自己的命運。正如，你不懂開汽車方法和規律，就無法掌握汽車的方向和開好汽車。所以人要掌握好自己的命運，就要事先了解自己的命運，而要了解自己的命運，唯一的辨法，就是要通過對自己進行全面預測之後，知曉吉凶，抓緊有利時機去辨應辨的事，對於凶事則加以防範，趨吉避凶，這樣才能真正做到自己的命運自己掌握。不然就是一句

空話。國家有一個命運好壞的問題，人也同樣，從皇帝到老百姓都有一個命運問題。

關於「命運」是「天」注定的，我認為，不能這樣講。「命運」是自然界陰陽五行生克制化演變的產物，和自然界的其他事物一樣，都是天體運動影響所致，不受甚麼「天命」的意志所定。

三、同時生的人，命運是否一樣

有個朋友和我談人的命運問題時告知我說，他是極力反對人有命運的，並列舉一些理由證明他的觀點正確。例如，如果有人說人有命運，同年、同月、同日、同時、同分、同秒生的人，為甚麼當皇帝的只有一個？我國六同生的人很多，他們的命運應該一樣才對，為甚麼不一樣？他的論點很清楚，只要是在時間具有六同（六同指年、月、日、時、分、秒）生的人，命運都是一樣，不能有任何差別、衰旺之分。因此，我問他，天同時一個天，為甚麼有春夏秋冬之分、冷熱之別？地同是一個地球，為甚麼有水陸高下之異？同一塊地，同一顆麥子，都是在九月的時間種下的，為甚麼高矮不一樣？同一個樹枝，為甚麼結果子不一樣大？人體都是一個整體，為甚麼五臟六腑的功能有盛有衰，有好有壞？為甚麼有的人只是肝臟長癌，其他臟腑都都很好？我又說，人體是一個整體，五臟六腑都藏在人體之中，從母體出來時，五臟六腑都同在六同的時間出來的，該沒有分誰先出來，誰後出來。肝臟長癌，其他臟腑應該都長癌，它們之間為甚麼有如此的千差萬別？

那個朋友聽了我論述，他不理解地說：「是呀，五臟六腑，實屬六同時間，其千差萬別值得研究……」我告訴他：「我們的祖先早就研究出來了，五臟六腑都標有陰陽，標有五行生克，各主四時旺衰，故六同一體之臟腑自有千差萬別之異」。

六同生人，為甚麼命不一樣，其因素太多，無法逐一詳細說清，現粗略概說如下：

1、方位不同，如南方爲火，東爲木，北方爲水，西方爲土。火命生在南方和生在北方就有差別。南方火旺之地，北方受水之克，必不如生在南方之人。如我測蘇聯契爾年科的死亡時間，就考慮到方位的差別。

2、父母年命不一樣。

3、兄弟姐妹年命不一樣。

4、配偶的年命不一樣。

5、所生兒女年命和個數都不一樣。因爲家庭人員的年命不一樣，五行生克的程度就各異，對人的影響也就不一樣。如有一人是木命，父母都是金命，都克他；有一人雖然也是木命，但其父母都是水命，水生木。那麼受克者運程就不順，受生者較順。

6、男女有別，因而行運有順逆之別。

7、面相、手紋決不全相同，故所主事有別。

8、人的骨相不一樣。

9、祖墳、房屋不同，方位不同。我國古有「一墳，二房，三八字」觀點，就是說，一個人的命運的好壞，第一決定於祖墳的風水壞好，第二決定於房屋的風水好壞，第三決定於四柱排列組合的好壞。因此，儘管是六同生的人，其祖墳和房土決不會完全相同。

10、每個人的遺傳基因不一樣。

11、每個人所處的環境、家庭條件不一樣。

12、星的光點只有一個。雖有千千萬萬的人都是在六同之內生的，但值班星球的光點只有一個，決不會人人都得到。如這個光點正好照在某一個人的家，或是正在他懷胎和降生時，那這個人可能是皇帝，其他人就當不了皇帝。如曾有刊物報道，毛澤東的母親和父親都同時看到他的房子東邊一團紅光後而懷了毛澤東，當然這團紅光不會被所有六同的父母親看到。

　　有一個故事說，明朝的朱元璋當了皇帝後想，自己當了皇帝，和自己同時生的人也是「皇帝命」，如果不把他們都殺掉的話，將來會與他爭奪皇位。因此，他大開殺戒，亂殺無辜。當殺到中期時，朱元璋一想，應當把與他同時生的人，抓幾個來問一問，看都是幹甚麼的，然後再殺不遲。朱元璋問被抓來的人：「你是幹甚麼的？」「是養蜂的。」「養多少蜂？」「養9窩，多少多少萬隻。」⋯⋯

　　朱元璋聽後又驚又喜：我當皇帝統治九個州、九個諸侯；他養九窩蜂，有九個蜂王。他養的蜂數和我統治的人數一致。看來和我同時生的人，不都是當人的皇帝，當人的皇帝只有我一個，其他有當蜂的皇帝、當蠶的皇帝，當魚的皇帝⋯⋯因此，朱元璋放心了，停止殺與他同時生的人。

　　關於雙胞的命運是否相同的問題：可以說，不完全一樣。因為即使出生在同一個時辰內，也有前有後。如果不在一個時辰內生的，那差別會大些。我從目前初步的調查情況看，雙胞胎在結婚後的差異變化特別明顯，原因是各人選擇的配偶不可能都是同一個年命，也不可能同時生，這樣家庭成員組成發生變化，五行生克也同時發生變化，所以兩人的命運就不一樣。

　　自然界事物，特別是同一事物的發展變化，都是參差不齊、千差萬別，何況同時生的人，怎會命運一致？因此，人的出生年、月、日、時中的天干地支的排列組合是人的命運好壞的內在因素，它是變化的根據，其外因是變化的條件，天干地支陰陽五行之氣的排列，對於人有密切的關係。當然，我們不否定人的主觀努力。如天干地支排列，有上大學的信息標誌，不讀書，不努力學習，照樣不會大學畢業。因此先天因素，必須加上後天的努力，才能達到預期的目的。

第五章　八卦預測方法

第一節　預測方法及其發展

　　我國用於人體信息預測的方法很多，有：八卦、批四柱、看面、手相、大六壬、小六壬、紫微斗數、觀星相、鐵板神數、測字、流星趕月……等，這些方法都是科學的，有其極深的科學理論，應當大力開發。

　　八卦預測信息的方法，不僅經歷了漫長的歲月，而且流派多、方法多。如常見的有「以錢代蓍法」即「六爻」預測法，按時間起卦法，方位起卦法，字畫、字數起卦法，奇門遁甲，……等。奇門遁甲，是高層次的預測方法，它在軍事上有重要的用途。本書主要是講述「按時間起卦」和「六爻」這兩個方法。

　　我國至今注解《周易》的書，有三千多種，論述八卦信息預測方法的著作也不計其數。自春秋以後，幾乎朝朝代代都有這方面的著作問世，它為我國用八卦預測信息的發展，積纍了寶貴的經驗。

　　我們的祖先，很早就發明了信息預測的方法，根據《山海經》中記載的觀象占法，其時間可以追溯到比《周易》的產生更為邈遠的唐虞或重黎時代，那時預測的方法有觀動物象、觀植物象、觀天象等。就拿觀動物象來說，人們遇到疑難之事，就用殺動物的方法來測吉凶，所以就出現了動物骨象占、動物血象占、動物膽汁占等。如《後漢書‧東夷傳》記有「殺牛，以蹄占吉凶」。《論衡》有「豬肩羊脯可以得兆」。還有用殺雞等方法來占卜吉凶，如血艷、骨鮮、膽汁亮而滿，就是吉兆，否則就不吉，因此《周易》的卦辭、爻辭中的不少取象，都來源於遠古的象占。

　　由於人的思維能力的發展，也因原來殺動物的預測法，既造價高又

費時，因而出現了用燒龜甲來占卜吉凶的方法。這種方法，就是看燒開龜甲裂紋的程度，預測出行事的吉凶。因此《白虎通義》中有記載：「龜千歲而靈，蓍百年而神，以其長久，故能辨吉凶。」歷史上稱這個階段為龜卜時代。

八卦的發明，是信息科學史上一大進步，它不僅只是方法的發明，而且為信息科學奠定了完整的理論基礎。

八卦預測信息的方法，目前保存最古老、最完整的，就是《周易·繫辭》中記載的「大衍之數，五十，其用四十有九」的蓍草占法。占筮時用四九根蓍草，一分為二，經過「十有八變而成卦」後，按所得的卦象，根據卦象、卦理、卦辭、動爻辭等斷卦方法，定事情的吉凶與成敗。從《左傳》、《國語》等歷史資料中記載的占例來看，用蓍草進行起卦的方法，自春秋至唐朝，長達兩千多年。

陰陽五行學說，即金、木、水、火、土用於八卦進行信息預測，這是信息科學史上的又一重大的發明。有人說，陰陽五行學說用於占卜術是漢朝發明的，其實遠在東周時期就開始運用五行學說了。

西漢時期，易學不論是理論還是「占筮」法都有很大的發展，在我國易學史上占有重要的地位。在占筮法的改進方面，首先是漢朝的經學家董仲舒大力推行陰陽五行學說，《中國通史簡編》第二編中載有：「董仲舒用陰陽五行推論災異，預知吉凶。」這應該說是西漢在占法上第一次改進。

西漢在占筮法上第二次改進，就是大易學家京房，他在董仲舒推行陰陽五行學說的基礎上，發明了蓍筮配「納甲」的卜占方法。

「所謂納甲法，就是將六十四卦，按八宮排列，每宮八個卦，由一經卦領首，八宮每卦有『世爻』、『應爻』，再將天干地支按一定規律排列於八卦的六個爻劃中，以得的卦所值地支五行，與遇卦本宮所屬五行生克而定出六親，即，父母、兄弟、妻財、子孫、官鬼。此外還有

『六神』，即『青龍』、『朱雀』、『勾陳』、『螣蛇』、『白虎』、『玄武』，以六神及天干地支所屬五行生克及占卦時日生克推斷卦占事的吉凶，而『世爻』、『應爻』，為卦中之主，主要憑此二爻推斷。」（《周易概論》）。

京房的「納甲」法，不僅只是方法的改進，而且在預測的內容上有更廣闊的用途，測事具體，準確性高，這是八卦預測法上又一重大創新，影響甚大，流傳至今，其道理深奧，確實有認真研究的價值。

到了唐朝時期，在占法上，又發明了「以錢代蓍」法（《周易探源》）改革了延續三千多年用「蓍草」起卦的複雜方法。「以錢代蓍」法，就是用三個麻錢合扣兩手進行搖卦，每搖一次，把錢擲於桌上或地上，然後記下陰陽爻，共搖六次而成卦。八卦就根據卦象，配以「納甲」、「世應」，或以「用神」或以動爻的五行生克和參照卦辭、爻辭決斷吉凶。

「以錢代蓍」法，集諸法之大成，它不僅是我國當前最有權威的大宗之法，而且不少西方國家也極為重視此法的應用與研究。

宋朝的天文學家、易學家、八卦大師邵康節，對我國的易學研究與發展做出了重大貢獻，特別是運用八卦進行信息預測方法上，有很多的發明與創造。其中按年、月、日、時的起卦方法，就是他發明的。他把年、月、日、時的數用加、減、乘、除的方法，裝入卦中，列出卦象，求出動爻，根據八卦陰陽五行排列，以「體、用」生克的方法，兼用《周易》占辭來決斷凶吉。

邵康節發明這個起卦法，對後世影響很大，是我國當前普遍應用的重要方法之一，也同樣受到國外易學者的重視。日本就很重視對此法的研究，近年出版的《梅花秘傳》一書，實際上就是以邵康節《梅花易數》為基礎而寫的。

「以錢代蓍」法雖我國的大宗之法，但有一個不足之處，就是有事

者必須親自來搖卦才能預測信息，測得準，而遠道有事者不能來，就無法預測。邵康節的按時間起卦法，彌補了上述不足之處，不管多遠，是國內國外，只要把發生事體的準確時間，或者準備在以後某年、月、日時要辦事的時間郵來，就可以起卦預測，得到準備的信息結果。

「極數知來之謂占」（《繫辭》）。以上方法，不管是「蓍草占筮」法，「以錢代蓍」法，還是按「時間」的起卦法，都是以「數」為依據而成卦的。所以有「數」則有占，有「占」則有象，有「象」則有理，因此八卦是數字的表現與應用，是象的象徵。

「一門科學只有當它用數字表示的時候，才能被最後稱為科學。」我們的祖先，發明八卦來測信息，不是甚麼封建迷信，而且恰恰相反，是對天命論、封建迷信的否定，表現了我人民愛科學、信科學、用科學的先進思想，這是任何人也否定不了的。

第二節　八卦的運算方法

此章講的起卦方法，除「麻錢搖卦法」外，都是宋人邵康節發明的，現論述如下（見《梅花易數》）。

八卦起卦的方法有：1、按年、月、日、時起卦；2、用三個麻錢搖卦；3、按來人方位起卦；4、按字的筆畫和字數起卦；5、按聲音起卦；6、按顏色起卦等。用麻錢搖卦方法，在下篇裏專門論述，這裏先講常用的六種起卦方法：

一、年、月、日、時起卦

以年、月、日為上卦，年、月、日、加時為下卦，又以年月日時總數取爻。如子年一數，丑年二數，直數至亥年十二數；月如正月一數，直至十二月，亦作十二數；日數如初一為一數，直至三十日為三十數。以上年月日共計幾數，以八除之，以餘數作為上卦。時如子一數，直至

亥時爲十二數，就將年、月、日數加時數，共計幾數，以八除之，餘數作爲下卦。其年月日時之總數，用六除求動爻。

凡起卦，不問數多少，則以八作卦，數過八數，即以八除之，其餘下的數作卦。如一八除不盡，再除二八、三八，直除盡八數。

爻以六除：以年月日時之總數，用六除之；一六除不盡；除二六、三六，直至除盡。

卦何以八除？爻何以六除？因卦有八方，故除以八，卦有六爻故除六。

起卦：凡數被八除者，以餘數作卦。餘三者，即是離卦，餘七者，即是艮卦。被八數除盡者，仍以八數作卦，即是坤卦。數小於八，或不夠被八除者，仍以原數作卦。如原數是四，即是震卦，原數是六，即是坎卦，餘仿此。（編按：此爲依伏羲先天數起卦。測算而得的各數相應是甚麼卦，請參看本書第7頁之《伏羲八卦次序圖》或本書第11頁之《實用八卦圖》所標各卦之數字。）

求動爻：凡數被六除者，餘數爲動爻，餘一數，即一爻動，餘二者，即二爻動，餘四者，四爻動，餘五者，是五爻動。若被六除盡者，仍以六作動爻。數小於六者，或不夠六除者，仍以原數作動爻。原數是四，即是四爻動，是一，即一爻動。餘仿此。

例如 1985 年12月28日下午3點35分，有人來問：「今晚7時半，我們女排在北京與世界明星聯隊比賽，誰勝誰負？」

按陰曆是乙丑年，十一月，十七日，申時，即：

　　　　　　乙丑，戊子，辛丑，丙申　　　　起卦計法爲：

2＋11＋17＝30；30用8除，餘6，6爲上卦；

30＋9＝39；39用8除，餘7，7爲下卦；

39被6除，餘3，即是三爻動。其卦象是 ䷦ 《水山蹇》卦。上卦爲坎，爲水，爲我女排；下卦爲艮，艮爲土，爲明星聯隊。但，冬天爲

水旺之季，坎水臨月建，故力強。明星聯隊雖居土位，但處休囚之地，無力克旺相之水，我女排定勝無疑。結果我女排勝。

二、來人方位起卦

如己丑日卯時，有一老人往巽方，有憂色，問其何以有憂，曰無。怪而占之。以老人居乾爲上卦，巽方爲下卦，是《天風姤》卦。又以乾一、巽五之數，加卯時四數，總爲十數，用六除，求動爻。其卦象《天風姤》卦，四爻動，☰☴。

三、按字的筆畫和字數起卦

一字占：一個字太極未判，如草混不明者，不可用之。如字迹淸晰明鮮，則取其筆畫，以左爲陽，右爲陰，或上爲陽，下爲陰。居左者看幾畫，居右者看是幾畫，或居上爲者爲幾畫，居下者是幾畫；取左爲上卦，取右爲下卦，或取上爲上卦，取下爲下卦。又以一字的總筆畫數，用六除，求動爻。

例如，一人寫了一個「信」字。按左爲上卦，右爲下卦：左是二畫，上卦是「兌」；右是七畫，下卦爲「艮」。總筆畫數是九，用六除餘三，故三爻爲動卦。此爲《澤山咸》卦，☱☶。

又如，「男」字，按取上爲上卦、取下爲下卦的原則：上「田」爲五畫，上爲「巽」；下「力」爲二畫，下爲「兌」。總筆畫爲七數，用六除，餘一數，一爻爲動爻，其卦象是☴☱。凡卦卦象旁標有「☷，☳，☰」，皆指一卦的動爻標誌。如☷是四爻動，☳是三爻動，☰是一爻動，餘仿此。（編按：本書第11頁之實用八卦圖上，標明各卦之數，如乾卦爲一、兌卦爲二等等。凡動爻之數爲幾多，其標誌就是數字相同之卦，例如動爻之數爲一，即初爻動，標誌就是乾卦；動爻之數爲二，即二爻動，標誌就是兌卦。）

二字者；平分兩儀，以一字的筆畫數，用八除，餘數爲上卦，一字的筆數用八除，餘數爲下卦。兩字的總筆畫用六除求動爻。

例如：「信男」二字，信是九畫，用八除餘一，一爲乾，故上卦是「乾」；男是七畫，七爲艮，故下卦爲「艮」。「信男」的總筆劃是十六，用六除，餘四，是四爻爲動爻。此爲《天山遯》卦，☰☶。

三字者：一字爲上卦，兩字爲下卦，以三爲動爻。即上卦爲「乾」，下卦爲「兌」，是《天澤履》卦，☰☱。

用人的姓和名字起卦：以姓的筆畫數爲上卦，名字筆畫數爲下卦，三字之總筆畫數，以六除，餘數作動爻。

四字者：兩字爲上卦，兩字爲下卦。

五字者：兩字爲上卦，三字爲下卦。

六字者：三字爲上卦，三字爲下卦。

七字者：三字爲上卦，四字爲下卦。

八字者：四字爲上卦，四字爲下卦。

九字者：四字爲上卦，五字爲下卦。

十字者：五字爲上卦，五字爲下卦。以上之動爻取法如三字者取法。

十一字以上以至百字都可以起卦，以一半爲上卦，一半爲下卦，其字之總數，用六除取動爻。

以字起卦，不論是繁體字，還是簡體字，都要筆畫清楚爲準，筆畫不清者不用。

四、按聲音起卦

凡聞幾聲，數到幾數，起作上卦；加時配數作下卦；再以總數用六除，餘數作動爻。如聞動物叫幾聲，或聞人鼓擊之聲，都可起卦。

占動物，見羣物動，不可起卦；如見一物可起卦。其動物爲上卦，來方爲下卦。如有牛鳴於坎方；牛屬坤爲上卦，坎方爲下卦。坤加坎，加時，其數以六除求動爻。

五、丈尺占

丈尺之物，以丈數爲上卦，以尺數爲下卦，含丈、尺之數取動爻，其寸不計。尺寸占，即以尺數爲上卦，寸數爲下卦，含尺寸之數取動爻，分數不計。

六、起卦加數法

按年、月、日時起卦法，一個時辰之內，只有一個卦象。對於在同一個時辰內，有多人來問卦者，不能以同一卦象斷事，或者有多人同來問一事者，也不能同一卦卦象論之。爲解決這個問題，可用加姓氏筆畫數的方法，進行起卦決之。

如有姓王的、姓田的、姓韓的三人在同日、同時來問蓋房之事。可分別以年、月、日數爲上卦，以年、月、日、時加姓氏筆畫數作下卦。其總數以六除之，求動爻。然後根據三人不同的卦象進行決論吉凶。

遇婚、葬之事，也可用此法。葬者加一家姓氏；婚者，可加男女二姓之筆畫數起卦。

按年、月、日、時的起卦方法，在一個時辰之內，只有一個卦象，如甲來起得《坎》卦，《坎》卦的信息屬於甲的，乙就不能用之。故乙要求預測信息，可按「方位起卦」法，或叫其寫字進行起卦預測，同樣得到他需要的信息。

七、動爻

凡以上之起卦方法，都有動爻，而且卦中只有一個動爻，這樣就重點突出，利於斷事。

卦之動爻：一卦之動爻，是用六除後餘下之數，或等於六和不夠被六除之數。動爻的作用是：

①動爻是區別和確定體卦、用卦的主要標誌。一卦有上下之分，有動爻的卦爲用卦，無動爻的爲體卦。動爻在下卦者，下卦爲用，上卦爲體。動爻在上卦者，上卦爲用，下卦爲體。體卦爲己，用卦爲他人或事。

②動爻是變卦的主要標誌。有動則有變，陽爻動則變為陰爻，陰爻動即變陽爻。爻變則卦亦變。例《乾》卦初九爻動，是由陽爻變陰爻，故《乾》就變為《天風姤》卦。

③動爻是問事或斷吉凶的標誌。卦成之後，雖用五行和體用生克來決斷吉凶，但要參看其卦中爻辭。如是初爻動，就看初爻之辭，……五爻動就看五爻之辭所主。例起得《乾》初九爻動，其辭曰「潛龍勿用」，即可斷為：其事時機未到，當前不可妄為。

④動爻是事情變好變壞，即變生、變克、變比和、變泄氣的主要標誌。例起得《乾》卦，九二爻動，是上乾為體，下乾為用，本是比和之卦，事快而吉，但九二爻動，就變為《天火同人》卦，上卦乾體為金，下卦離卦為火，是火克金，用克體，可斷為此事先吉后凶。

⑤動爻是行人去向和方向變化的主要標誌。例如起得《天風姤》卦，九三爻動。那下卦是巽，是用卦，是行人，是東南。因九三爻動，巽變為坎卦，坎為北方，可斷為，其人先去東南方，後又去北方了。

第三節　體用互變法等

一、體用互變之法

1、凡卦象成列之後，有主卦、互卦、變卦之分，主卦為事之初，互為中間之應，變為占事之終應。主卦有體用之別，也叫體卦、用卦。體卦為己，用卦為他人或事。卦宜體克用，不宜用克體；宜生體，不宜體生用。用克體不吉，體生用有損耗之患，體用比和則吉。比和卦，上下卦五行屬性相同者。比和卦是：乾、坎、艮、震、巽、離、坤、兌、履、夬、謙、剝、恒、益共十四卦。

2、互卦：

互卦，是將主卦去掉兩頭之爻，留下的四個爻分作上下之卦。如

《水山蹇》卦，主卦是上坎、下艮，䷦。將主卦去掉兩頭之爻，則是☵。再將其四個爻分作上下兩卦。例如 [䷿]，也就是把上三個爻作上卦，下三個爻作下卦，互卦成也，是《火水未濟》卦：䷿，是上離下坎。

互卦則分其有體之互，用之互。如體在上，則上互為卦體之互，下互為用之互。體卦在下，則下互為體之互，上互為用之互，體互最緊，用互次。《乾》、《坤》二卦無互卦。

二、體用生克

天下之事，有吉有凶，要知吉凶，須預測以明其機。所以卦成之後，一看周易爻辭之論，二看卦象五行生克旺衰之理，以斷吉凶。如乾卦初九「潛龍勿用」，諸事未可為，宜隱伏之類。

體克用諸事吉，用克體諸事凶。體生用有耗損之患，用生體有進益之喜。體用比和，則百事順遂。生體多者則愈吉，克體多者則愈凶。用吉變凶，先吉後凶；用凶變吉，先凶後吉。受此處之生，得他處之克，生中逢克。受此處之克，得他處之生，克處逢生。受克逢生，為之有救。受克無生，為之無救。

先吉後凶，就是事情先好後壞，如《遯》卦，上卦為乾為金為體，下卦為艮為土為用，用卦土生體卦金為吉。但《艮》卦初六動，變成《天火同人》卦，上卦乾體之金，受下卦離用之火克之，故為先吉後凶。䷠，變為：䷌。

先凶後吉，就是事先壞後好之意。如《天火同人》卦，上卦乾金為體，下卦離火為用，是離火克乾金，為用克體不吉。但離卦初九爻動，變成《遯》卦，上卦乾之金，得下卦艮用之土生之，故為先凶後吉之象。䷌變䷠。

卦有體用，又有體黨用黨。黨者，體卦之同類也。如體卦是金，互體、變體是金，為體之黨多。用卦是金，用互、變互是金，為用之黨

多。體黨多，而體勢盛；用黨多，而體勢衰。例如，《壯》卦：䷡，互為《夬》卦，䷪。《壯》卦五爻動，又變為《夬》卦䷪。此《壯》卦是乾金為體，震木為用，今互卦變卦都是金，故體黨多，體勢盛，而用衰。反之用黨盛，體黨衰。

三、卦期應驗

卦成之後，吉凶已明。但吉凶應驗日期十分重要，它關係到運算、預測的結果成與敗。應驗準確者，造福人民，有利於國家事業建設的發展，不準者，則有誤國誤民之責。

吉凶應驗之期，自古以來極為重視，論述頗多。有的以卦象定應驗之期；有的以卦數定應驗之期；有的以卦爻定應驗之期……現將常見和常用的方法列出，供各位讀者參究。

㈠卦象定應驗之期：

乾兌卦，則應於庚辛及五金之日，或乾為戌亥之年月日時，兌為酉日時。震巽則應於甲乙及五木之日，或震取卯，巽取辰。坤艮則應於戊己及五土之日，坤取辰、戌，艮取丑、未。坎則應於壬癸及五水之日，取亥子。離應於丙丁及五火之日，取巳午。

乾、兌卦屬金，故成事和應事於「庚辛及五金之日」。「五金之日」是指五行中的金日，例如庚、辛、申、酉在五行中都屬金，所以乾兌二金卦的成事和應事的日期，可斷在庚日、辛日、申日、酉日，或者斷在庚年、辛年、申年、酉年，或庚月、辛月、申月、酉月。因戌亥的位置在乾宮，故乾卦除了應以上的年月日，還可以應在戌、亥年、月、日、時。

震、巽二卦屬木，故應事、成事的時間在：甲、乙、寅、卯之年、月、日、時。震還可應卯，巽還可以應在辰之年、月、日、時。

坤、艮二卦五行屬土，故應事的時間在戊、己、辰、戌、丑、未之年、月、日、時，或者坤應辰、戌，艮應丑、未。

坎卦五行屬水，故成事或應事的時間在壬、癸、亥、子之年、月、日、時。

離卦五行屬火，故成事、應事的時間在丙、丁、巳、午之年、月、日、時。

(二)卦數定應驗之期：

正應：正應者，則以體用二卦之數定應期。例如上卦乾，下卦坎，乾一、坎六爲七數，可定七年、七月、七日、七時之內。

主、互、變三卦數定應期：如主卦《訟》☰☵爲七數，互卦《家人》☴☲爲八數，變卦《否》☰☷九數，三數相加共爲二十四，則應期可定二十四年、月、日、時。

(三)以生體之卦定應驗之期：

有生體之卦，則吉，事應之必速。便看生體之卦，於卦數和卦的時序決應驗之日期。如坎爲用生體，坎爲六數，可定六年、月、日、時。坎卦的時序是一六，可定一六年、月、日、時。生體是互卦，則漸漸成。生體是變卦，稍稍遲。若有生體之卦，又變出克體之卦，則事有阻難，爲好中不足。如有克體之卦，無生體之卦，事不成。有生體而無克體，則事吉。

(四)動靜應期：

凡斷克應之期，必看來問卦者之動靜，以決應期遲速。故行走中問卦者，則應速，以成卦之數，中分而取其半。如起得《巽》卦，爲數十。用二除之，應期爲五。

立者問卦，可定應期爲半遲半速。《巽》卦爲十，半遲爲十二天半，半速爲七天半。

坐者問卦，以其卦數定之，《巽》爲十，應期定爲十。

臥着問卦更遲，以其卦數加一倍。例如《巽》卦爲十，可定應期爲二十。

動吉者，應吉之速，如動中帶喜笑之意。動而凶者，應凶之速，如動中悲哭之意。不動而應者，吉凶之未見，如來問卦者，無任何喜悲之情，從表面上看不見所問之事是吉是凶，只有起卦之後才知道。

八卦，其大無外，其小無內，遠取諸物，近取諸身。應驗之期，遠應年月，近應日時。故斷應期，必根據實際情況決之。不分事大事小、物之長久，一概而論，必有差錯。

四、幾種斷卦方法

世有萬物，人有萬事，萬物萬事都有個「理」字。八卦的卦象中有陰陽變化，陰陽消長之「理」；有事物發展變化，對立與統一之「理」；有陰陽五行生克之「理」；有帝王如何治國，一個人如何做人之「理」；總之，天、地、生、萬物萬事之「理」都在其中。故《繫辭》有「八卦以象告，爻象以情言」。這就是說，你所預測的事，八卦的卦象、爻辭中都寫得很清楚，你一看就知道，所以「知象則理在其中」。

「理」不僅是解《經》注《經》必須遵循的原則，也是指導信息預測的指南。尤其在決定預測結果時，「理」顯得特別重要。運用得好，百發百中，運用不對，就一錯到底。

由於八卦的起卦方法和內容不斷的改進和革新，故斷卦的方法越來越完善，越來越科學，準確性也越來越高，但是，也越來越複雜，技術難度較高，難以掌握。現用幾種不同的斷卦方法，結合古今有關卦例進行對比的斷法，供大家在學習研究中參考。

㈠一爻動

古代的「蓍筮」和「以錢代蓍」的起卦方法，一個卦中有一爻動的，多爻動的，一爻至六個爻都動的，但有的卦中沒有動爻。有動爻的為變，沒有動爻的為不變。有動爻的，以動爻辭來斷卦，沒有動爻的，以卦象來斷卦。故《繫辭》有「動則觀其變而玩其占。」

一個動爻，占事專一，多爻動，事不專一而反覆，所以古代多以一

爻動爲主斷事，這在《左傳》、《國語》等史料中都記載。

1、古例：

⑴《左傳・宣公十二年》：晉師救鄭，走到半路，得知鄭與楚講和了，主帥荀林父認爲不必進軍，可是副將先縠剛愎好戰，不聽指揮，繼續進軍。知莊子（編按：知莊子即荀首，是荀林父的族人。）引用《周易》的《師》卦☷☵之《臨》☷☱，指出《師》的初爻辭：「師出以律，否臧凶。」（編按：這句話意思是軍隊出動必須有紀律，若無軍紀則無論勝敗都屬凶、不吉利。「否」指惡、敗；「臧」爲善、勝。此爻的象辭是：「師出以律，失律凶也。」）並告先縠不服從指揮，違犯軍紀，必然招致失敗。果晉軍大敗於楚。

⑵《左傳・哀公九年》：宋公伐鄭，晉趙鞅救鄭。陽虎用《周易》占得《泰》卦☷☰之《需》，《泰》五爻辭曰「帝乙歸妹，以祉，元吉」。陽虎斷伐宋不吉。結果未去。

2、今例：

⑴1984年，8月9日，我的一位同事有事求我預測。得《困》卦☱☵之《訟》。《困》上六爻辭曰「困於葛藟，於臲卼。曰動悔，有悔。征吉」。《周易淺述》有「葛藟，在束縛之中。臲卼，不安之狀。」「然困悔而能有悔，則行爲吉」。我對他說，「你因有不正當的男女關係，而感到後悔莫及。」他說「對！是個小寡婦把我纏着無法脫身，心中不安，怕發展下去，會出事，怎麼辦？」我根據生克關係，勸他和平解決，否則有大禍臨頭之災。因聽我之言，平安無事。

⑵1986年7月27日，我公司吳漢秋先生領侯師傅來我家，說是要出差，測一下安全否？得《家人》卦☲☴之《漸》。《家人》初爻辭曰：「閑有家，悔之。」《釋文》「閑，防也。」防，防盜賊之事等。《周易・家人》曰：「以六爻推行之，有上父，初子，五三夫，四二婦，五兄三弟之象，故爲家人。」

根據卦氣和初子孫爻動，我說，根本不是甚麼出差，而是你的兒子因盜竊之事而犯法。「對！對！就是小兒子因盜竊而被抓起來了，你看有甚麼解法？」我說：「你兒子有兩次牢役之災，寧願挨打，也不受罰。這次最多判一年勞教，讓他吃點苦頭，受受教育，第二次牢役之災可免，否則還會重犯。」可憐天下父母心，侯師傅接受罰款，救回其子。後其子果又於1987年重犯盜竊罪，被判徒刑7年。侯師傅後悔當初不聽我言，如今落個人財兩空。

㈡卦象

八卦包羅萬象，蓋天地萬物盡在其中。以卦象事，以象告事，以象明事，故以卦象斷吉凶，也是常用的一種斷卦方法。

1、古例：

(1)《國語‧晉語》：重耳是晉國的公子，被趕出晉國達19年之久。秦穆公決心以兵力幫助重耳回國奪取政權。為預測吉凶，董因給重耳占了一卦，得《泰》卦 ䷊，董因根據卦象說：「是謂天地配」。《泰》是地在上，天在下，有天氣下降，地氣上升，有天地通、萬物生之象。是得國得民的大好時機。後重耳果得政權，稱晉公，即後來春秋五霸之一的晉文公。

(2)《國語‧周語》：晉成公流亡於周，晉趙穿迎成公為晉君，在起程之前，晉人為其吉凶占了一卦，得《乾》䷀之《否》。晉人根據《乾》、《否》兩卦的卦象說：「乾為天為君。」天上君下，有國君配天之象，但是下卦乾，由乾變坤，君變臣，是「配而不終」，「或君三出焉，」。這是以主卦和變卦的卦象來斷吉凶的。

2、今例：

(1)1987年5月4日，我在北京時，丁肖肖和其母拿着當時的《北京日報》對我說，報上說今年北京市在夏秋之際有水災，要求加強防洪，要我測一下北京市到底有沒有水災？當時測得《艮》卦 ䷳ 之《坤》。我

看兩卦一遍旺土就說：「北京市今年決無水災。」果然無水災。

(2)1985年2月28日下午，秦玉貴先生來說，他們公司有個同事在24日收到妻子電報，說26日到西安，今已28日了，還未見來，不知妻和孩子在路上出甚麼事否，很着急。我測得《坤》卦☷之《豫》。因《坤》為「大輿……為眾。」輿，車也，眾，人多之象。坤土有不動之義。我說：「平安無事，是人多車緊，沒有走成之故，3月1日可到。」果因人多車少，3月1日才到達西安。

㈢義理

以「義理」斷卦是古今都用的普遍方法之一。「義理」就是以卦辭、爻卦、卦象的含義結合實際的具體情況來決斷吉凶。這就是「理論聯繫實際」，「有的放矢」，其法難度大，不易掌握，故古人十分重視。邵康節說：「數說當也。必須以理論之而后備。苟論數而不論理，則拘其一見而不驗也。且如飲食得震，震為龍。以理論之，龍非可取，當取鯉魚之類代之。又以天時之得震，當有雷聲。若冬月占得震，以理論之，冬月豈有雷……」這就是根據實際情況，有的放矢，不然會犯「教條主義」、「經驗主義」的錯誤。

1、古例：

(1)《左傳‧昭公十二年》：南蒯是魯季氏的一個邑宰，他想背叛魯，投齊國。臨前用《周易》占了卦，得《坤》☷之《比》。《坤》六五辭曰「黃裳，元吉」，他高興地認為是個大吉之象，就把卦象叫易學專家子服惠伯看。南蒯說，我有事，你看如何？惠伯說，占忠信之事可以，占壞事不成，必然敗。就把「黃裳，元吉」的真正含義講給南蒯聽：「黃，中之色也。裳，下之飾也。元，善之長也。中不忠，不得其色……」就是說，不具備高尚的品德，忠善之心，故《周易》占壞事，就是得到吉卦也是凶。南蒯不聽其勸，果然失敗。

李鏡池先生認為惠伯之所斷準，還有一個原因，那就是惠伯看到他

「吞吞吐吐，知道沒有好事」（《周易探源》），這是符合《繫辭》中「將叛者其辭慙」的論述。但我認爲還要注意一個原因：惠伯之所斷對，就是《坤》卦六五爻，雖中而不得位。五爻是陽爻之位，今陰爻居之，爲不得位爲不正，不正必是邪惡之事。再者，坤土有不動之義，妄動必然取災。所以惠伯有「中不忠，不得其色」，不忠，則不是眞正的「黃裳」之正色。

(2)《論衡·卜占篇》：魯將伐越之際，子貢占得《鼎》☲☴ 之《蠱》。《鼎》九四動，其辭曰：「鼎折足，覆公餗，其形渥，凶。」子貢說，行用足，今足折了，是凶也。孔子說是吉：「越人水居，行用舟，不用足，故謂之吉。」魯伐越，果克之。眞理的標準只能是社會的實踐。孔子是根據魯伐越，從水路進攻，不走陸地，用船不用足的這一實際情況而斷的，孔子卦術就高在此。

(3)《梅花易數》：昔李淳風佔黑赤二馬入河。有人問二馬誰先起來？有人起得《離》卦 ☲ 說：「離爲火，火赤色，赤馬先起。」李曰：「火未燃，煙先發，黑馬先起。」果然如此。這裏，李淳風就是根據燒火時先見煙、後見火的實際情況這一道理而斷的，故對了。

(4)《梅花易數》：冬月酉時，邵康節和其子擁爐取火，有人扣門，初扣一聲而止，旣而扣五聲說借物。康節叫其子占之，試借何物。得《垢》卦 ☴ 之《巽》。子曰：「金短木長者。器也。所借鋤也。」康節曰：「非也，必借斧。」開門一問，果然借斧。其子問何故，康節說：「起數又須明理。以卦推之，斧亦可也，鋤亦可也，以理推之，夕晚安用借鋤，必借斧，蓋斧切於劈柴之用耳。推數也須明理，爲占卜之切要也。」

(5)《周易古筮考》：清人紀曉嵐，臨考學前占了卦得《困》☲ 之六爻動：「困於石，據於疾黎，入於其宮，不見其妻，凶。」老師看了說不吉，紀認爲自己還未娶妻，談何不見其妻凶。他又說，困於石，第

一名可能是姓石的，或其姓名有石旁的，我可能是第二名。後果如願。又如，有的人占得父母凶，但他父母早就逝世了，父母有何凶？紀曉嵐就是根據自己還未娶妻這一實際情況而斷的，所以正確。從《困》卦的用神看，福神生世，又官世相生，是得功名之象，所以中舉。

2、今例：

(1)1984年12月13日，原國防科工委張震寰副主任來西安接見我後說：「蘇共黨中央書記契爾年科有病……，用八卦能不能測出他的病甚麼時間好？或者他甚麼時間去世？」我說可以，當場測得《革》卦 ䷰ 之《豐》。我用卦、爻象、「六親」五行生克之理，斷契爾年科「必死於1985年正月無疑」，後果死於1985年正月19日。（詳見我1987年出席國際《周易》學術討論會《八卦與信息》的論文，以下簡稱《信息》，本書附錄一即該文之摘要）。

《信息》發表後引起不少專家、學者、同行的興趣和重視。有的專家說：「斷契爾年科之卦太絕妙了」，但同時又提出：「卦中離為火為體；春季木旺，正月正是木旺之期，木能生離火，契爾年科有救，不應死，為甚麼會死？為甚麼斷死？」

正月是木旺之時，木能生火，按卦講是對的。但看生旺死絕，還須考慮到地理氣候條件。正月之時，在我國南方正是木旺之季，而我國北方還是寒冷之期。莫斯科居我國西北之遙，更是白雪皚皚冰封之地，雖時令值春，火仍處死地，木寒何能生旺？何能救火之危？所以原神無力，難濟枯旱之苗。故有的專家說我「斷卦有獨創之處，非一般術士之所為。」

(2)1986年7月23日，梁建先生拿來他在同年四月庚申日為一婦女測《隨》卦 ䷐ 之《兌》，其六二辭曰：「係小子，失丈夫」。要我解此卦占何事和吉凶。

我看了此卦的動爻和卦化回頭之克，我說「此婦所測之事，是她妹

妹死了，看官司能打勝否？」梁當場驚奇的說：「對，她妹因工傷事故死了，正在打官司。爻辭明明講的是『係小子，失丈夫』，應測她丈夫之事才對，你爲甚麼斷的妹妹之事？」我說，這很簡單，六二兄弟爻居陰位，爲得正，又化爲《兑》卦，《兑》爲少女，定是其妹。卦中《兑》多，《兑》爲口舌，定爲官司之事。

㈣數理

起卦有數，斷卦也有數。「數」在卦中有卦數、爻數，也標誌距離、數量、重量、高度、深度、長寬、日期……等數的方面。以「數」來決卦的應驗，稱爲「數理」。所以《周易淺述》有「知象其理數在其中」。

用數決卦，在《左傳》、《國語》等史料未見，但宋朝後有之。我在預測中也常以數決斷預測結果，實爲適用。

1、古例：

(1)《梅花易數》：邵康節在己丑日卯時，遇一老人往巽方，有憂色，問其何憂。曰：無。怪而占得《姤》卦 ䷫ 之九四動，其辭曰：「包無魚，凶。」先生對老人說：「汝於五日內，謹慎出入，恐有大禍。」果於五日此老人赴吉席，因魚骨鯁而終。

此「五」之數，乾一，巽五，卯時爲4，除以二得之。（1+5+4）÷2＝5。康節曰：「行則應速，以成卦之數，中分而取其半也。」故有五日之數。

(2)《周易古筮考》：明朝的胡矞和袁杞山二人游金陵，看一觀主，因丢了金杯，懷疑是徒弟偸走，因而酷打徒弟，二人見此，占得《剝》卦 ䷖ 之《頤》。他倆告知觀主，金杯沒有丢，從你住的地方西南牆角處挖地五寸，就會找着。果如所占應。

對於「五」數來源，劉大均老師講：「在納甲筮法之八宫中，坤居第五宮，故挖五寸。」說法有理。但根據我的實踐經驗，還可能有兩點

：一是「行則應速」，當時觀主打其徒弟也許是跑着追趕，此爲速之又速，《剝》正是十五數，被三除之，爲五；二者是《剝》之數減去《頤》之數，正好得五。(7+8+1)−(7+4)=5。《梅花易數》有「體用比和，物不失矣」，《艮》爲土爲山，有不動之義，所以金杯不失。

2、今例：

(1)1983年10月19日申時，我廠32車間的老孟師傅說其妻出外作生意，一月之久，無音訊，求測安全和何時回。得《履》卦 ䷉ 之《無妄》。我安慰他說，人在西南，平安，有口舌無妨，五天之內人不回來就有信來，無信就得回來。第五天下午孟說其妻未回，未見信來，求重測，我說不用測，你回去等消息。下午3點多接到其妻從成都發來的電報，叫他第二天到火車站接她。回來一問果如所測。

我斷其「五日回」就是以數決卦，理由：1+2+2=5，即乾一，兌二，動爻2。（此例詳解見本書附錄二）

(2)1987年4月我在北京舉辨的「全國第四期《易經》研習班」講課期間，於4月13日下午課間休息時，張立敏研究員說：「邵老師，我有一個同事要出差，看何時能走？」得《艮》卦初爻動。

《艮》爲山爲土，有不動之象。又《艮》爲七，初爻爲一，故(7+7+1)÷2=7.5我說：「七天半之內走不了」。她說「對！他準備20號以後走。」在場人無不驚訝！

(五)、陰陽五行生克

陰陽五行學說，是我國勞動人民通過長期社會實踐總結出來的寶貴經驗。古人把世間萬物分爲陰陽兩大類，而金、木、水、火、土又是構成世界的基本物質。陰陽五行生克制化的理論，不僅爲推動我國天文學、醫學、藥學、物理學、化學、軍事、哲學、信息等科學領域作出重大貢獻，至今仍對我國科學事業的發展，具有重大的指導作用。

把陰陽五行生克制化的理化裝入卦中，用於人體信息預測，它符合

《繫辭》：「廣大配天地，變通配四時，陰陽之義配日月」的光輝論述。

世間萬物，都統於陰陽五行，人是萬物中的一種，當然也受其制。故「夫四時陰陽者，萬物之根木也」，「合人形，以法四時五行而治……五行者，金、木、水、火、土也，更貴更賤以知生死，以決成敗。」（《素問》）。陰陽五行是主宰萬物生殺之權的。「夫五運陰陽者，天地之合，萬物之綱紀，變化之父母，生殺之本始，神明之俯也，不可通乎？」又說「天地之合，六合之內，不離於五，人則應之」（《素問》）。很明顯，宇宙間陰陽五行的運動而引起的變化，不但對人有影響，而且決定人的生死存亡。所以說，把陰陽五行裝入卦中，通過運算，就能測出信息中陰陽五行生克制化的情況，決定事情的成敗。

用陰陽五行生克制化的原理來斷卦，已有三千多年的歷史，實踐證明是正確的，而科學道理很深，按陰陽五行生克斷卦，對六十四卦來說，基本上無所謂哪個卦好、哪個卦壞，而是按卦氣、爻象的五行生旺死墓為主的。卦氣旺，爻象旺，用神、世應旺而相生即是好，處死地而受克就不好。如卦好，卦氣、爻象、世應、用神又旺，那當然是錦上添花。

1、古例：

(1)《左傳·襄公九年》：魯成公之母穆姜，與大夫僑如通姦，他們合謀要廢成公之位，結果陰謀失敗。穆姜被打入冷宮時，想知命運如何，用《周易》占了一卦。遇《艮》卦☶之《隨》。史官棄主卦不用，而以《隨》有「隨，無故也」，勸穆姜快逃走。穆姜以《隨》「元亨利貞，無咎」之義說，我不夠元亨利貞之德，我一個婦人，自取其惡，作事害身，亂國害民，怎麼會無災，必然死於此，怎得逃出。後果如此。現用六爻五行生克，校此占例，就知穆姜逃不了，必死於此的道理。（編按：本書由此例起，大部分卦例均排出主卦與動卦之六爻爻象，再詳作分

析。關於六爻爻象，請查本書第六章第152頁至第159頁之六十四卦爻象全圖；但下篇各例動卦之五行配六親，有不少顯然與第六章之爻象圖不符，其原理請查本書第七章《六親應用》。）

主卦：《艮》	動卦：《隨》
官鬼寅木 —— 世	妻財未土 — — 應
妻財子水 — —	官鬼酉金 ——
兄弟戌土 — —	父母亥水 ——
子孫申金 —— 應	妻財辰土 — — 世
父母午火 — —	兄弟寅木 — —
兄弟辰土 — —	父母子水 ——

1、《艮》為山，為止，為土，不動之象，故走不了。

2、一卦之中有五個爻動，內外都動，動爻多主事不順。

3、穆姜是女的，應陰居陰位，今世爻陽爻動居陰位，既不得中，又位不正，不中不正者為邪惡之人，世位在極地，位極必降。

4、寅木世爻為穆姜，應爻申金為其子，正是子克母、子沖母、子刑母，所以其子把她打冷宮。

5、寅木世爻化未土，未土為木之墓地。墓，為牢獄、墳墓之地……等，故穆姜囚於此死於此。

(2)《左傳‧襄公二十五年》：齊棠公死後，崔武子去吊喪，看棠妻長得美如花，要娶之為妻。用《周易》占了一卦，是《困》卦☱之《大過》。占史曰「吉」。陳文子（編按：即陳須無，仕齊莊公為大夫；有功，卒謚文子。）說：「夫從風，風隕妻，不可娶也。」崔不聽文子言，遂娶棠姜為妻。此卦當然是史官斷錯了。

主卦：《困》	動卦：《大過》
父母未土 — —	妻財未土 — —
兄弟酉金 ——	官鬼酉金 ——

子孫亥水 ▬ 應	父母亥水 ▬ 世
官鬼午火 ▬▬	官鬼酉金 ▬
父母辰土 ▬	父母亥水 ▬
妻財寅木 ▬▬ 世	妻財丑土 ▬▬ 應

1、《困》外爲兌爲少婦，內卦爲坎爲中男，則不是正配（少男少女爲正配），不正配則不吉，又《大過》化克，世應又克也不吉。

2、寅木世爻是是崔武子，應爲棠妻，世應相生又相合，雖能成婚終是凶兆。

遠古的卦例，都可用陰陽五行和「納甲」法進行校對，其結果大都如此。從上述二例可說明：春秋至漢達四百多年之久，起卦相同，斷卦各異，但得到相同的結果，決非偶然巧合，有力證明了陰陽五行斷卦法是切實可行的。

2、今例：

(1)1984年1月2日，我廠吳漢秋帶牛順甫之妻來，說孩子昨天下午2點半下班後至今未回來，不知去向，問甚麼時間回來：測得《兌》卦 ䷹。我說：「是個女孩，小時得大病留有後遺症，往南去了。」對方激動地說：「對！對！是個女孩，小時得大病，現有後遺症。」因卦遇體用比和，我又說：「今晚8點半以前一定會回來。」

當晚7點45分，吳又領牛順甫夫婦來家，說孩子未回要求再測：我說8點半還未到，如果不回，我再測不遲。到8點15分時，我說你倆回去看看吧，他夫婦二人下樓後就碰到家人來報信，說女兒8點10分回來了。

(2)我廠趙世蘭女士，以前有事求我測過五次，都測準了。1988年3月23日下午一點多來家，一看她那個急樣子，知道又有事求我。「中午我和我丈夫請客，在飯館吃飯時，把一件新呢子大衣放在櫈子上，吃完飯去洗手，回來就不見了，到處找不着。我們省吃儉用，好不容易才買

了大衣，今天穿出就丟了，眞倒霉。」我看起的是《巽》卦▤體用比和有「物不失」之論。我安慰她：「不用難過，今晚7點以前大衣會回來，如果不回，你再哭不遲。」小趙失望地說，「這個年頭公開搶的都有，大衣丟了還會回來？不可能。」後果當晚6點半一經理拾到送回了。

(3)我廠的王雙銀說，1987年11月10日卯時，自行車被偷走了，問能找回否：得《姤》卦▤▤。卦逢用克體，我說找不着，果如此。

(4)1984年6月1日，我去市區辦事，看到一位老工人手裏舉着五元錢，邊走邊喊：「我有事求算，誰算準了就給誰！」有兩個算家，對老人說：「我倆給你算。」老人很高興。

過了近兩個小時，我辦完事回來，看老人手裏還拿五元錢，知道未算對。我正想走，我的朋友袁敦杰、張秋平對老人說：「你求這位邵師傅給用八卦測一測。」老人一聽就求我。我說：「老師傅，他們算得不錯，怎麼還不滿意？」「他倆和其他人都算得很好，看得都不錯，但是，我今天主要問的一件事，他們都沒有算出來。」我說，試一試吧。得《謙》卦▤▤之《坤》。

主卦：《謙》	動卦：《坤》	六神
兄弟酉金 ▬▬	子孫酉金 ▬▬ 世	玄武
子孫亥水 ▬▬ 世	妻財亥水 ▬▬	白虎
父母丑土 ▬▬	兄弟丑土 ▬▬	螣蛇
兄弟申金 ▬▬▬	官鬼卯木 ▬▬ 應	勾陳
官鬼午火 ▬▬ 應	父母巳火 ▬▬	朱雀
父母辰土 ▬▬	兄弟未土 ▬▬	青龍

我看了卦後，內心大吃一驚：「老師傅，你的小兒子犯了法，現囚入牢房，是死罪之兆。但不用怕，有其兄救他，死不了，你破財一千元左右。」老人聽了又驚又喜：「邵師傅，你算得眞準，我小兒子卡死了

鄰居一老太太，安葬費已花了九百六十多元，現在全家爲他會不會被槍決之事着急，故來此算。今聽你算的有救死不了，我們就放心了，他兩個哥哥正爲此打官司。我叫王永山，是本市人，請到家吃飯吧。」說完就把五元錢塞到我手裏。我說王師傅，我不是來掙錢的，錢還是你拿去吧，把錢又塞回老人手裏就走了。事後西安法制報登此案，案犯判死緩兩年。

1、世爻亥水與應爻午火官鬼相克，官鬼午火得地，臨日建，亥水子孫休囚之地無力，反受午火官鬼之克，故是官災。

2，諸書有「水囚於辰戌丑未月」，今世爻子孫亥水囚於月建未土，因是子孫爻，故爲兒子坐牢。

3、勾陳動克世亥水，主牢獄之災。

4、兩卦都是土，臨月建日生，重克子孫亥水，是死兆。

5、兄弟申金爻處冠帶之地，又臨動爻，生世亥水，是有救之象。

(5)1985年12月31日下午3時，張成先生知道我曾算準了12月28日世界明星聯隊與我女排比賽的結果，說：「邵叔叔，世界明星聯隊今在上海與我女排再次比賽，你測一測誰勝誰負。」得《履》卦 ☰ 之《兌》。

主卦：《履》	動卦：《兌》
兄弟戌土 ▬	父母未土 ▬▬ 世
子孫申金 ▬ 世	兄弟酉金 ▬
父母午火 ▬	子孫亥水 ▬
兄弟丑土 ▬▬	父母丑土 ▬▬ 應
官鬼卯木 ▬ 應	妻財卯木 ▬
父母巳火 ▬	官鬼巳火 ▬

1、世爻子孫申金爲我女排，居五爻君位，得正得中，雖然死於月建子水，是不利之象，但得日辰和上九戌土動來生世，是敗中轉勝之象。

2、應爻官鬼卯木是明星聯隊得子水月建之助，是有力之象，故今日之比賽28號那場打得較頑强，是先勝後敗之勢。

3、卯木明星隊，雖臨月建，但處旬空之地，空，事無成，又世爻申金福神克之，必敗無疑。所以我隊是轉敗爲勝。

當第五場明星有八個球，我隊只有二個球時，張成對我說：「邵叔，你把卦看錯了吧，再測一測？」我說：「不用測，我已經寫在紙上了，我隊必轉敗爲勝！」果如我測。

(6)1987年1月23日，譚家鄉張忠誠先生來求測後運，據其生時得《無妄》䷘之《履》卦。

主卦：《無妄》	動卦：《履》	六神
妻財戌土 ▬	兄弟戌土 ▬	螣蛇
官鬼申金 ▬	子孫申金 ▬ 世	勾陳
子孫午火 ▬ 世	父母午火 ▬	朱雀
妻財辰土 ▬▬	兄弟丑土 ▬▬	靑龍
兄弟寅木 ▬▬	官鬼卯木 ▬ 應	玄武
父母子水 ▬ 應	父母巳火 ▬	白虎

我看了卦首先對他說：「你的婚姻很不順，已離過一次，今年又得離，時間在二、三月份。」張說我們現在確實又不合，看第二次離是不可免的，後果於陰曆三月離婚。

1、乾爲金爲體處旺地，震木爲妻處死地，又化兌金回頭克之，必婚上有災；又靑龍木臨妻爻主克妻。

2、世應相沖克主婚不順不吉之象。

3妻財二化兄弟，是劫妻之象。

4、兄弟寅木動而化進爲卯木，也是劫妻克妻之兆；又卯木臨太歲克妻，故今年必離。

(7)1986年12月8日，我廠寬紅女士來測懷孕，得《姤》卦䷫之

《坤》。

主卦：《姤》	動卦：《坤》	六神
父母戌土 ━	子孫酉金 ━━ 世	青龍
兄弟申金 ━	妻財亥水 ━━	玄武
官鬼午火 ━ 應	兄弟丑土 ━━	白虎
兄弟酉金 ━	官鬼卯木 ━━ 應	螣蛇
子孫亥水 ━	父母巳火 ━━	勾陳
父母丑土 ━━ 世	兄弟未土 ━━	朱雀

1、一卦之中五爻都動主事不順。

2、父母丑土世爻無合，子孫亥水又受月建之克，未懷孕。

3、子孫爻亥水囚於月建，墓於日辰，又化巳火爲絕地，勾陳動克子孫，是不吉之象。

4、父母世丑土化未土，爲化沖，懷孕受沖，不吉之象，87年正月懷孕，恐六月難過關口。

根據上述情況，我對她說，87年最好不要孩子。後又遇其公婆，我說你們的兒媳婦最好今年不懷孕爲佳，否則難保。後果於正月懷，六月早產嬰兒夭折。

(8)1987年7月23日，我回湖北老家，堂妹兵華要我爲其測運。得《旅》卦 ䷷ 之《遯》。

主卦：《旅》	動卦：《遯》
兄弟巳火 ━	父母戌土 ━
子孫未土 ━━	兄弟申金 ━ 應
妻財酉金 ━ 應	官鬼午火 ━
妻財申金 ━	兄弟申金 ━
兄弟午火 ━━	官鬼午火 ━━ 世
子孫辰土 ━━ 世	父母辰土 ━━

1、世爻辰土受太歲卯年之克，今年定有一災。

2、內卦兄弟午火化進又是午火，必有手腳之傷。

3、世辰土臨火宮，又化出世爻午火，一片火地，爲生身太過，現月建丁火旺地，諸書有「旺太過，災也」。

4、世爻辭曰：「旅瑣瑣，斯其所取災。」《周易大傳今注》有「離其居，結果招至災難。」

根據上述情況，我告訴她：「你近期少出遠門爲好，特別你家的南邊不要去，防傷災之事。」果因7月末去南邊黃石市賣瓜，腳被汽車壓傷，住院。

(9)1987年10月29日，劉菊香女士來說，母年高近得重病，老人說自己不行了，要求洗腳好走，姐妹們聽之很急，故求測走否？得《乾》卦 ䷀ 之《履》。

主卦：《乾》	1、卦遇比和勿藥有喜。
父母戌土 ▬ 世	2、此爲六沖卦，近病逢沖則癒。
兄弟申金 ▬	3、今寅日測得《乾》卦，應爻父母
官鬼午火 ▬	辰土旬空，後天出空即癒。
父母辰土 ▬ 應	
妻財寅木 ▬	
子孫子水 ▬	

我安慰小劉說：不用急，不但死不了，後天準好。果如所測，辰日早病癒下床，晚上還吃一碗餃子。

(10)1988年3月3日，中國氣功協會，張震寰理事長來信，叫我測一下上海甲性肝炎傳染病何時好轉，搖得《同人》卦 ䷌ 之《遯》。

主卦：《同人》	動卦：《遯》
子孫戌土 ▬ 應	父母戌土 ▬
妻財申金 ▬	兄弟申金 ▬ 應

兄弟午火 ▬	官鬼午火 ▬
官鬼亥水 ▬ 世	兄弟申金 ▬
子孫丑土 ▬▬	官鬼午火 ▬▬ 世
父母卯木 ▬	父母辰土 ▬▬

「測病的官鬼爻為用」（《黃金策》）。

1、官鬼亥水處死地，又受戌土子孫福神克之，現卯與戌合，官鬼無制，三月辰土沖起戌土，必克住官鬼。又辰月為鬼之墓地，水鬼之入墓，鬼入墓不為害，四月處絕地。因此我立即寫信給張理事長報告預測結果：三月份得到控制，四、五月一定會好。不久中央台廣播上海肝炎得到控制。

⑾88年6月10日，我廠任敬仙師傅，求我測其子參加市上考工，問能考上否？得《噬嗑》卦 ☲☳ 之《頤》。

主卦：《噬嗑》　　**動卦：《頤》**

主卦：《噬嗑》	動卦：《頤》
子孫巳火 ▬	兄弟寅木 ▬
妻財未土 ▬▬ 世	父母子水 ▬▬
官鬼酉金 ▬	妻財戌土 ▬▬ 世
妻財辰土 ▬	妻財辰土 ▬▬
兄弟寅木 ▬▬ 應	兄弟寅木 ▬▬
父母子水 ▬	父母子水 ▬ 應

1、以官鬼酉金為用神，今用神得世未土財爻相生，用神子臨長生月建，是吉而又吉。

2、用神化財戌土爻回頭生，是得利之象。故定能考上。果中考錄用。

⑿常蘭居士因女兒在外工作，原說十天就回，今半月未見回來，故求測，得《泰》卦 ☷☰ 。

主卦：《泰》　　　　子孫酉金為用神，

子孫酉金 ▬▬ 應	世應相合，今本想回來，因事絆住
妻財亥水 ▬▬	，明是戌日，戌土沖開辰土即回。
兄弟丑土 ▬▬	果因事絆住，第二天回。
兄弟辰土 ▬▬▬ 世	
官鬼寅木 ▬▬▬	
妻財子水 ▬▬▬	

八卦的斷卦法甚多，還有互卦、變卦、卦身等。就不一一列舉。

八卦本來是用於信息預測的工具，像公用電話機一樣，好人也用，壞人也用。根本不存在甚麼「好人測得凶卦也是吉，壞人測得吉卦也是凶」。而是求測者所要辦的事，符合不符合客觀條件，順不順陰陽之理，再一個就是一個人本身儲存着甚麼樣的信息，就會得甚麼樣的信息，這在人的出生時間天干地支的排列中就可以看出。正如醫生用愛克斯光透視一樣，發現你哪個部位有先天性不足，到時一定會得甚麼病，是一樣的道理。用八卦測信息，也像診病一樣：事吉就辦，事凶就不幹，不幹自然會無災。八卦所測之事，只要卦技高，都能百發百中。至於為甚麼能如期應驗，我在《八卦與信息》中說過，是「千古之謎」。

《周易》是以八卦為主體，以六十四卦而成書，以信息預測而聞名，以有寶貴的科學價值而流傳至今，以有神奇深奧的理論而為世人所重視，以其對人類的重大貢獻而為世人所欽佩和崇拜……這是中華民族的驕傲和自豪。但不幸的是，八卦用於信息預測的方法和我國的四大發明的遭遇一樣，是「牆內開花牆外香」：外國人視為至寶，稱為科學皇冠上的明珠；而我們自己，卻把它打成「封建迷信，唯心主義」，長期打入冷宮，禁錮起來，乃致數十年來無人敢過問，更無人敢研究，無人敢宣傳。有些研究八卦預測學的人，輕者被批判鬥爭，重者打成反革命投入監牢。這種自己不相信自己，不尊重自己，不尊重事實，不尊重科學的悲劇，實在愧對我們的祖宗！這哪裏還談得上「百花齊放，百家爭

鳴」的方針！

關於「卦象生克所主之事」，《梅花易數》中也有論述，現錄入本節（見下文），供預測時應用。事實證明它是正確的。

五、卦象生克所主之事

1、生體之卦

乾卦生體：主公門中有喜益，或功名上有喜，或因官有財，或問訟得理，或有金寶之利，或老人上進財，或尊長惠送，或有官貴之喜。

坤卦生體：主有田土之喜，或因田土進財，或得鄉人之利，或得陰人之利，或有果穀之進，或有布帛之喜。

震卦生體：主有山林之益，或因山林得財，或進東方之財，或因動中有喜，或木貨交易之利，或因草木姓氏人稱心。

巽卦生體：亦主山林之益，或因山林得財，或於東南得財，或因草木人而進利，或以茶果得利，或茶果蔬菜饋送之喜。

坎卦生體：有北方之喜，或受北方之財，或水邊人進財，或因點水人稱心，或因魚鹽酒貨文書交易之利，或有饋送魚鹽酒之喜。

離卦生體：主有南方之財，或有文書之喜，或有爐冶場之利，或因火姓人而得財。

艮卦生體：有東北方之財，或山田之喜，或因山林田土獲財，或代土人之財，財物安穩，事有始終。

兌卦生體：有西方之財，或喜悅事，或食物貨利金玉之源，或金音之人，或市口之人欣逢，或主賓之樂，或朋友講習之喜。

2、克體之卦

乾卦克體：主有公事之憂，或門戶之憂，或有財寶之失，或於金、穀有損，或有怒於尊長，或得罪於貴人。

坤卦克體：主有田土之憂，或於田土有損，或有小人之害，或有陰人之侵，或失布帛之財，或喪穀粟之利。

　　震卦克體：主有虛驚、常多恐懼，或身心不能安靜，或家宅見災，或草木姓氏人相侵，或於山林有所失。

　　巽卦克體：亦有草木姓氏人相害，或於山林生憂，謀事乃東南方之人，忌婦人之害、小口之厄。

　　坎卦克體：主有陰陷之事，或盜匪之憂，或失意於水邊人，或生災於酒店，或點水人相害，或北方人見殃。

　　離卦克體：主文書之憂，或失火之驚，或有南方之憂，或火人相害。

　　艮卦克體：諸事多逆，百謀中阻，或有山林田土之失，或代土人相侵，防東北人之禍害，或憂墳墓不甚安穩。

　　兌卦克體：不利西方，主口舌之事糾紛，或常口人相侵欺，或有毀折之患，或因飲食而生憂。

第四節　古例解

　　運用八卦預測信息的卦例，古代有大量的記載，它不僅是寶貴的信息資料，也是難得的歷史記載。從記載中，我們可以看到，古人在解卦時：有的用卦辭定凶吉；有的根據卦象定吉凶；有的則按卦理來定凶吉；有的以卦之變爻辭定吉凶；有的還用兩卦互含文義定吉凶；也有結合實際情況定吉凶。

　　漢朝的京房則用取用神法，按五行生克定吉凶；宋朝邵康節按卦象五行生克定吉凶。從上所述可以看出，由於起卦的方法的改進，斷卦的方法也隨之改進，這是社會不斷向前發展、科學技術不斷進步、人的思維能力不斷提高的結果。

　　我國記載占卜方面的史書很多，如《左傳》、《國語》、《周語》、《殷虛契前篇》、《周易輯聞附筮宗》、《周易古筮考》、《論衡・卜

筮篇》等。對於這些寶貴的、真實的歷史占例，歷代學者都十分重視對它的研究，並為其占卜的靈驗感到吃驚。如我國易學家李鏡池先生在他著的《周易探源》中說：「春秋時代的卜官之流，所占又那麼靈驗，難道他們竟是信口開河、適逢巧合嗎？當然不是。」「從《左傳》、《國語》所載的來看，所筮之事，實在靈驗極了。」八卦過去能測準信息，現在照樣能測準，古代能用，現在照樣有實用價值。為了幫助大家了解斷卦方面的知識，現選有關古例供大家共同研究。

1、《國語·周語》：晉成公流亡於周。當成公由周歸晉的時候，晉人為此占了一卦看其吉凶。當時占的《乾卦》☰☰變《否》卦☷☰。因乾卦卦詞是「元亨利貞」，否卦卦辭是「否云匪人、不利君子貞，大往小來。」所以晉人按乾、否兩個卦象斷為「配而不終，君三出焉」。

乾為天為君，上卦之乾為天，下卦之乾為君，有國君配天之象，這是吉。但是，乾的下卦由乾變成坤，就是君變為臣，故「配而不終」。下卦三陽爻變為三陰爻，所以「君三出焉」。

2、《國語·晉語》：重耳（晉文公）想回國當國王，親自用《周易》占了一卦，得《屯》之《豫》卦。《屯》卦的卦辭是「元亨利貞，勿用，有攸往，利建侯」。《豫》卦辭是「利建侯行師」。一筮史斷為不吉，「閉而不通」。其因是《屯》卦震在坎下，震為車，坎為陷，有行不通之象。司空季子曰：「吉。是在《周易》，皆利建侯，不有晉國，以輔王室，安能建侯？我命筮曰：『尚有晉國』，筮告我曰，『利建侯』得國之務也。吉孰大焉？震，車也；坎，水也；坤，土也；屯，厚也；豫，樂也。車班外內，順以訓之，泉原以資之，土厚而其樂實，不有晉國何以當之？……」他認為重耳是得做侯的象徵，歷史證明他斷對了。

3、《左傳·昭公元年》：「晉侯求醫於秦，秦伯侯醫視之，曰：『不可為也』，是謂近女室，疾如蠱……。』趙孟曰：『何為蠱？』對曰：『淫溺惑亂之所生也……在《周易》，女惑男、風落山謂之蠱。」這是醫生

用《蠱》卦 ䷑ 來解釋疾病。《蠱》卦是艮爲少男，巽爲長女，是女惑男之象。艮爲山，巽爲風，是風吹落山木之象，因此斷晉侯的病是男女之事引起的。爲了證明醫生當時斷的準確，我們用六爻看其病因：

蠱卦	六神
兄弟寅木 — 應	螣蛇
父母子水 --	勾陳
妻財戌土 --	朱雀
官鬼酉金 — 世	青龍
父母亥水 —	玄武
妻財丑土 --	白虎

卦中酉金爲己身，戌土、丑土都爲妻，都與酉金相合，一男二妻。又青龍臨鬼，爲貪色過度。所以醫生用《蠱》卦爲晉侯斷病，斷得準確無誤。

4、《左傳‧襄公九年》：魯成公之母穆姜與大夫僑如通姦，他們密謀要廢成公之位，結果陰謀失敗。穆姜被打入冷宮時，想知命運如何，用《周易》占了一卦。遇《艮》卦之《隨》。史官棄主卦不用，而以《隨》有「隨，無故也」，勸穆姜逃走。穆以《隨》「元亨利貞，無咎」之義說，我不夠元亨利貞之德，我一個婦人，作事害身，自取其惡，亂國害民，怎會無災，怎逃得出去，必然死於此。後果如此。

從卦象來講，艮爲山，爲土，不動之象，故走不了，這是其一；其二，一個卦中，五個爻都動，內外都動，動爻多，本身主事不順；其三，《隨》外卦爲兌金，爲用，內爲震木爲體，是用克體，凶。（編按：此例之分析亦見本書第124頁。此例說明斷卦時要看事物的本質，深入分析，不可膚淺地只看表面或片面單看爻辭之吉凶。因它涉及斷卦之根本原則問題，故再次引用，讀者宜多推敲之。後文逢一例重複出現者，皆因含有要義，不再一一指出，請讀者留意。）

5、《左傳·宣公六年》：王子伯廖告人曰：「無德而貪」，用《周易》《豐》卦的上六爻辭「豐其屋，蔀其家，窺其戶，闐其無人，三歲不覿」斷定鄭公子曼滿必遭殺身之禍。這爻辭說明，屋無主人，門庭冷落，三年不見人了。

6、《論衡·卜筮篇》：子貢占魯將伐越，筮之「鼎折足」，足斷而難行走，故斷爲凶。孔子認爲吉，說「越人水居，行用舟，不用足」爲吉，魯國伐越國，果斷取勝。此例是按《鼎》卦九四爻辭斷的。按卦象講，《鼎》卦是離爲用，巽爲體，是體生用，有耗損，但變《蠱》卦，艮土爲用，巽木爲體，是體克用，爲魯勝，可見孔子卦技高超。

第五節　實用例解

我運用八卦進行信息預測中積累了一些實例，現選用有關例題，供學習和研究時參考。

一、預測行人

1、1983年10月19日申時，我廠老孟說其妻外出一月多，無音無訊，要求預測吉凶和何時回來。得《履》卦 ䷉，我對孟講：「你妻子去西南方向，在外遇口舌，但平安無事，如果第五天不回來，就有信來，就回來。」

第五天下午2點鐘，老孟又來找我說其妻沒回來，又未見信。我說你不用急，回去等消息吧。下午3點多鐘接到從成都發來的電報，叫他第二天去火車站接她。孟妻回來說，因和派出所發生口舌，晚回來一天。

解：西南：用爲兌，兌爲西；互中有離，離爲南，故西南方。在外遇口舌：兌爲口舌。平安：比和之卦。五天者，即乾一，兌二，動卦二，即1＋2＋2＝5。有信息來：離爲電，有「訊」義。

2、1987年4月我在北京舉辦的全國第四期《易經》研習班講課期間，於4月13日下午課間休息時，張立敏研究員說：「邵老師：我有一個同事要出差，看何時能走？」得《艮》卦☶☶。我對她說：「七天半之內走不了」「對！他準備20號走。」在場人無不驚訝！

解：艮為山為土，為止，不動之象；艮為七，初爻為一，(7＋7＋1)÷2＝7.5，所以七天之內走不了。

二、失物

1、1983年12月30未時，冉德田先生在自由市場丟了自行車，問能找回來否？得《坎》卦☵☵。根據卦象，錯騎可能性大，我對他說：「車子丟不了，今晚九點前一定能找到。」他當時想，大年三十，派出所、保衛部都放了假，小偷既偷走，就不會送回。後果當晚九點前有人因騎錯了車而送回來了。

解：坎為輪，輪，車也，兩坎相重有兩車相同之象，故有錯騎，丟不了：卦逢比和「物不失」。晚上九點前回：坎6，動2，即(6＋6＋2)÷2＝7也就是從下午2點至晚上9點，正好是7個小時。

2、王雙銀先生說1987年11月10日卯時，自行車放在門口被偷，問能找回來？得《姤》卦☰☴。因卦逢用克體，我說找不着，至今未找到。

解：用為乾金，體為巽木，故是「用克體，物不可尋。」

三、疾病

1、1984年7月9日亥時；范女士問其母何病和吉凶，得《姤》卦☰☴，我對她說：「病在腹；難過八月。」後果因子宮癌死於八月。

解：巽為木、為體、為病，故病在腹部，乾為用、為金，金旺於月建，巽為體為木，木處死地而受克，金旺於七、八月，故死於八月。

2、1987年10月29日，劉菊香來說：母年高近得重病，老人說自己

不行了，要求洗腳好走，姐妹聽了很急，故求測走否？《乾》卦☰☰。我看了卦象，安慰小劉說：「不用急，不但死不了，後天準好。」果如所測，辰日早病癒下牀，晚上吃一碗餃子。

解：卦遇「比和，勿藥有喜」：此應六沖卦，「近病逢沖則癒，又《乾》九三日……厲，無咎」，無咎則無危險。

四、工傷

1、觀梅占：「辰年十二月十七日申時，康節先生偶觀梅，見二雀爭枝墜地。起卦爲《革》卦☱☲之《咸》，互見乾巽，故斷明晚有女折花，園丁不知而逐之，女子驚墜失地，遂傷其股，而不至凶危。後果如此。

解：兌爲金爲體，離爲火爲用而克之，互中巽木生離火，克體之卦氣盛，兌爲少女，因知女子傷。互中乾爲金爲老人，巽爲股，故老人逐之而傷股。但幸離變艮土生兌金，因此不至於危險。

2、陝西電視台的盧穎小姐，是我於1986年12月13日會見日本代表團時認識的。當時叫我給她測運時，得《坤》卦☷☷之《巽》。又根據她四柱中辰土多，我告訴她1987年有破身之災，時間在上半年，特別是三、四月間（陰曆三月份）不要去西北方向，否則後果不堪設想。後她因工作，1987年3月去西北方向，結果因車禍受傷無救而死。

解：坤卦爲土，化巽木回頭克主凶；《坤》上六世爻辭曰：「……其血玄黃。」就是流血多，也是凶兆。世爻酉金臨卯日爲日破，又化卯木，故1987年有破身之災，根據四柱辰土多，三月又是辰土旺地，去西北有辰戌相沖之故，所以中途撞車而死亡。

3、1986年3月17日，我廠馬師傅測運時，得《無妄》卦☰☳之《隨》。我對他說：「你今年九月注意防災，特別注意傷災。」果因九月騎摩托車而翻車，受重傷住醫院。

解：《無妄》卦有小心謹愼之義，妄動有災。如「上九，無妄行，

有眚，無攸利」。（編按：此爻辭多數版本斷句爲「無妄，行有眚，無攸利。」但從本書作者解此卦的實例看，當以《周易通義》之斷句爲準確。「攸」，所也。「無攸利」即無所利，意猶「不順利」。）《周易通義》注：「『無妄行！有眚』。文中有省辭，意即不要妄行，如果妄行則有災殃。」此人買了新摩托，就是得意妄行而受傷。第二是主卦和動卦都是用金克體震木，而九月正是金旺木衰之時。第三，按六爻，卦中鬼化鬼，兄化兄，必有傷。又午火持世，火墓於戌，故九月有傷災之事。

用八卦預測工傷之事，一是看《周易》中有關論傷的卦，如《夬》、《咸》、《豐》、《壯》、《明夷》等卦，如《明夷》卦，「夷者，傷也」，《豐》九三有「……折其右肱，無咎」。第二是看用克體和卦化回頭克；第三是看六爻中凡是鬼化鬼、鬼化兄、兄化兄、兄化鬼都是有手腳之傷。我在預測工傷時，大多用六爻爲主。

用八卦進行信息預測的范圍很多，用六爻測的事情較細而具體。比如測自然災害，六爻講的面就較廣。這個問題我在1987年2月出席國際《周易》學術討論會時寫的《八卦與信息》一文中列舉了十個方面的實例。如其中有「預測自然災害」一項有這樣一個實例；現排六爻如下：

1986年12月19日上午9點30分，西安東南方出現五個太陽，故測得《師》卦 之《坤》。

主卦：《師》	動卦：《坤》	六神
父母酉金 ▬▬ 應	子孫酉金 ▬▬ 世	青龍
兄弟亥水 ▬▬	妻財亥水 ▬▬	玄武
官鬼丑土 ▬▬	兄弟丑土 ▬▬	白虎
妻財午火 ▬▬ 世	官鬼卯木 ▬▬ 應	螣蛇
官鬼辰土 ▬▬▬	父母巳火 ▬▬	勾陳
子孫寅木 ▬▬	兄弟未土 ▬▬	朱雀

當時我根據卦象爻斷1987年我國有如下災情：

①《師》卦「以一陽統五陰，有大將帥師之象」(《周易淺述》)，又《師》卦主戰爭之事。因此，1987年國家仍有國土相爭之患，坤爲西南，爲外境，西南還有新的戰火升起。故中國抗擊越南侵略，印度內部也有戰火。

②五爻兄弟亥水居之，兄爲劫財之神，故1987年有耗財之患，時間在四、五月可見。所以東北森林火災等。

③「二爻官鬼，一年多災」，故1987年國家自然災害和其他災害多。

④玄武臨財，1987年刑事犯罪有增無減，特別盜賊猖狂。

⑤五陽爲火（指五個太陽），陽氣過盛，從天時講，恐今後有天旱之患……。因此，1987年乾旱面積大。

⑥《師》變《坤》而重疊，坤爲陰，爲小人，故1987年西南方恐有騷亂之事生起，或巨大事件造成血司。後來果然於1987年10月2日、3日，西藏有少數人搞分裂國家的騷亂及破壞活動。又飛機墜毀重慶，火車在貴州地顛覆，都是87年之事。

至於飛機墜毀，火車顛覆，《師》卦中已有示。如《師》中五爲《復》卦 ䷗。坤爲輿，輿，車也，坤爲土爲體，震爲木爲用，故木克坤土，車翻也。又震爲龍，龍行天空，有飛之象。今坤土在上震木在下，故有飛機墜入地下之災。所以，西藏事件，飛機墜毀，火車顛覆，都屬巨大事件，不僅流血死人，而且都牽連到官司之事。

第六節　預測心法十八訣

信息預測範圍極廣，不可能一一舉例解釋，現將古人實踐經驗概括爲十八項目，授訣於下，欲學預測者宜熟習之：

一、天時

凡測天時，不分體用。全觀諸卦，詳推五行：離多主晴，坎多主雨，坤乃陰晦，乾主晴明。震多則春夏雷轟，巽多則四時風烈。艮多則久雨必晴，兌多不雨則陰。夏占離多而無坎，則亢旱炎炎。冬占坎多而無離，則雨雪飄飄。

全觀諸卦者，謂互變卦。五行謂離屬火，主晴，坎爲水，主雨。坤爲地氣主陰，乾天主晴明。震爲雷，巽爲風，秋冬震多無制，亦有非常之雷。有巽佐之，則爲風撼雷動之應。艮爲山雲之氣，若雨久得艮則雨止。艮者止也，亦土克水之義。兌爲澤，故不雨則陰。

夫以造化之辨因難測，理之妙亦可憑。是以乾象晴天，四時晴明。坤體乎地，一氣慘然。乾坤兩同，晴雨時變。坤艮兩並，陰晦不常。卜數有陰有陽，卦象有奇有偶，陰雨陽晴，奇偶暗重。坤爲老陰之極，而久晴必雨。陰氣而久雨必晴。若逢重坎重離，亦日時晴時雨。坎爲水，必雨，離爲火，必晴。乾兌之金，秋明晴，冬雨凓冽。坤兌之土，春雨澤，夏火炎蒸。易曰，雲從龍，風從虎。又曰，艮爲雲，巽爲風。艮巽重逢，風雲際會，飛砂走石，蔽日藏山，不以四時，不必二用。坎在艮上布霧與雲，若在兌上，凝霜作雪。乾兌爲霜雪散，離爲火爲日電虹霓。震爲雷，離爲電，重會而雷電俱作。坎爲雨，巽爲風，相逢而風雨驟興。震卦重逢雷驚百里，坎爻疊見，潤澤九垓。故卦體之兩逢，亦爻象之總斷。

地天泰，水天需，昏蒙之象。天地否，水地比，黑暗之垓。八純離夏必旱，四季皆晴。八純坎，冬必寒，四季多雨。久雨不晴，逢艮必止。久晴不雨，得此亦然。又若水火既濟，火水未濟，四時不測風雲。風澤中孚，澤風大過，三冬必然雨雪，水山蹇，山水蒙，百步必須執蓋。地風升，風地觀，四時不可行船。離在艮上，暮雨朝晴。離互艮宮，暮晴朝雨。巽坎互離，虹霓乃見，巽離互坎，造化亦同。又須推測

四時，不可執迷一理：震離爲電爲雷，應在夏天。乾兌爲霜爲雪，應在冬月。天地之理，大矣哉。理數之妙，至矣哉。得斯文者，當敬寶之。

測天氣時，必看主卦、互卦、變卦。三卦中，離多主晴，坎多主雨，巽多主風……我國國土之大，一日之中無處不雨無處不晴，故以一卦定全國各地之晴陰，顯然不準。因此，測天氣預報時，必在年、月、日中加上地名筆畫數作爲上卦，加時數爲下卦。地名必以繁體字爲準，「廣洲」是20數，北京13數。如此得出各地不同卦象，才能斷準各地天氣。

二、人事

人事之測，詳觀體用。體卦爲主，用卦爲賓。用克體不宜，體克用則吉。用生體有進益之喜，體生用耗失之災。體用比和謀爲吉利。更詳觀互卦、變卦，以斷吉凶。復究盛衰，以明庥咎。

人事之占，則以全體用總章，同決吉凶。若有生體之卦，即看前章八卦中，生體之卦有何吉；又看克體之卦，有何凶，即看前章克體之卦；無生克，只斷本卦。

三、家宅

凡測家宅，以體爲主，用爲家宅。體克用，則家宅多吉。用克體，則家多凶。體生克，多耗散。或防失盜之憂。用生體，多進益，或有饋送之喜。體用比和，家宅安穩。如有生體之卦，即以前章人事占斷。

四、屋舍（此占卜建創之吉凶）

凡測屋舍，以體爲主，用爲屋舍。體克用，居之吉。用克體，居之凶。體生用，主資財冷退。用生體，則門戶興隆。體用比和，自然安穩。

五、婚姻

測婚以體爲主，用爲婚姻。用生體，婚易成或因婚有得。體生用，婚難成，或因婚有失。體克用可成，但成之遲。用克體，不可成，成亦

有害。體用比和，婚姻吉利。

測婚，體爲所占之家，用爲所婚之家。體卦旺則此家門戶勝。用卦旺，則彼家資盛。用生體，則得婚姻之財，或彼有相就之意；體生用則無嫁妝之資，或此去求婚方諧。若體用比和則彼此相就，艮配無疑。

乾端正而長。坎邪淫黑色，嫉妒奢侈。艮色黃多巧。震美貌難犯。巽髮稀少疏，醜陋必貪。離短赤色，性不正常。坤貌醜，大腹而黃。兌高長，語話喜悅，白色。

六、生產

測生產以體爲母，用爲生。體用俱宜乘旺，不宜乘衰，宜相生，不宜相克。體克用不利於子，用克體，不利於母。體克用，而用卦衰，則子難保。用克體，而體卦衰，則母難保。用生體，易於母。體生用，易於生。體用比和，育順快。若欲辨其男女，當於前卦審之；陽卦陽爻多者，則男生。陰卦陰爻多則生女。陰陽卦爻相生，則察所占左右之人之奇偶以證之。如欲決之其日辰，則以用卦之氣數參決，日期用卦之氣數者，即看何爲用卦，於八卦卦體時序之類決之。

七、飲食

凡測食，體爲主，用爲飲食。用生體，飲食必豐。體生用，飲食難就，飲食有阻。用克體，飲食必無。體用比和，飲食豐足。又卦中有坎，則有酒。有兌則有食。無坎無兌，則皆無。坎兌生身，酒醉肉飽。欲知所食何物，以飲食推之。欲知席上何人，以互卦人事推之。

飲食人事者，則前八卦內，萬物屬類是也。

八、求謀

測求謀以體爲主，用爲所謀之應。體克用謀雖可成，但成遲。用克體，求謀不成，成亦有害。用生體，不謀而成。體生用，則多謀少遂。體用比和，求謀稱意。

九、求名

凡測求名，以體爲主，用爲名。體克用名可成，但成遲。用克體，名不可成。體生用，名不可就，或因名有失。用生體、名易成，或因名有得。體用比和功名稱意。欲知名成之日，生體之卦氣詳之。欲知職任之處，變卦方道決之。若無克體之卦，則名易就，只看卦體時序之類以定日期。若在任占卜，最忌見克體之卦。如卦有克體者，則居官見禍。輕則上責罰，重則削官退職。其日期，克體之卦氣者，於八卦萬物所屬時序類中斷之。

十、求財

測求財，以體爲主，以用爲財。體克用有財，用克體無財。體生用，則有損耗之憂。用生體，則有進益之喜。體用比和，財利快意。欲知得財之日，生體之卦氣定之。欲知破財之日，克體之克氣定之。

又若卦中有體克用之卦，及生體之卦，則有財。此卦氣即見財之日。若卦中有克體之卦，及體生用之卦，即破財，此卦氣則破財之日。

十一、交易

測交易以體爲主，用爲交易之應。體克用，交易成遲。用克體，不成。體生用難成，或有交易之失。用生體即成，成必有財。體用比和，易成交易。

十二、出行

出行以體爲主，用爲所行之應。體克用，可行，所至多得意。用克體，出則有禍。體生用，出行有破耗之失。用生體，有意外之財。體用比和出行順快。

又凡出行，體宜乘旺，諸卦宜生體。體卦乾震多主動，坤艮多主不動，巽宜船行，離宜陸行，坎防失脫，兌主糾紛之應。

十三、行人

測行人，以體爲主，用爲行人。體克用，行人歸遲。用克體，行人不歸。體生用，行人未歸。用生體，行人即歸。體用比和，歸不日矣。

又以用卦的行人之盈旺，逢生在外順快，逢衰受克在外災殃。震多不寧，艮多有阻，坎有險難，兌主糾爭之應。

十四、謁見

測謁見，以體爲主，用爲所見之人。體克用，可見。用克體，不可見。體生用，難見，見之而無益。用生體，可見，見之有得。體用比和，歡然相見。

十五、失物

測失物，以體爲主，用爲失物。體克用，可尋，遲得。

用克體，不可尋。體生用，失物難見。用生體，物易尋。體用比和物不失。

又以變卦爲失物所在。如變乾，則是覓於西北，或公廁，樓閣之所，或金石之旁，或圓器之中，或高亢之地。變卦是坤，則覓於西南方，或田野之所，或倉庫之處，或稼穡之處，或土窖穴藏之所，或倉庫方器之中。震則尋於東方，或山林之所，或叢棘之中，鐘鼓之旁，或鬧市之地，或大途之所。巽則尋於東南方，或山林之所，或寺觀之地，或菜蔬之園，或舟車之間，或木器之內。坎尋於北方，多藏水邊，或溪井淘渠之所，或酒醋之邊，或魚鹽之地。離則尋於南方，或爐廚之間，或爐之旁，或在明窗，或遺虛室，或在文書之側，或在烟火之地。艮則尋於東北方，或山林之內，或近路旁，或岩石旁，或藏在土穴。兌則尋於西方，或居澤畔，或敗垣破壁之內，或廢井短沼之中。

十六、疾病

凡測疾病以體爲病人，用爲病症。體卦宜旺不宜衰。體宜逢生，不宜見克。用宜生體，不宜克體。是故體克用，病易安。體生用，病難癒。體克用者，勿藥有喜。用克體者，雖藥無功。若體逢克而乘旺，猶爲庶幾。體遇克而更衰，斷無存日。欲知凶中有救，生體之卦存焉。體生用者遷延難癒。用生體者，即癒。體用比和，疾病易安。若究和平之

候，生體之卦決之。若見危厄之期，克體之卦決之。若論藥之屬，當審生體之卦。如離卦生體，宜服熱藥。坎卦生體，宜服冷藥。如艮溫補，乾兌涼藥。

十七、官訟

測官訟以體為主，用為對辭之人，與官訟之應，體卦宜旺，用卦宜衰。體宜用生，不宜生用，用宜生體，不宜克體。是故，體克用者，己勝人，用克體者，人勝己。體生用，非為失理，或因官有所喪。用生體，不止得理，或因訟有所得。體用比和，官訟最吉。非但扶持之力，必有主和之義。

十八、墳墓

測墳墓以體為主，用為墳墓。體克用，葬之吉。用克體，葬之凶。體生用，葬之冷退。用生體，葬之主興隆，有蔭益後嗣。體用比和永為吉地，大宜安葬，葬之吉昌。

又用體之決，始以十八章占例，以示後學之法。

日常生活中，所要測的事情很多，不一一詳述。以上《預測心法十八訣》原見《梅花易數》，供讀者學習研討之參考，宜熟習之。

下篇

六爻預測法

第六章 納甲

第一節 搖卦法

本書上篇講過，用八卦預測信息的方法很多，六爻預測法，是我國的大宗之法。六爻預測的起卦方法，最主要是搖卦法，就是以三個麻錢，用雙手合扣，共搖六次而成卦。

搖卦時，首先將三個銅錢（乾隆錢最佳）平放於手心，兩手合扣約一分鐘，使銅錢電磁場和人身的電磁場相通。天下之事無不從心動，心動信息則發。所以腦子只准專想所要預測之事，此爲集中意念，向外發信息。只有問事人的意念集中，銅錢才能通過信息反饋，正確地，眞實地反映出銅錢的陰陽排列。銅錢共搖六次，並記下每一次的爻象。

銅錢的用法，有字的一面爲交，無字的一面爲背。三個銅錢中只有一個背，則記爲「、」，爲單爲陽；有兩個背記爲「、、」，爲拆爲陰；三個背畫一圈「〇」，爲重爲陽；三個字記爲「×」，爲交爲陰。

有「〇」的仍爲一點，其爻爲陽爻；有「×」的仍爲兩點，其爻爲陰爻。有「〇」的謂陽動，有「×」的謂陰動。「〇」和「×」爲卦中之動爻。動則有變，陽動變陰，陰動變陽。一卦之中六個爻全動，則全變，六個爻都不動，則不變。一點爲少陽，二點爲少陰；一圈爲老陽，主過去之事；一「×」爲老陰，主未來之事。

圈爲動爻，「×」爲變爻。

現搖一卦爲例：

外	×	上爻	一×	爲交爲陰 ▬ ▬	
	、	五爻	一點	爲單爲陽 ▬▬▬	兌爲澤
卦	〇	四爻	一圈	爲一點爲陽 ▬▬▬	

內	、、	三爻	兩點	爲拆爲陰	--
	、、	二爻	兩點	爲拆爲陰	-- 震爲雷
卦	○	初爻	一圈	爲一點爲陽	—

點卦時，由下至上；排卦名時，由上往下。此卦內卦爲震，外卦爲兌，是金上木下，爲《澤雷隨》卦。

八單卦卦象圖：

乾 ☰ 一點爲單，三個爻俱是單。

兌 ☱ 初爻二爻俱是單，三爻爲拆。

離 ☲ 初爻三爻爲單，二爻爲拆。

震 ☳ 初爻爲單，二爻三爻爲拆。

巽 ☴ 初爻爲拆，二爻三爻俱是單。

坎 ☵ 初爻三爻俱是拆，二爻是單。

艮 ☶ 初爻二爻俱是拆，三爻爲單。

坤 ☷ 二點爲拆，三個爻俱是拆。

由兩個單卦上下重疊組成的卦稱爲「重卦」，共有六十四個。這六十四個卦分爲八組，稱爲「八宮」。每宮內有八個卦，每個卦都有其獨有的卦名。

古人在預測實踐中發現八卦與五行的關係密切，根據實踐經驗，總結出八宮各卦的屬性；同時更發現每卦的六個爻又各有其五行之屬性和蘊含某種信息，此即稱爲「爻象」者。爲方便讀者學習研討，現將六十四卦爻象詳列於後。

第二節　六十四卦爻象全圖　Page 22

乾宮八卦屬金

乾爲天

父母戌土、世
兄弟申金、
官鬼午火、
父母辰土、應
妻財寅木、
子孫子水、

天風姤

父母戌土、
兄弟申金、
官鬼午火、應
兄弟酉金、
子孫亥水、
父母丑土、、世

天山遯

父母戌土、
兄弟申金、應
官鬼午火、
兄弟申金、
官鬼午火、、世
父母辰土、、

天地否

父母戌土、應
兄弟申金、
官鬼午火、
妻財卯木、、世
官鬼巳火、、
父母未土、、

風地觀

妻財卯木、
官鬼巳火、
父母未土、、世
妻財卯木、、
官鬼巳火、、
父母未土、、應

山地剝

妻財寅木、
子孫子水、、世
父母戌土、、
妻財卯木、、
官鬼巳火、、應
父母未土、、

火地晉

官鬼巳火、
父母未土、、
兄弟酉金、世
妻財卯木、、
官鬼巳火、、
父母未土、、應

火天大有

官鬼巳火、應
父母未土、、
兄弟酉金、
父母辰土、世
妻財寅木、
子孫子水、

兌宮八卦屬金

兌為澤

父母未土〻世
兄弟酉金〻
子孫亥水〻
父母丑土〻應
妻財卯木〻
官鬼巳火〻

澤水困

父母未土〻
兄弟酉金〻
子孫亥水〻應
官鬼午火〻〻
父母辰土〻
妻財寅木〻〻世

澤地萃

父母未土〻〻
兄弟酉金〻應
子孫亥水〻
妻財卯木〻〻
官鬼巳火〻〻世
父母未土〻〻

澤山咸

父母未土〻〻應
兄弟酉金〻
子孫亥水〻
兄弟申金〻世
官鬼午火〻〻
父母辰土〻〻

水山蹇

子孫子水〻〻
父母戌土〻
兄弟申金〻〻世
兄弟申金〻
官鬼午火〻〻
父母辰土〻〻應

地山謙

兄弟酉金〻〻
子孫亥水〻〻世
父母丑土〻〻
兄弟申金〻
官鬼午火〻〻應
父母辰土〻〻

雷山小過

父母戌土〻〻
兄弟申金〻〻
官鬼午火〻世
兄弟申金〻
官鬼午火〻〻
父母辰土〻〻應

雷澤歸妹

父母戌土〻〻應
兄弟申金〻〻
官鬼午火〻
父母丑土〻〻世
妻財卯木〻
官鬼巳火〻

離宮八卦屬火

離爲火

兄弟巳火、世
子孫未土、、
妻財酉金、
官鬼亥水、應
子孫丑土、、
父母卯木、

火山旅

兄弟巳火、
子孫未土、、
妻財酉金、應
妻財申金、
兄弟午火、、
子孫辰土、、世

火風鼎

兄弟巳火、
子孫未土、、應
妻財酉金、
妻財酉金、
官鬼亥水、世
子孫丑土、、

火水未濟

兄弟巳火、應
子孫未土、、
妻財酉金、
兄弟午火、、世
子孫辰土、
父母寅木、、

山水蒙

父母寅木、
官鬼子水、、
子孫戌土、、世
兄弟午火、、
子孫辰土、
父母寅木、、應

風水渙

父母卯木、
兄弟巳火、世
子孫未土、、
兄弟午火、、
子孫辰土、應
父母寅木、、

天水訟

子孫戌土、
妻財申金、
兄弟午火、世
兄弟午火、、
子孫辰土、
父母寅木、、應

天火同人

子孫戌土、應
妻財申金、
兄弟午火、
官鬼亥水、世
子孫丑土、、
父母卯木、

震宮八卦屬木

震爲雷

妻財戌土、、世
官鬼申金、、
子孫午火、
妻財辰土、、應
兄弟寅木、、
父母子水、

雷地豫

妻財戌土、、
官鬼申金、、
子孫午火、應
兄弟卯木、、
子孫巳火、、
妻財未土、、世

雷水解

妻財戌土、、
官鬼申金、、應
子孫午火、
子孫午火、、
妻財辰土、世
兄弟寅木、、

雷風恒

妻財戌土、、應
官鬼申金、、
子孫午火、
官鬼酉金、世
父母亥水、
妻財丑土、、

地風升

官鬼酉金、、
父母亥水、、
妻財丑土、、世
官鬼酉金、
父母亥水、
妻財丑土、、應

水風井

父母子水、、
妻財戌土、世
官鬼申金、、
官鬼酉金、
父母亥水、應
妻財丑土、、

澤風大過

妻財未土、、
官鬼酉金、
父母亥水、世
官鬼酉金、
父母亥水、
妻財丑土、、應

澤雷隨

妻財未土、、應
官鬼酉金、
父母亥水、
妻財辰土、、世
兄弟寅木、、
父母子水、

巽宮八卦屬木

巽爲風
兄弟卯木、世
子孫巳火、
妻財未土、、
官鬼酉金、應
父母亥水、
妻財丑土、、

風天小畜
兄弟卯木、
子孫巳火、
妻財未土、、應
妻財辰土、
兄弟寅木、
父母子水、世

風火家人
兄弟卯木、
子孫巳火、應
妻財未土、、
父母亥水、
妻財丑土、、世
兄弟卯木、

風雷益
兄弟卯木、應
子孫巳火、
妻財未土、、
妻財辰土、、世
兄弟寅木、、
父母子水、

天雷無妄 *
妻財戌土、
官鬼申金、
子孫午火、世
妻財辰土、、
兄弟寅木、、
父母子水、應

火雷噬嗑
子孫巳火、
妻財未土、、世
官鬼酉金、
妻財辰土、、
兄弟寅木、、應
父母子水、

山雷頤
兄弟寅木、
父母子水、、
妻財戌土、、世
妻財辰土、、
兄弟寅木、、
父母子水、應

山風蠱
兄弟寅木、應
父母子水、、
妻財戌土、、
官鬼酉金、世
父母亥水、
妻財丑土、、

＊編者註：「無妄」，《易》原文皆作「无妄」。「无」是「無」的古字，今六經唯《易》用此字。爲方便海外讀者，本書「无」字一概改用「無」字。

坎宮八卦屬水

坎爲水

兄弟子水、、世
官鬼戌土、
父母申金、、
妻財午火、、應
官鬼辰土、
子孫寅木、、

水澤節

兄弟子水、、
官鬼戌土、
父母申金、、應
官鬼丑土、、
子孫卯木、
妻財巳火、世

水雷屯

兄弟子水、、
官鬼戌土、應
父母申金、、
官鬼辰土、、
子孫寅木、、世
兄弟子水、

水火既濟

兄弟子水、、應
官鬼戌土、
父母申金、、
兄弟亥水、世
官鬼丑土、、
子孫卯木、

澤火革

官鬼未土、、
父母酉金、
兄弟亥水、世
兄弟亥水、
官鬼丑土、、
子孫卯木、應

雷火豐

官鬼戌土、、
父母申金、、世
妻財午火、
兄弟亥水、
官鬼丑土、、應
子孫卯木、

地火明夷

父母酉金、、
兄弟亥水、、
官鬼丑土、、世
兄弟亥水、
官鬼丑土、、
子孫卯木、應

地水師

父母酉金、、應
兄弟亥水、、
官鬼丑土、、
妻財午火、、世
官鬼辰土、
子孫寅木、、

艮宮八卦屬土

艮爲山

官鬼寅木、世
妻財子水、、
兄弟戌土、、
子孫申金、應
父母午火、、
兄弟辰土、、

山火賁

官鬼寅木、
妻財子水、、
兄弟戌土、、應
妻財亥水、
兄弟丑土、、
官鬼卯木、世

山天大畜

官鬼寅木、
妻財子水、、應
兄弟戌土、、
兄弟辰土、
官鬼寅木、世
妻財子水、

山澤損

官鬼寅木、應
妻財子水、、
兄弟戌土、、
兄弟丑土、、世
官鬼卯木、
父母巳火、

火澤睽

父母巳火、
兄弟未土、、
子孫酉金、世
兄弟丑土、、
官鬼卯木、
父母巳火、應

天澤履

兄弟戌土、
子孫申金、世
父母午火、
兄弟丑土、、
官鬼卯木、應
父母巳火、

風澤中孚

官鬼卯木、
父母巳火、
兄弟未土、、世
兄弟丑土、、
官鬼卯木、
父母巳火、應

風山漸

官鬼卯木、應
父母巳火、
兄弟未土、、
子孫申金、世
父母午火、、
兄弟辰土、、

坤官八卦屬土

坤爲地

子孫酉金 丶丶 世
妻財亥水 丶丶
兄弟丑土 丶丶
官鬼卯木 丶丶 應
父母巳火 丶丶
兄弟未土 丶丶

地雷復

子孫酉金 丶丶
妻財亥水 丶丶
兄弟丑土 丶丶 應
兄弟辰土 丶丶
官鬼寅木 丶丶
妻財子水 丶 世

地澤臨

子孫酉金 丶丶
妻財亥水 丶丶 應
兄弟丑土 丶丶
兄弟丑土 丶丶
官鬼卯木 丶 世
父母巳火 丶

地天泰

子孫酉金 丶丶 應
妻財亥水 丶丶
兄弟丑土 丶丶
兄弟辰土 丶 世
官鬼寅木 丶
妻財子水 丶

雷天大壯

兄弟戌土 丶丶
子孫申金 丶丶
父母午火 丶 世
兄弟辰土 丶
官鬼寅木 丶
妻財子水 丶 應

澤天夬

兄弟未土 丶丶
子孫酉金 丶 世
妻財亥水 丶
兄弟辰土 丶
官鬼寅木 丶 應
妻財子水 丶

水天需

妻財子水 丶丶
兄弟戌土 丶
子孫申金 丶丶 世
兄弟辰土 丶
官鬼寅木 丶
妻財子水 丶 應

水地比

妻財子水 丶丶 應
兄弟戌土 丶
子孫申金 丶丶
官鬼卯木 丶丶 世
父母巳火 丶丶
兄弟未土 丶丶

第三節　渾天甲子定局

本節主要講乾、坎、艮、震、巽、離、坤、兌八個卦的天干地支排列規則，掌握了這些排列規則，就能快而準確地排列出六十四卦中每卦六個爻的天干地支排列次序：

一、八卦納支法

乾內卦：子水，寅木，辰土；

坎內卦：寅木，辰土，午火；

艮內卦：辰土，午火，申金；

震內卦：子水，寅木，辰土；

巽內卦：丑土，亥水，酉金；

離內卦：卯木，丑土，亥水；

坤內卦：未土，巳火，卯木；

兌內卦：巳火，卯木，丑土；

　

乾外卦：午火，申金，戌土。

坎外卦：申金，戌土，子水。

艮外卦：戌土，子水，寅木。

震外卦：午火，申金，戌土。

巽外卦：未土，巳火，卯木。

離外卦：酉金，未土，巳火。

坤外卦：丑土，亥水，酉金。

兌外卦：亥水，酉金，未土。

以上八卦，乾、震兩卦六個爻中的地支排列相同。其六爻中的地支排法，是隔位而排，由下往上排。如乾卦初爻子水，二爻寅木，三爻辰

土，四爻午火，五爻申金，六爻戌土，其他卦仿此。乾、坎、艮、震爲陽卦，陽卦的地支是順排。巽、離、坤、兌爲陰卦，陰卦的地支是逆排，其法也是由初爻往上推。知道各爻的五行排列，就能正確掌握陰陽五行生克制化的法則，是斷準卦的重要環節。

在納支法中，《乾》卦爲甚麼納子、寅、辰、午、申、戌？《坤》卦爲甚麼納未、巳、卯、丑、亥、酉？古人在論「爻辰」時，把《乾》、《坤》二卦十二個爻對應一年十二個月，這在《周易概論》中講得極明：「所謂『爻辰』係指《乾》《坤》兩卦十二爻當十二辰，又將此十二辰分十二月。即《乾》初九爻當『子』，爲十一月；九二爻當『寅』，爲正月；九三爻當『辰』，爲三月；九四爻當『午』，爲五月；九五爻當『申』，爲七月；上九爻當「戌」，爲九月。《坤》卦初六爻當『未』，爲六月；六二爻當『酉』，爲八月；六三爻當『亥』，爲十月；六四爻當『丑』，爲十二月；六五爻當『卯』，爲二月；上六爻當『巳』，爲四月。」根據十二爻辰的原則，所以《乾》初爻起子，隔位而定爻次；坤卦初爻起未，隔位而定爻次，但坤卦的爻次排列與古論不符，這是因爲坤卦是陰卦，它的初爻排列是逆轉而至，其地支值月並沒有變。

至於六子卦，震、坎、艮、巽、離、兌各爻的地支次序，也都是有一定之規可循的。因震、坎、艮是陽卦，順轉，故震卦初九爻起子，坎卦初六爻起寅；艮卦初六爻起辰。按其三卦初爻的排列，正是乾內三爻的子、寅、辰。所以震卦是長男，取乾之初爻爲初爻，坎卦是中男，取乾之二爻爲初爻，艮爲少男，故以乾之三爻爲初爻。

巽、離、兌三陰卦初爻的排列順序較爲複雜，它不僅是爻次的逆轉，而且爻位和卦的次序上也完全相反。其卦初爻次序是兌、離、巽。兌爲少女，按陰卦逆數之原則，取坤之初爻爲兌的上爻，故兌卦上六爻起未土；離是中女，取坤之二爻爲上九爻，故離之上九爻爲巳火；巽爲長女，取坤之三爻爲上九爻，故巽卦上九爻爲卯木。各爻次從上往下，

隔位排列。

二、八卦納干法

八卦的六爻中，不僅有地支的排列，也有天干的排列，故稱之爲納干法。納干法，就是把十天干分別納入八卦，如：《周易概論》中有：「既乾納甲壬，坤納乙癸，其餘艮納丙，兌納丁，坎納戊，離納己，震納庚，巽納辛。」

乾納甲壬，就是乾卦內卦三爻的地支，配以天干的甲；乾卦外卦三爻的地支，配以天干的壬。坤納乙癸，就是坤卦內卦三爻的地支，配天干的乙；坤卦外卦三爻的地支，配以天干的癸。其餘六卦，每一個卦的六個爻中，只配一個天干。現將八卦中的天干地支配法表列如下：

乾卦 ☰ 8	坤卦 ☷ 6	坎卦 ☵ 7	艮卦 ☶
壬戌土	癸酉金	戊子水	丙寅木
壬申金	癸亥水	戊戌土	丙子水
壬午火	癸丑土	戊申金	丙戌土
甲辰土	乙卯木	戊午火	丙申金
甲寅木	乙巳火	戊辰土	丙午火
甲子水	乙未土	戊寅木	丙辰土

兌卦 ☱ 2	離卦 ☲ 3	震卦 ☳ 4	巽卦 ☴
丁未土	己巳火	庚戌土	辛卯木
丁酉金	己未土	庚申金	辛巳火
丁亥水	己酉金	庚午火	辛未土
丁丑土	己亥水	庚辰土	辛酉金
丁卯木	己丑土	庚寅木	辛亥水
丁巳火	己卯木	庚子水	辛丑土

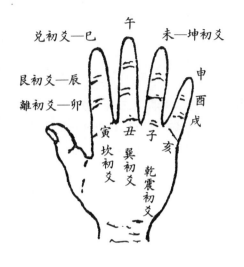

八卦六爻中天干地支的排列，特別是地支的排列，只要記住每卦初爻的地支，隔位排列，陽卦順行，陰卦逆行就行了。如乾卦初爻是子水，坤卦初爻是未土，坎初爻是寅木，艮初爻是辰土，震初爻是子水，巽初爻是丑土，離初爻是卯木，兌初爻是巳火。詳見左圖：

八卦的納干法是根據天文上月亮之晦朔盈虧以象八卦而排列的，從而顯示八卦的消息。故劉大均教授在《周易概論》中指出：「謂日月懸天，成八卦象。三日暮，震象出庚。八日，兌象是丁。十五日，乾象盈甲。十七日，巽退辛。二十三日，艮象消丙。三十日，坤象是乙。晦夕朔旦，坎象流戊，日中則離，離象就己……乾納甲壬，坤納乙癸，震巽納庚辛，坎離納戊己，艮兌納丙丁。」用八卦納十干，多了兩干，故乾坤兩卦各納二干，以乾內卦納甲，外卦納壬；坤內卦納乙，外卦納癸，正好天干地支陰陽相配。

八純卦六爻的天干地支好配，那麼其他五十六卦的天干地干的配法如何呢？配法很簡單，只要記住八純卦中六爻天干地支的排列方法，不管是八純卦的內卦、外卦和任何一卦的內卦或外卦相重，其卦中六爻的天干地支，仍按原卦六爻天干地支排列，也就是原卦中的天干地支不變。

如乾內卦和坎外卦相重，或者乾外卦和坎內卦相重，就由乾卦的內

三爻和坎卦的外三爻，或乾卦的外三爻和坎卦的內三爻，分別組成新的卦，也就是組成了《水天需》和《天水訟》兩個新卦。其他卦相重仿此。

第四節　安世應法

一卦六個爻中，有世爻和應爻，世爻爲問卦之人，應爻爲他人他事（問卦人所要測的人或事）。其世爻應爻的安法，以乾宮八卦爲例：

乾爲天，世在六爻；天風姤世在初爻，天山遯世在二爻，天地否世在三爻，風地觀世在四爻，山地剝世在五爻，火地晉，世退在四爻，火天大有，世退在三爻。隔世爻兩位即是應爻。如乾卦，世爻在第六爻上，應爻必在第三爻上。餘卦仿此。（參見本章第二節《六十四卦爻象全圖》）

第五節　諸爻持世

世爻爲自己，如人之身體，興旺爲佳，作事亨通、求謀稱意。世爻興旺，又得月、日、動爻、用神生合，或得其一生合者，更是錦上添花。世爻若遇旬空月破，休囚無氣，不吉。再遇刑沖克害，則是凶上加凶。

世應相生則吉，相克則凶。世應比和，謀事可爲。世動世空，我心不實；應動應空，他人不實。世爻受克，不利自己；應爻受克，不利他人。

父母爻持世（世爻爲父母爻所臨之爻，以下皆同）：父母爲辛苦之神，主勞碌奔波，婚難嗣乏。如卦中財旺官動生之，利文途赴試。財動克世，必無賢婦，而壽不長。

子孫爻持世：子孫爲福神，故無憂無慮，飛災橫禍化爲塵；但子孫

又爲剝官制鬼之神，克制官鬼，所以不利求名求官。

官鬼爻持世：官鬼爲憂患之神，故有臨身事難安，無病也遭官，財物常失散，入墓更難甚，逢沖則化險爲夷。但求名求官，最喜官鬼持世。

妻財爻持世：妻爲內助，財爲財神，財爲養命之源，不可沒有。財爻持世主財榮，若遇子孫爻明暗動生之，更是身強財旺，利求官問訟；但不利文書，克父母。妻動變兄萬事凶。

兄弟爻持世：因兄弟爻在五行上克妻劫財，故兄弟爻是劫財之神，破財之患，傷妻之主。遇兄持世，不但不要求財，還要防克妻破財。如果官興官旺，或兄化官化鬼，更有凶災。

第七章　六親應用

第一節　六親排法

　　一卦有六爻，分排六親。六親者，父母、兄弟、妻財、官鬼、子孫是也。卦中六親，以八卦所屬五行為主，分定爻位地支六親次序。其法是：生我者，為父母；我生者，為子孫；克我者，為官鬼；我克者，為妻財；比和者，為兄弟。卦中之六親，不僅是要預測的對象，也是取用神的依據，明確卦中用神，才能正確地預測和斷卦。

　　乾、兌宮屬金：金爻為兄弟，土爻為父母，木爻為妻財，火爻為官鬼，水爻為子孫。

　　震、巽宮屬木：木爻為兄弟，水爻為父母，土爻為妻財，金爻為官鬼，火爻為子孫。

　　坤、艮宮屬土：土爻為兄弟，火爻為父母，水爻為妻財，木爻為官鬼，金爻為子孫。

　　離宮屬火：火爻為兄弟，木爻為父母，金爻為妻財，水爻為官鬼，土爻為子孫。

　　坎宮屬水：水爻為兄弟，金爻為父母，火爻為妻財，土爻為官鬼，木爻為子孫。

第二節　六親取用法

　　父母爻：測家宅的為堂棟，測父母為用爻，測兄弟為相生，測妻財為外家，測子孫為殺忌，測婚姻為議書，測本身為祖蔭，測仕官為宣令，測求官為助文，測詞訟為狀子，測交易為契約，測行人為書信，測

買賣爲方向，測求謀爲頭緒，測出征爲將爲旗。

妻財爻：測家宅爲厨烘，測本身爲內助，測買賣爲貨物，測婚姻爲嫁妝，測仕官爲俸祿，測求財爲財輿，測父母爲殺忌，測妻妾爲用爻，測倉庫爲糧室，測詞訟爲生發，測盜賊爲贓物，測行船爲裝載，測出征爲輜重。

兄弟爻：測家宅爲門廊，測本身爲比劫，測出行爲伴侶，測買賣爲不利，測謀事爲競爭，測妻妾爲殺忌，測兄弟爲用爻，測子孫爲助爻，測求財爲劫神，測遺失爲隔神，測開店爲掌事。

子孫爻：測家宅爲廊舍，測本身爲平安，測舉選爲剝文，測買賣爲行市，測婚姻爲克夫，測妻妾爲內助，測行人爲隨從，測疾病爲醫生，測謀旺爲結果，測盜賊爲捕人，測出征爲兵卒，測官訟爲和解，測子孫爲用爻，測行船爲底水。

官鬼爻：測家宅爲廳堂，測本身爲阻滯，測婚姻爲媒妁，測仕官爲官職，測疾病爲異病，測詞訟爲鬼賊，測出征爲敵手，測官名爲用爻，測兄弟爲殺忌，測行船爲桅柁。

第三節　六親發動

父母爻本克子孫爻，如果發動，克害更凶。測婚測子都不利，買賣勞心，費神無得，測行人爲書信動，論官告狀有理，利科學考試，金榜題名。

子孫爻克官傷名，發動更凶。利求醫治病，出行買賣平安，產婦易生子易養，官訟私和，不利求名求官，女人不利夫。

官鬼爻克兄弟，發動兄弟難存既不利婚，又不利病，耕種難穫，出外見災，官非囚擊，買賣財輕，走失難尋，多生暗昧之事。

妻財爻既克父母，又克文書，應舉求名遇發動，一場虛，經營求財

為大吉，利婚姻，利生產，測行人在外身將動，失物未出家門，是病人必脾胃有病。

兄弟是劫財克妻之患，求財求婚，最忌兄弟爻發動，問病則難癒多災，應舉奪標最忌。

第四節　六親變化

父母動化父母，化進神，利文書，化子不傷，化鬼遷舉，化財憂尊長。

子孫動化退神，為泄氣，人財不稱情。化父母，田蠶敗；化財加倍榮。

官鬼化進神，祿來求官快，化財測病凶，化父母文書遂，化子必傷官，化兄家不睦。

妻財化進神，錢財年年進，化官憂慮多，化子笑哈哈，化父不利家長，化兄當破財。

兄弟動化退神，無所忌；化父，妾奴驚；化財財未遂，化官弟有災，化子事如意。

第五節　六爻動變

六爻不動則不變，動則必變。陽動變陰，陰動變陽，爻動卦則變。現舉《巽》動變《坎》卦為例：

☴ 主卦巽	☵ 動卦坎	巽卦九三、上九
兄弟卯木〇世	父母子水ゝゝ世	兩陽爻動，變成坎卦，
子孫巳火ゝ	妻財戌土ゝ	坎為巽之動卦，為變回
妻財未土ゝゝ	官鬼申金ゝゝ	頭生。因坎卦從巽卦變

官鬼酉金〇應	子孫午火、、應	動而來故五行六親仍按
父母亥水、	妻財辰土、	巽宮排列。
妻財丑土、、	兄弟寅木、、	

餘卦仿此。

卦中六爻，一爻動事情專一，多爻動和六爻亂動，不僅事不專一，而且多爲不順和主事反覆。六爻亂動看用神，用神休囚遭克害，辦甚麼事都難成。

卦遇六爻安靜，當看用神與日辰。日辰克用神及相刑害，作事必須謹愼。更要看世應。忌神克世應不吉，世應臨用及原神爲吉。

第六節　十天干配六神

六神者：靑龍、朱雀、勾陳、螣蛇、白虎、玄武是也（有的書稱六獸），實際是星座之名。如東方靑龍座，西方白虎座，南方朱雀座，北方玄武座等。卦爻配六神，不僅可以分別事類，而且可以參斷吉凶。

十天干配六神是：甲乙起靑龍，丙丁起朱雀，戊日是勾陳，己日起螣蛇，庚辛是白虎，壬癸起玄武。靑龍屬木，朱雀屬火，勾陳、螣蛇屬土，白虎屬金，玄武屬水。

甲乙起靑龍，就是甲日乙日起卦時，初爻是靑龍，二爻是朱雀，三爻是勾陳，四爻是螣蛇，五爻是白虎，上爻是玄武。

現將六神配卦爻如下：

卦爻	甲乙日	丙丁日	戊日	己日	庚辛日	壬癸日
上爻	玄武	靑龍	朱雀	勾陳	螣蛇	白虎
五爻	白虎	玄武	靑龍	朱雀	勾陳	螣蛇
四爻	螣蛇	白虎	玄武	靑龍	朱雀	勾陳
三爻	勾陳	螣蛇	白虎	玄武	靑龍	朱雀

二爻	朱雀	勾陳	螣蛇	白虎	玄武	青龍
初爻	青龍	朱雀	勾陳	螣蛇	白虎	玄武

　　六神主事：青龍主吉慶之事，但克世克用神，定是樂中生悲之凶。朱雀主口舌官非。勾陳憂田土，牢役。螣蛇主虛驚怪異之事。白虎主凶傷孝服。玄武爲匪盜暗昧之事。六神作爲預測時參考之用，卦有吉者，逢青龍而更吉；卦之凶者，逢虎蛇而更凶。

第七節　六神發動

　　青龍發動臨用神，進財進祿福無窮。臨仇遇忌都無益，酒色成災在此中。

　　朱雀發動文印旺，殺神相並沒勞功，是非口舌皆因此，動出生身卻利公。

　　勾陳發動憂田土，沖歲遭忌爲忌逢，生用有情方是吉，若然安靜不迷蒙。

　　螣蛇鬼克憂思繞，虎驚怪異事難明，持術落空休道吉，逢沖之日莫逃凶。

　　白虎爻動主刑傷，官司疾病必成凶，持世動克妨人口，遇火生身便不同。

　　玄武動來多暗昧，若臨官鬼防匪盜，有情生世邪無犯，仇忌臨之奸盜凶。

第八章　諸神論

第一節　用神

　　卦有六爻，爻有六親。六親分占，各自爲用。世爻爲自己之身，用神爲測事之用。

　　父母爻：如問父母之事，以卦中父母爲用神。凡在我父母之上，或與我父母同輩之親者，叔伯、老師、以及岳父母、乳母、乾父之人，或僕測主人，都以父母爻爲用神。又測天地城池、墻垣、宅宿、屋宇、舟車、衣物、雨具、敎誨、布匹、文奏、文章、書館、文契、文書，也都以父母爻爲用神。

　　官鬼爻：凡測功名，求官、官府、長官、雷霆、鬼神、女測婚、妻測夫，都以官鬼爻爲用神。測亂臣、盜賊、邪祟之事，以及憂疑、疾病、屍首，也以官鬼爻爲原神。

　　兄弟爻：凡問兄弟姐妹、堂兄堂妹、表兄表妹、結拜兄弟、兄弟同輩、知交朋友等，都以兄弟爻爲用神。

　　妻財爻：凡是妻妾、兄嫂弟媳、婢僕，都以妻財爻爲用神。測貨物財寶、金銀倉庫、錢糧以及一切使用之物體器皿，也都以妻財爻爲用神。

　　子孫爻：凡屬兒女之輩者，都稱子孫。如女婿、侄兒、外甥、徒弟、僕人；忠臣良將、醫生醫藥、僧道、兵卒，都以子孫爻爲用神。測六畜禽獸也以子孫爻爲用神。子孫爻爲福德之神，諸事見之皆吉。唯求官、求名、女測婚不利。

　　「用爻發動在宮中，縱値休囚亦不凶。更得生扶兼旺相，管敎作事永亨通。」

「發動逢沖不謂空，靜空遇克卻爲害，忌神最喜逢空吉，用與原神不可空。春土夏金秋樹木，三冬逢火是眞空，旬空又值眞空象，再遇爻傷到底空。」

用神化吉：凡用神原神動化回頭生、化長生、化帝旺、化比和、化日月，謂之化吉。

用神化凶：凡用神原神動化回頭克、化墓化絕、化空、化鬼、化退，謂之化凶。

第二節　原神　忌神　仇神

原神者，生用神之爻也。忌神者，克用神之爻也。仇神者，克制原神反生助忌神也。例如土爲用神，生土者火也，火是土之原神。克土者，木也，木爲土之忌神。克火生木者，水也，水爲土之仇神。無論測何事，先看用神旺相休囚，有原神動來生助否，或有忌神動來克害否。

辰月戊申日占父近病，得《乾爲天》變《小畜》卦：

乾爲天	風天小畜 ＊
父母戌土、世	妻財卯木、
兄弟申金、	官鬼巳火、
官鬼午火○	父母未土、、應
父母辰土、應	父母辰土、
妻財寅木、	妻財寅木、
子孫子水、	子孫子水、世

（ ＊編者註：《小畜》卦在巽宮，六親配五行原應依巽宮之法；但此卦爲《乾》之變卦，故六親排法應改變爲依主卦所屬之乾宮排法。以後各例皆如此，不再一一加註，祈讀者留意。）

卦中戌土、未土、辰土三重父母爻，因辰土臨月建，以辰土爲用

神。今因申金沖寅木，暗動而克辰土，故而病重。

卦中幸有午火動可生土，但午火化出未土，午與未合，貪合忘生，所以辰單土受寅木之克，而不得午火之生，故而病重。待丑日沖去未土，午火無合，則生辰土，其病必好。果於丑日起牀。故「原神發動志氣揚，最忌化克及逢傷」。

第三節　原神忌神論

原神者，生用神之爻也，原神生助用神，諸測皆爲吉象，故用神喜原神之生。原神生用有六：

一、原神臨長生帝旺於事日建；二、原神動而化進神，或化回頭生；三、原神臨月建，日建；四、原神臨月日又臨動爻；五、原神與忌神同動（如土爲用神，火爲原神，木爲忌神，爲木動生火，火動生土也）；六、原神旺動而臨空化空。

臨空化空，並非無用，因有動不爲空，塡實之日不爲空，出空之時不空。

例：申月戊辰日，一人測夫近病，得《同人》之《離》卦：

天火同人	離爲火
子孫戌土、應	兄弟巳火、世
妻財申金○	子孫未土、、
兄弟午火、	妻財酉金、
官鬼亥水、世	官鬼亥水、應
子孫丑土、、	子孫丑土、、
父母卯木、	父母卯木、

亥水世爻爲夫，月建生之，日建克之，無妨。今申爻和原神臨月建，化子孫未土生助原神，原神旺而力強而生神，戌土又暗動生原神，

夫星根深蒂固，但夫星亥水旬空，不受其生，待臨巳日沖起亥水，其病則癒，果如此。

前面講了原神生用有六個方面，但原神如人之身體，身旺體壯，可以幫助別人。若身衰體弱多病，就無助別人之力，所以原神不能生用神也有六個方面：

一、原神休囚又逢絕地；二、原神休囚，又逢旬空月破；三、原神休囚不動，或動而變絕變克；四、原神動而化退；五、原神動而化破化散；六、原神臨三墓。以上六點，為原神有病無力生助用神，即使原神出現，也是無用。

例：午月甲午日，一人測官運還能升否？得《離》之《泰》卦：

離為火	地天泰
兄弟巳火○世	妻財酉金丶丶應
又孫未土丶丶	官鬼亥水丶丶
妻財酉金○	子孫丑土丶丶
官鬼亥水、應	子孫辰土、世
子孫丑土丶丶	父母寅木、
父母卯木、	官鬼子水、

亥水為用神，絕地化墓，為不吉之兆。原神酉金休囚又化墓，無力生助亥水，不但不能升官，還防丟官。後果因走私罪，於未月革職查辦。

忌神為克害用神之仇敵。用神如受日月動爻之克，為寡不敵眾，凡事有凶無吉。忌神克害用者有六：

一、忌神旺相臨月建日辰者；二、忌神旺動而臨空化空；三、忌神動而臨月、日生扶；四、忌神動而化回頭生，化進神；五、忌神和仇神同動；六、忌神臨長生帝旺之地。以上之忌神，如兕梟奪食，凶之又凶。

忌神如敵之軍，有瘋狂之時日，也有無能之時。忌神臨休囚敗絕之地，也無力克用，其因有六：

一、忌神休囚又絕；二、忌神動而化退；三、忌神休囚，並被月建、日建克制；四、忌神動而化破，變絕化散；五、忌神靜而臨空破；六、忌神動而入墓。以上忌神逢之雖不為害，但過時遇旺則凶。

例：卯月辛丑日測子病，得《益》之《漸》卦：

風雷益	風山漸
兄弟卯木、應	兄弟卯木、應
子孫巳火、	子孫巳火、
妻財未土、、	妻財未土、、
妻財辰土×世	官鬼申金、世
兄弟寅木、、	子孫午火、、
父母子水○	妻財辰土、、

子孫巳火臨月而生，子水忌神雖動而克用，但休囚無力又化墓，目下病重，於寅卯日病輕、辰日病好，果如此。應辰日者，忌神臨墓庫之地。

古歌云：「看卦先須看忌神，忌神宜靜不宜興，忌神急要逢傷克，若遇生扶用受刑。」

第四節　進神退神

宇宙間萬事萬物，都在不停地轉動、變化。有動則有變，有變則有進退之別，故《繫辭》曰：「變化者，進退之象也」。六爻之動變，就是論述這種變化、進退的自然規律。所謂「進神退神」，就是事物、事情經過動變後所表現的前進與後退的具體標誌。

進神者，卦爻之動而化進也。化進即是寅化卯，巳化午，申化酉，

亥化子，丑化辰，辰化未，未化戌，戌化丑。

退神者，卦爻之動而化退也。化退即是卯化寅，午化巳，酉化申，子化亥，辰化丑，丑化戌，戌化未，未化辰。

進神者，表示物不斷向前發展，如春天來臨，草木茵茵，一派生機。退神者，當然是事物變化而倒退的表現，如秋天花殘葉敗之象。化進化退，有喜忌禍福之分，吉神宜遇化進，凶神宜遇化退。

例：酉月庚戌日測何年生子，得《屯》之《節》卦：

水雷屯	水澤節
兄弟子水、、	兄弟子水、、
官鬼戌土、應	官鬼戌土、
父母申金、、	父母申金、、應
官鬼辰土、、	官鬼丑土、、
子孫寅木、、世	子孫卯木、
兄弟子水、	妻財巳火、世

寅木子孫爲用神，化進神；寅木旬空，卯木旬空而破，後至寅年卯月妻連生二子。此木雖爲破，得日辰合之，爲休囚，待時而用。

又例：戌月癸未日，某人測自病，得《乾》之《夬》：

乾爲天	澤天夬
父母戌土〇世	父母未土、、
兄弟申金、	兄弟酉金、世
官鬼午火、	子孫亥水、
父母辰土、應	父母辰土、
妻財寅木、	妻財寅木、應
子孫子水、	子孫子水、

乾爲六沖卦，今久病逢沖，不治之症，又是父爻持世，妙藥難醫。父化退神未土，並非病退，而是精神身質消枯之象，防丑月沖破未土而

卒。果卒於丑月。

　　野鶴老人曰：「進神之法有四：動旺相而化旺，乘勢而進，一也。動休囚而化休囚，待時而化，二也。動爻變爻有一而值休囚，並待旺相而進者，三也。動爻變爻有一而值空破，待填實之日而進者，四也。退神之法有四：動旺相而化旺相，或有日、月動爻生扶，占近事得時而不退者，一也。動休囚而化休囚而退者，二也。動爻變爻有一而旺相，待休囚之時而退，三也。有一而逢空待填實之日而退者，四也。」

第五節　飛神伏神

　　卦有用神爻者，為用神不缺。無用神爻者，為用神不上卦或用神不現。如所需之神臨月日，用月日為用神。如果月日不臨用神者，可在八純卦中尋用神借之。借來之用神爻，寫在原卦對應爻旁。此借來之用神稱之為伏神，原卦之爻稱為飛神。

　　例如求財測得《姤》卦：

天風姤

　　　父母戌土、
　　　兄弟申金、
　　　官鬼午火、應
　　　兄弟酉金、
　妻財寅木：子孫亥水、
　　　　父母丑土、、世

　　測求財，以財爻為用神，可是《姤》中無財爻用神，此為用神不上卦或用神不現。如果是在寅卯日月測得《姤》卦，就以寅卯木為財爻，不必尋用神。而《姤》卦不臨寅卯日月，所以就得在八純卦中借用神。因《姤》卦屬於乾宮，乾為乾宮首卦，卦中父母、兄弟、妻財、官鬼、

子孫俱全。《乾》卦二爻寅木爲妻財，故借之寫在《姤》卦二爻亥水之旁，亥水爲飛神，寅木爲伏神，是亥水生寅木，謂之飛來生伏得長生。此爲用神不現，借得伏神得生扶，無用變有用，是吉象。余卦仿此。

飛來克伏反傷身，伏神受制，有用亦無。例測子孫，得《蠱》卦：

山風蠱

兄弟寅木、應

子孫巳火：父母子水、、

妻財戌土、、

官鬼酉金、世

父母亥水、

妻財丑土、、

測子孫，卦中無子孫爻，因《蠱》卦屬於巽宮，故《巽》卦五爻巳火爲子孫爻，借之寫在《蠱》卦五爻父母子水之旁。子水是飛神，巳火是伏神，是飛神克伏神，謂之伏神受克爲克害，即爲凶。

伏來克飛出暴。出暴者，凶而快。例測父母得《鼎》卦：

火風鼎

兄弟巳火、

子孫未土、、應

妻財酉金、

妻財酉金、

官鬼亥水、世

父母卯木：子孫丑土、、

測父母，卦中無父母爻，因《鼎》屬於離宮，故《離》卦初爻父母卯木，借之寫在《鼎》卦的初爻子孫丑土之旁。丑土是飛神、卯木是伏神，是伏木克土，謂之伏來克飛爲出暴。

伏去生飛爲泄氣，泄氣爲耗損之象。例測功名得《家人》卦：

風火家人

兄弟卯木、

子孫巳火、應

妻財未土、、

官鬼酉金：父母亥水、

妻財丑土、、世

兄弟卯木、

測功名，以官鬼爻爲用神，但卦中無官鬼爻。《家人》屬於巽宮，《巽》卦三爻官鬼酉金，借之寫在《家人》卦的三爻父母亥水之旁。亥水是飛神，酉金是伏神，金生水，謂之伏生飛泄氣。

伏神有用者六：一、伏神得日月生者；二、伏神旺相者；三、伏得飛神生者；四、伏神得動爻生者；五、伏神得日、月、動爻沖克飛神者；六、伏神得遇飛神空破休囚墓絕者。

黃金策曰：「空下伏神易於引拔」。此論近理，但不獨飛神空之而伏神得出，又得飛神臨破絕休囚入墓，而伏神皆易出也。伏神在下，飛神在上，即逢墓衰空，雖有如無，所以伏神出現。

伏神終又不得出者有五：伏神休囚無氣者，一也。伏神被月沖克者，二也。伏神被旺相之飛神克害者，三也。伏神墓絕於日、月飛神者，四也。伏神休囚值旬空者，五也。此五者乃無用之伏神，雖有如無，終不能出。「伏居空地、事與心違」。

例酉月丙辰日測子病，得《升》卦：

地風升

官鬼酉金、、

父母亥水、、

子孫午火：妻財丑士、、

官鬼酉金、

父母亥水、

妻財丑土、、應

測子孫，卦無子孫爻，《升》卦屬於震宮，《震》卦四爻爲子孫午火，借之寫在《升》卦四爻妻財丑土之旁。此丑土旬空，伏神易出，午日子孫出現，病必癒。果如此。

飛伏生克吉凶：伏來克飛爲出暴，飛來克伏反傷身，伏去生飛爲泄氣，飛來生伏得長生。爻逢伏克飛無事，用見飛傷伏不寧，飛伏不和爲無助，伏藏出現審來因。

第六節　用神兩現

上節講的用神不上卦或不現，用借用神方法解之，此節講用神兩現。用神兩現，就是卦中有兩個用神。如測父母，卦中有兩個父母爻，測兄弟有兩個兄弟爻……等，而在預測時，只用一個用神。兩個用神爻，取何爲用？《增刪卜易》中有：「舍其休囚，而用旺相；舍其靜爻，而用動爻；舍其月破，而用不破；舍其旬空，而用不空；舍其破傷，而用不傷。此占法也，預得驗者多有應乎。」

旬空月破，舍其休囚，多用旺相。例未月辛巳日測財得《大過》卦：

澤風大過

妻財未土、、

官鬼酉金、

父母亥水、世

官鬼酉金、

父母亥水、

妻財丑土、、應

卦中未土、丑土，財爻兩現。但未土財爻臨日辰，丑土居休囚之地，故取未土財爻爲用神。

舍其靜爻，而用動爻。例午月己卯日測子孫得《解》卦：

雷水解

妻財戌土ヽヽ
官鬼申金ヽヽ應
子孫午火〇
子孫午火ヽヽ
妻財辰土ヽ世
兄弟寅木ヽヽ

卦中子孫午火兩現，但四爻子孫午火臨動爻，故取四爻子孫午火爲用神。

舍其被傷，而用不傷。例寅月丁卯日測父母，得《困》；

澤水困

父母未土ヽヽ
兄弟酉金ヽ
子孫亥水ヽ應
官鬼午火ヽヽ
父母辰土ヽ
妻財寅木×世

卦中父母爻兩現，但辰土父母臨月日動爻克傷，故用未土父母爲用神。

又有用神兩現，但都不動，或都動，取何爻爲用。古代資料雖無此論，但實踐經驗證明，取離世爻近者或用神得生助者、或旺於日、月者爲用，應之。

例子月庚申日測兄弟，得《屯》之《觀》：

水電屯

兄弟子水×

官鬼戌土、應

父母申金、、

官鬼辰土、、

子孫寅木、、世

兄弟子水〇

卦中初九、上六二爻都是兄弟子水，又都臨動爻，初九子水爲用，因此爻離世爻近；而上六子水雖動，離世爻遠，是遠水不解近渴，又被官爻戌土克制。

例午月辛酉日測父母，得《中孚》卦：

風澤中孚

官鬼卯木、

父母巳火、

兄弟未土、、世

兄弟丑土、、

官鬼卯木、

父母巳火、應

卦中巳火父母兩現，但應爻巳火臨父母，故取之爲用。

第九章　五行生克

五行生克和星殺的問題，前已論述。現結合六爻預測的需要，專講卦之六爻的五行生克、刑沖化合的問題。

八卦有五行屬性和生克關係，六爻也是如此。不過六爻的五行生克關係，仍是以天干地支的排列來表示。

天干五行：甲乙屬木，丙丁屬火，戊己屬土，庚辛屬金，壬癸屬水。

地支五行：寅卯屬木，巳午屬火，申酉屬金，亥子屬水，辰戌丑未屬土。

第一節　爻之五行相生

五行相生：金生水，水生木，木生火，火生土，土生金。

相生者，有互相資生、資助、相好、相和、相救、和平共處、長期共存之意。生我者，我得利；我生者爲泄氣、耗失。凡世爻，用神，宜於逢生，如得月建之生，日辰之生，動爻之生，動化回頭生，得生有吉事、喜慶之事。

例：卯月己卯日，測兒犯罪有救否？得《復》之《震》卦。

地雷復	震爲雷
子孫酉金、、	兄弟戌土、、世
妻財亥水、、	子孫申金、、
兄弟丑土×應	父母午火、
兄弟辰土、、	兄弟辰土、、應
官鬼寅木、、	官鬼寅木、、

　　妻財子水、世　　　妻財子水、

　　丑土兄弟爲用神，動而受月、日克之，明現大凶，幸得兄弟丑土化父母午火回頭生之，後寬刑免死。

　　又例：寅月乙丑日測父病，得《升》之《師》卦：

地風升	地水師
官鬼酉金丶丶	官鬼酉金丶丶應
父母亥水丶丶	父母亥水丶丶
妻財丑土丶丶世	妻財丑土丶丶
官鬼酉金×	子孫午火丶丶世
父母亥水、	妻財辰土、
妻財丑土丶丶應	兄弟寅木丶丶

　　二爻亥水父母爲用神，雖值旬空，有原神酉金動來生之，可許無礙。但不宜原神酉金化回頭之克，此爲原神受傷，原神無根，此人後死於卯日時。應卯日卯時者，卯木生助午火克害原神之故。

第二節　爻之五行相克

　　金克木，木克土，土克水，水克火，火克金。

　　相克者，爲相害、相制、相損、相沖、相欺等不利之象。受克者，如官災牢役、疾病破財、丟官失職、克妻、克夫、克子及傷身之災，……受克者，有自身之禍殃，也有家庭之災患。大至死之，身體殘廢，小至百事不順，憂患無窮。

　　凡克我者，爲忌神、仇神。忌神、仇神都是凶殺之神，害命之神，宜遇逢克。如月建克，日辰克，動爻克，動而化回頭之克。例：辰月丁未日測子病，得《無妄》之《否》卦：

　　天雷無妄　　　　天地否

妻財戌土、	妻財戌土、應
官鬼申金、	官鬼申金、
子孫午火、世	又孫午火、
妻財辰土、、	兄弟卯木、、世
兄弟寅木、、	子孫巳火、、
父母子水〇應	妻財未土、、

子孫午火爲用，子水爲忌神，忌神雖動克午火，但子水忌神逢月、日之克，又化回頭克。此爲忌神受克，用神得救。

又例：申月戊午日某人測自病，欲知病之發展及結果，得《遯》之《姤》卦：

天山遯	**天風姤**
父母戌土、	父母戌土、
兄弟申金、應	兄弟申金、
官鬼午火、	官鬼午火、應
兄弟申金、	兄弟酉金、
官鬼午火×世	子孫亥水、
父母辰土、、	父母丑土、、世

世爻午火臨日建爲旺相，但不宜申月建生助亥水回頭克世。此人必至亥月戊日病故。果如此。應亥月者，忌神臨旺地，戌是火之墓，此爲忌神無制又化回頭之克而致。

五行相克中，特別是用神受克時，有時卦中可自行化解。如忌神受日、月，動爻制住而無能力克用神；有時忌神動化出相合，其貪合忘克；有時化出相生之爻，其貪生忘克。因此，用神化險爲夷。現看貪生忘克之例。

例：寅月甲戌日測父病，得《比》之《觀》卦

水地比　　　　　**風地觀**

妻財子水×應	官鬼卯木、
兄弟戌土、	父母巳火、
子孫申金ゝゝ	兄弟未土ゝゝ世
官鬼卯木ゝゝ世	官鬼卯木ゝゝ
父母巳火ゝゝ	父母巳火ゝゝ
兄弟未土ゝゝ	兄弟未土ゝゝ應

此子水本動來克巳火，但化出卯木，而水貪生卯木，不克巳火之用神。

第三節　爻之六合

《繫辭》中有：「乾，陽物也。坤，陰物也。陰陽合德，而剛柔有體」，「男女媾精，萬物化生。」這都是講的陰陽相合之理。

世間萬物萬事，都有合有分：合久必分，分久必合；合中有生，合中有克；有先分後合，有先合後分；有相合為好，有相合為壞。這都是事物發展的必然規律。

六合者，子與丑合，寅與亥合，卯與戌合，辰與酉合，巳與申合，午與未合。相合者，爻與爻合，爻與日月相合。相合即為相和之意、相好之情。應來合世，為他來合我；世爻合應，為我去合他。合有合中有生，合中有克。如子與丑合，卯與戌合，巳與申合，為合中有克。合中有生，如寅與亥合，辰與酉合，午與未合。在五行生克上，有合之為吉，有合之為凶；有貪生忘克，有貪合忘生。

相合之規，必須是一子合一丑，不能二子合一丑，也不能二丑合一子，必須相對而合。二合一，一合二，稱之媾合，或爭合，此為不牢之合。

六合方法有：

一、日月合爻：靜爻、動爻與日、月合者，是休囚之爻得旺相。例丑月測得《坎》卦，世爻子水與月建相合。

二、爻與爻合：謂之合好，爻動化合，爲化生扶，例測得《否》卦，世、應二爻俱動，是卯與戌合，有一爻不動不爲合。

三、爻動化合：爻動與動爻合者，爲動而逢合，合而絆之，難於行動。例測得《姤》卦，世爻丑土動，化出子水，是子與丑合，是他來合我，與我合好。

四、卦逢六合：例測得《否》卦，內外六爻自行相合。

五、六沖變六合：是先沖而後合好，例測得《乾》卦爲六沖卦，若外卦三爻動變爲《泰》卦，爲六合卦。

六、合變合合：是先好，後來又好，例測得《旅》之《賁》卦。

凡得合者，吉。測名成名，測利得利，測婚必成。測身發迹，測宅興旺，測風水集氣藏風，測求謀稱意。但要用神有氣，宜用；用神休囚死墓，無益。古書有：「萬事若得三六合，諸事必得久遠，有始有終。吉事逢之必就。凶事逢三六，其事難結。」行人出行得合者，難於動身。

例：申月丙子日測出行，得《明夷》之《小過》卦：

地火明夷　　　　**雷山小過**

父母酉金丶丶　　　　官鬼戌土丶丶

兄弟亥水丶丶　　　　父母申金丶丶

官鬼丑土×世　　　　妻財午火丶世

兄弟亥水丶　　　　　父母申金丶

官鬼丑土丶丶　　　　妻財午火丶丶

子孫卯木丶應　　　　官鬼辰土丶丶應

世爻動與日辰合住，必有事絆住不能動身。其問曰：因何而阻？卦中子變鬼、防兒女之安。卯木子孫絕於申月，子日刑之，又動而變鬼。

後死於辰日。應辰日者，卯木子孫辰土之故也。

六沖變六合，離而復合。例：未月丁巳日測已離婚，還可復否，得《離》之《旅》卦：

離爲火	火山旅
兄弟巳火、世	兄弟巳火、
子孫未土、、	子孫未土、、
妻財酉金、	妻財酉金、應
官鬼亥水、應	妻財申金、
子孫丑土、、	兄弟午火、、
父母卯木、	子孫辰土、、世

《離》爲六沖卦，《旅》是六合卦。今六沖變六合，必是離而又合。果於次年三月復婚。

諸合，皆以用神旺相者爲主，看六沖變六合，不看用神是不對的。測婚姻先參商，而後必合；測功名先難終榮顯；測求謀，先難後易。測身命先困後好，測家境先貧後富，測風水巧處可逢。唯測訟獄不利，冤仇難解。

合者，聚也；沖者，散也。沖中逢合，先散後合，先失後得，先淡後濃等。

貪合忘克，則是忌神化出相合之爻，故而貪合忘克。

例：卯月乙未日測求名，得《乾》之《姤》卦：

乾爲天	天風姤
父母戌土、世	父母戌土、
兄弟申金、	兄弟申金、
官鬼午火、	官鬼午火、應
父母辰土、應	兄弟酉金、
妻財寅木、	子孫亥水、

子孫子水○　　　　父母丑土、、世

求功名爻午火爲用神，子水忌神動來克，但幸子水化丑土，子與丑合，故貪合忘克。

貪合忘生。例：巳月戊辰日測妻病，得《無妄》之《益》卦：

天雷無妄	風雷益
妻財戌土、	兄弟卯木、應
官鬼申金、	子孫巳火、
子孫午火○世	妻財未土、、
妻財辰土、、	妻財辰土、、世
兄弟寅木、、	兄弟寅木、、
父母子水、應	父母子水、

辰土妻財臨日辰爲用，今午火化出未土，午與未合，不生辰土，午日原神臨日建，病有減輕，但痊癒必待必丑日沖去未土，午火無合而而生辰土，果應丑日病好。

第四節　爻之六沖

子午相沖，丑未相沖，寅申相沖，卯酉相沖，巳亥相沖，辰戌相沖。相沖者，對沖也。有卦與卦、爻與爻相沖。

六沖卦有：乾、坎、艮、震、巽、離、坤、兌、天雷無妄、雷天大壯共十卦。

相沖者有六：一，日月沖爻，二，卦逢六沖，三，六合變六沖，四，六沖變沖，五，動爻變沖，六，爻與爻沖。

爻沖有五：一，爻遇月沖爲月破，二，爻旺相遇日沖爲暗動，三，爻休囚遇日沖爲日破，四，動爻化回頭沖，如逢仇敵，五，爻與爻沖，謂之相擊。

日辰沖動爻為散，動爻沖動爻為散。旺相者，沖之不散；有氣者，沖之不散。休囚者，遇沖易散。

六沖之規：子午相沖，必是一子沖一午，或一午沖一子，二午不沖一子，二子不沖一午。其他仿此。

沖者，散也。凡忌神、仇神宜沖，凶事宜沖，吉事不宜。但逢沖時要看用神：用神旺相，沖而不破；用神休囚，凶而又凶。六合變六沖，用神旺相，始吉終凶，謀事雖成，有始無終。測病，近病逢沖即癒，久病沖則死。

例：午月丙子日開店，得《大壯》之《巽》卦：

雷天大壯	巽為風
兄弟戌土、、	官鬼卯木、世
子孫申金、、	父母巳火、
父母午火○世	兄弟未土、、
兄弟辰土、	子孫酉金、應
官鬼寅木、	妻財亥水、
妻財子水○應	兄弟丑土、、

開店營業為求財之吉事，宜合不宜沖。今卦逢六沖，變六沖，午火世爻臨月建，又化合，為日沖不散，但應爻子水臨月建，恐該年冬有散。後來該店果如此。

又例：寅月甲午日測子久病，得《大壯》卦：

雷天大壯

兄弟戌土、、

子孫申金、、

父母午火、世

兄弟辰土、

官鬼寅木、

妻財子水、應

久病逢沖則死。申爻子孫為用神，臨月破，世爻午火臨日建，克用神，本日應見凶，但卦中子水暗動制火，今日不死，明日子水受制，忌神遇合，未土貪合忘生，用神必死。果死於未日辰時。

凡得六合變六沖者，諸測不利。先合後散，先親後疏，先榮後衰，先富後貧，先好後壞，得而復失，成而敗，唯測官災盜賊有益。

第五節　爻之生克沖合

卦和六爻，有生有克，有沖有合，這正符合大自然運動變化的規律。沒有生，就沒有克，沒有克也就無所謂生。沒有沖就沒有合，沒有合也就無所謂沖。因此，生克沖合，是自然界的普遍規律。現以《乾》卦為例：

乾為天

父母戌土、世

兄弟申金、

官鬼午火、

父母辰土、應

妻財寅木、

子孫子水、

如自測吉凶，以世爻為用神。世爻戌土為自己之身，宜於旺相，最怕休囚沖克。宜午火相生，最忌寅木克之。又不宜世落空亡，更忌月破，月破為身破也。此戌土世爻有四種生克沖合。《增刪卜易》有云：

一，月建能生克沖合，此世爻戌土，若在寅卯月，則被寅卯之木克傷，為之不利。若在辰月，辰土沖戌土，謂之月破，百無所用。若在巳午月，火能生戌土，謂之火旺土相，世爻旺相，諸事亨通。若在丑未

191

月，此二土旺相能扶爲吉。若在戌月，謂之世臨月建，此爲旺相，諸事吉。若在申酉亥子月，戌土爲泄氣之地，世休囚無力。

二，日辰能生克沖合，此世爻戌土，若在寅卯日，寅卯之木能克戌土，謂世爻受傷，不利之象。若在辰日，辰土沖戌土世爻，謂之暗動。若在未丑之日，遇土而幫扶，戌土亦爲得助。若在巳午日，戌土臨日建當令得權。若在申酉亥子日，此戌土泄氣。謂之日建能生克沖合也。

三，卦中之動爻能生克沖合，此世爻戌土，遇二爻寅木發動，能克戌土；四爻午火官星發動，能生戌土；第三爻辰土發動，能沖戌土。謂之能生克沖合用神。

四，世爻發動，變出之爻能回頭生克；世爻發動，而動必變，變出午火，謂之回頭生世；變出寅木，謂之回頭克世；變出辰土，謂之回頭沖世；變出卯木，謂之合世。此謂之用神自動變出之爻，能生克沖合用神。

若得四處全來合用神，諸事都吉。若有三處相生，一處相克，吉。若有兩處克，兩處生，須看原神的旺衰。原神旺，則以吉斷。忌神旺者，可作凶斷。若遇三處相克，一處相生，若相生之爻旺相，爲克處逢生。若四處俱來克者，大凶。

第六節　爻之三合化局

申子辰合化水局，巳酉丑合化金局，寅午戌合化火局，亥卯未合化木局。

化局者，卦爻中之地支相合，卦爻與月建、日建化合等。三合化局者有四：

一、一卦內有一爻動而合局。

二、兩爻動，一爻不動而合局。一爻暗動，一爻明動，也爲兩爻

動。

三、內卦初爻動，三爻動，動而變出之爻合局。

四、外卦四、六爻動，而變出之爻合局。

合局之規，必須是申子辰三字俱全者，才能化局。多一字，少一字，都不能合局。少一字者，待其卦變出之爻，或臨月、日建之爻才能合局，此謂之虛局，待而用之。多一字者，也不能成局，如亥卯未中有兩個卯字，此為多一字，必須動爻，或日月臨戌，卯與戌合，合去了一個卯字，此時才能成局。三合局中，有一字空破者，待填實之日、月成局，有一爻入墓者，待沖開之日成局。總之，三字俱全才能化合成局。

三合局者，測功名與求官，合成官局為官旺；合成財局為財庫、為財旺；合局生世利我，生應利於他；合成子孫局，為福神生財，財氣倍增，但子孫局又為傷官、剝官之神，故不利求名求官；合成兄弟局，為劫財之神，破財之患；測祖坟家宅，宜父母爻合成局；測婚、夫妻，宜財官旺而合局；測行人，用神合在局內而不回；測出行，用神合在局內而不動。

凡得三合局，用神旺相，測喜慶之事無不吉利。合局必世爻用神在局內為佳，若世爻用神不在局內，必須要局生世用為吉。合局成忌神、仇神，而克世、克用者，為凶上加凶。因此，測喜慶之事合局，永久堅固。測官訟、憂疑之事，合局終而不為利，難以消失，故三合局有吉有凶。

例：卯月丁巳日，測兩村爭水而打架，得《離》之《坤》卦：

離為火　　　　　**坤為地**

兄弟巳火○世　　　妻財酉金、、世

子孫未土、、　　　官鬼亥水、、

妻財酉金○　　　　子孫丑土、、

官鬼亥水、應　　　父母卯木、、應

子孫丑土、、　　　　兄弟巳火、、

父母卯木〇　　　　　子孫未土、、

內卦爲我村，外卦爲他村。內卦亥卯未合成木局，外卦巳酉丑合成金局，爲金來克木。幸死金不能克旺木，又日辰制金。不足畏，而且卦逢六沖變六沖，不至爲凶，其災即散，果驗。

又例：巳月丁酉日，測謀事補缺，得《乾》之《需》卦：

乾爲天	水天需
父母戌土〇世	子孫子水、、
兄弟申金、	父母戌土、
官鬼午火〇	兄弟申金、、世
父母辰土、應	父母辰土、
妻財寅木、	妻財寅木、
子孫子水、	子孫子水、

主卦寅午戌合成官局，官局生世，此缺必得。內少寅爻發動，須待寅日得此工作。果驗。此虛合之局。

又例：午月己巳日測官運，得《乾》之《大有》：

乾爲天	火天大有
父母戌土、世	官鬼巳火、應
兄弟申金〇	父母未土、、
官鬼午火、	兄弟酉金、
父母辰土、應	父母辰土、世
妻財寅木、	妻財寅木、
子孫子水、	子孫子水、

官星午火爲用神，卦中申金動，申子辰化成水，但申與日辰巳火作合，故水局不成。此爲貪合忘克。

第七節　爻之三刑

子刑卯，卯刑子，爲無禮之刑。巳刑申，申刑寅，寅刑巳，爲恃勢之刑。丑刑戌，戌刑未，未刑丑，爲無恩之刑。辰午酉亥自刑。

相刑爲刑害之事，主凶，既主傷害疾病，又主牢役之災。凡測遇世、用神遭刑者，要遵紀守法，處事小心爲佳。

相刑，不僅卦爻中動變而構成，卦爻與日、月也可構爲三刑。三刑同樣要寅刑巳、巳刑申、申刑寅俱全，才稱爲三刑。三子可刑一卯，一卯可刑三子，但二卯一子不刑，一子二卯也不相刑。其他如三合局化局的原則一樣。

三刑雖主凶災之事，但也有貪合忘刑之別。例：寅月庚申日測子病，得《家人》之《離》卦：

風火家人	離爲火
兄弟卯木、	子孫巳火、世
子孫巳火○應	妻財未土、、
妻財未土×	官鬼酉金、
父母亥水、	父母亥水、應
妻財丑土、、世	妻財丑土、、
兄弟卯木、	兄弟卯木、

巳火爲用神，月建生之，日辰合之，病可治。但不宜月建寅，日建申與用神巳火構成三刑，病危。後果死于寅日寅時。

貪生忘刑。例：戌月丁丑日測父病，得《睽》之《蒙》卦：

火澤睽	山水蒙
父母巳火、	官鬼寅木、
兄弟未土、、	妻財子水、、

子孫酉金○世	弟兄戌土、、世
兄弟丑土、、	父母午火、、
官鬼卯木、	兄弟辰土、
父母巳火○應	官鬼寅木、、應

卦之父母動出寅木，本爲相刑，今巳火化出寅木，爲木生火，故巳火貪生而忘刑。

貪合忘刑。例：辰月己亥日測妻病，得《比》之《謙》卦：

水地比	地山謙
妻財子水、、應	子孫酉金、、
兄弟戌土○	妻財亥水、、世
子孫申金、、	兄弟丑土、、
官鬼卯木×世	子孫申金、
父母巳火、、	父母午火、、應
兄弟未土、、	兄弟辰土、、

子水爲妻，世卯木動之刑妻，但卯與戌土同動而相合，因此卯木貪合忘刑。其妻病於酉日癒。應酉日者，妻化子孫回頭生之。

又例：辰月戊午日測夫病，得《離》之《頤》卦：

離爲火	山雷頤
兄弟巳火、世	父母寅木、
子孫未土、、	官鬼子水、、
妻財酉金○	子孫戌土、、世
官鬼亥水○應	子孫辰土、、
子孫丑土、、	父母寅木、、
父母卯木、	官鬼子水、應

夫星亥水爲用，酉金動來生之，但不宜用化入墓，化月建回頭克，又是午日，辰午酉亥自刑俱全，立見凶危，死於本日午時。

第十章　動變

　　卦有卦變，爻有爻變。爻變卦則變，爻不動則不變，有動爻則有變。動變，有變回頭之生，有變回頭之克，變生者爲吉，變克者爲凶。故「吉凶生乎動」，動爻爲事之始，變爻爲事之終。

第一節　卦變生克

　　卦變者，有變生、變克、變絕、變墓、變比和之分。卦象爲大象，大象吉者，吉而又吉；大象凶者，凶且遭殃。克少生多者，爲大象吉；生少克多者爲大象凶。大象凶，在月內還許無妨，出月遭殃，化回頭克者，更凶。卦化回頭克，不論用神衰旺，都以凶斷。

　　化回頭克者，如《震》變《乾》卦：

震爲雷	乾爲天
妻財戌土×世	妻財戌土、世
官鬼申金×	官鬼申金、
子孫午火、	子孫午火、
妻財辰土×應	妻財辰土、應
兄弟寅木×	兄弟寅木、
父母子水、	父母子水、

　　震爲木，乾爲金，今卦變回頭之克，爲大象不吉。余仿此。

　　又例：巽木變坎水，爲回頭之生。

巽爲風	坎爲水
兄弟卯木〇世	父母子水、、世
子孫巳火、	妻財戌土、

```
妻財未土ヽヽ            官鬼申金ヽヽ
官鬼酉金○應          子孫午火ヽヽ應
父母亥水ヽ            妻財辰土ヽ
妻財丑土ヽヽ            兄弟寅木ヽヽ
```

此爲變回頭之生，爲大吉之象。爻變回頭生，回頭克，前有例子，不多述。絕墓者後述。

第二節　動靜生克

六爻安靜，旺相之爻，如人身體強壯有力，可以生得休囚之爻，也可以克害休囚之爻。

例：春季寅卯日，測得《坤》卦：

坤爲地
```
子孫酉金ヽヽ世
妻財亥水ヽヽ
兄弟丑土ヽヽ
官鬼卯木ヽヽ應
父母巳火ヽヽ
兄弟未土ヽヽ
```

此卦如測父母，巳火爻爲用神，六三卯木臨春當令，旺相之地，能生父母巳火，爲父母旺相。如測子孫，子孫酉金處死地，又受父母爻之克，對子孫不利。如測兄弟，丑未土臨春木克之，謂之不利。

卦有動爻，能克靜爻。即使靜爻旺相，亦不能克動爻。

例：寅月測得《兌》之《歸妹》卦：

兌爲澤　　　　**雷澤歸妹**
父母未土ヽヽ世　　父母戌土ヽヽ應

兄弟酉金○	兄弟申金、
子孫亥水、	官鬼午火、
父母丑土、、應	父母丑土、、世
妻財卯木、	妻財卯木、
官鬼巳火、	官鬼巳火、

酉金雖處休囚之地，但臨發動，故能克旺相之卯木。卯木當令，能克丑未二土，但木自身受傷，無力克土。余仿此。

靜者如坐如臥，動者如人行走，有力之象，故動克者凶。

第三節　動變生克沖合

凡卦有動爻，動而必變。變出之爻生克沖合本位之動爻，不能克他爻，而他爻與本位之動爻，亦不能生克變爻。

例：子月卯日測得《坤》之《晉》卦：

坤爲地	火地晉
子孫酉金○世	父母巳火、
妻財亥水、、	兄弟未土、、
兄弟丑土○	子孫酉金、世
官鬼卯木、、應	官鬼卯木、、
父母巳火、、	父母巳火、、
兄弟未土、、	兄弟未土、、

酉金發動，酉爲動爻。變出之巳火爲變爻，變爻之巳火能回頭克本位之酉金，但巳火不能生克他爻。四爻丑土動而能生世爻之酉金，不能生變出之酉金，而變出的酉金，不能生克他爻。能制變爻者，唯有月、日，能生之、克之、制之、沖之、合之。日月如天，掌生殺之權，能生克動爻、靜爻、飛爻、伏爻、變爻，而諸爻不能克傷日月。《黃金策》

有：「爻傷日月，徒受其名。」如此例，子水月建能克世爻變出之巳火；卯為日建，能沖克變出之酉金。余卦仿此。

第四節　暗動

靜爻旺相，日辰沖之為暗動；靜爻休囚，日辰沖之為日破。暗動者，有喜有忌。用神休囚，得原神暗動相生，忌神暗動生原神，原神暗動生用神，此謂之喜。用神休囚無助，又得忌神暗動克之，皆謂之凶。

暗動者，如人私下作事，福來而不知，禍來而不覺。因此，凡遇忌神暗動克世，克用者，應提高警惕，多加防範，處處小心為妙。

例：寅月己未日測女病，得《坤》之《師》卦：

坤為地	地水師
子孫酉金丶丶世	子孫酉金丶丶應
妻財亥水丶丶	妻財亥水丶丶
兄弟丑土丶丶	兄弟丑土丶丶
官鬼卯木丶丶應	父母午火丶丶世
父母巳火✕	兄弟辰土丶
兄弟未土丶丶	官鬼寅木丶丶

酉金子孫雖處休囚之地，但得日辰未土生之。二爻巳火動來克金，幸未沖丑土暗動，土動生金，病雖重無妨。今日未、申時有救，果遇名醫救治。

第五節　獨發獨靜

一卦之中，五個爻不動，一個爻動，謂之獨發。五個爻俱動，一個爻不動，謂之獨靜。若卦中有一爻明動，有一爻遇日辰沖而暗動，此也

為獨發。獨發獨靜，不過觀事之成敗遲速而已。生者事成，克者事敗；靜者應遲，動者應速。至於吉凶，當看用神，如捨用神而不用，非也。

　　盡靜盡發：一卦六爻安靜，又無日辰沖動，為盡靜。六個爻全動者，為盡發。盡靜者，如春花之含蕊，人未見其妙。盡發者，猶如百花齊放，人多見其艷，一遇狂風，翻然而損。故靜者美，動者常咎。不管盡靜盡發，以看用神為主斷事。

第十一章　四時生旺

卦象、爻象、五行六親的生旺，休囚墓絕，是以一年四季的節令、月建、日辰爲標誌的。卦象、用神臨旺，則吉；臨休囚、墓絕之地則不吉。因此，四季節令，月建、日辰在預測中是極爲重要的，一定要熟記。

第一節　四時旺相

正月建寅，寅木臨月建；二月建卯，卯木臨月建。正、二月爲木旺，火相，其餘金、水、土俱作休囚。

三月建辰，辰土臨月建。土生金，金爲旺相，木有餘氣，其餘俱作休囚。

四月建巳，巳火臨月建；五月建午，午火臨月建。四、五月火旺，土相，其餘俱作休囚。

六月建未，未土臨月建。土生金，金爲相，火有餘氣，其餘皆爲休囚。

七月建申，申金臨月建；八月建酉，酉金臨月建。七、八月金旺生水，水爲相，其餘俱作休囚。

九月建戌，戌土臨月建。土生金，金爲相，其餘俱作休囚。

十月建亥，亥水臨月建；十一月建子，子水臨月建。十月、十一月水旺生木，木爲相，其餘俱作休囚。

十二月建丑，丑土臨月建，土生金，金相，水有氣，其餘爲休囚。

用神臨月建、日辰、長生帝旺，得福不淺。忌神臨之，爲禍不淺。但用神臨旺地，且無他爻克傷，爲吉。

忌神臨月建、日辰、長生帝旺者，而用神休囚無救者，諸測皆凶。生扶忌神者，爲助惡行凶；克制原神，爲攔路搶劫。忌神受克有制，無凶。

第二節　生旺墓絕

關於生旺墓絕，在第二至第五章已經論及，今再述如下：

金長生在巳，旺在酉，墓在丑，絕在寅。

木長生在亥，旺在卯，墓在未，絕在申。

火長生在寅，旺在午，墓在戌，絕在亥。

水土長生在申，旺在子，墓在辰，絕在巳。

若用神爻屬木，則臨亥月或亥日，爲用神長生在亥，也爲臨月建日辰，爲用神遇長生。若臨卯月，或卯日，即爲用神帝旺在卯。若臨未月或未日，爲用神入墓。臨申月，或申日，即爲用神絕於申。餘仿此。

又用神爻屬木，動出亥水爻，爲用神遇長生；動出未土爻，爲用神入墓；動出申金爻，爲用神遇絕地。餘仿此。

金雖長生在巳，必須是金爻旺相，或日、月動爻生扶。金爻遇巳日，或卦中動出巳火爻，或是金爻動而化出巳，皆謂之遇金長生。若金爻休囚無氣，再遇巳午火者，則論克而不論生。

金雖墓於丑土，若得未土沖丑土，或卦中土多生金，論生不論克。土爻絕於巳，必須休囚無氣則爲絕。若得土爻旺相，或日、月動爻生扶，再遇巳火者，論生不論絕。巳火長生在寅，日、月、動爻及變出之爻又逢申字，謂三刑，論刑不論生。

例：午月己卯日測妻病，得《震》之《豐》卦：

震爲雷　　　　**雷火豐**

妻財戌土、、世　　妻財戌土、、

官鬼申金、、	官鬼申金、、世
子孫午火、	子孫午火、
妻財辰土×應	父母亥水、
兄弟寅木、、	妻財丑土、、應
父母子水、	兄弟卯木、

辰土財爻爲用神，近病逢沖則癒。子日必癒，果如此。因土旺在子。

關於土的長生，有土長生在寅者，有土長生在申者，長期無定論。根據實踐，干支土長生在寅，卦爻之土長生在申，則應驗準確。

前述有關四時旺相、生旺墓絕的原則，在預測實踐中是經常要用到的，初學者宜熟記下述「長生掌訣」，其間由「長生」發展至「養」之前後次序切勿錯亂。訣爲：「長生、沐浴、冠（帶）、臨（官）、帝（旺），衰、病、死、墓、絕、胎、養，可爲年、月、日或時，以定用神衰或旺。」

上述旺衰關係，可配十二支。木長生在亥，故長生配在亥位，沐浴配在子位，以順行推之。如木爲用神，臨寅卯月日，爲臨官、帝旺之地，臨午位爲死，臨未位入墓。餘仿此。讀者若感上述生旺關係與干支配合等不易記憶，可參閱本書87頁之《十天干生旺死絕表》。

第三節　論入墓

水土墓在辰，木墓在未，火墓在戌，金墓在丑。故辰戌丑未之土爲五行之墓，也是宇宙間萬物之墓。人身雖小，暗合天地，死後而要入墳墓之地。

墓多爲凶地，故有墓爲墳墓、爲牢房、爲醫院、爲洞穴等之說。

卦有墓，爻也有墓。最怕世爻用神隨鬼入日墓，入動墓，動而化

墓。隨鬼入墓，為鬼爻持世而己入墓。如測疾病凶危之事，出現隨鬼入墓便知吉凶禍患。若是世爻用神休囚無氣，被克而入墓，必見凶危。若世爻用神旺相，更有生扶，即為有救。

世爻用神旺相者，墓爻值空破，須等墓爻填實之年、月、日而凶。世爻用神休囚，則在世爻用神填實之日月而應吉。破墓，為日、月、動爻沖破，猶如魚遇破網而易出。

求財謀事者，世旺遇墓，必待沖墓之日月而成。測婚姻者，世旺得地，又財爻有氣而生世、合世，待沖開墓庫之日月而成婚。古有：「占行人，用神化墓或入動墓者，用神旺相必歸。」此論非也。我在實際預測中，碰到世用處旺地而入墓，有一年多未歸的，有幾年未還的，是死是活，亦無音訊。求名求官者，世旺相，沖開墓庫之年月而成名成官。測出行者，世爻旺相，沖墓之日月稱心，若世遇休囚空破，多為去而不返。問病者，世爻旺相，沖墓日月而病癒；若世休囚空破，沖墓之日月而病危。近病逢空不妨，出空而好。測官災牢役者，世爻旺相可出。世休囚空破，必枷鎖難以離身。總之，凡測一切，如果世爻用神旺，沖開墓庫之年、月、日則吉星高照；若用神，世爻休囚無氣、空破，遇沖開墓庫之年、月、日不免遭殃。

例：子月辛未日測子病，得《漸》之《中孚》卦：

風山漸	風澤中孚
官鬼卯木、應	官鬼卯木、
父母巳火、	父母巳火、
兄弟未土、、	兄弟未土、、世
子孫申金○世	兄弟丑土、、
父母午火×	官鬼卯木、
兄弟辰土×	父母巳火、應

申金用神旺地，化出丑土墓庫，為之化墓。幸得日建未土沖開墓

庫，又得辰土動來生用，今日未時必癒。果應之。

例：午月戊辰日，一老婦測夫運，得《鼎》之《未濟》卦：

火風鼎	火水未濟
兄弟巳火、	兄弟巳火、應
子孫未土、、	子孫未土、、
妻財酉金、	妻財酉金、
妻財酉金○	兄弟午火、、世
官鬼亥水、	子孫辰土、
子孫丑土、、	父母寅木、、

官鬼亥水爲用神，因得火生土，土生金，金生水，相繼而生，實爲財多官旺而不小。但今酉金財爻處死地，又化兄弟午火回頭之克，官爻亥水無生，又臨日墓化墓，隨鬼入墓，必有牢役之苦。此老婦曰：「丈夫官確實不小，今年三月被捕入獄，問吉凶如何？」夫星休囚無氣，又臨旺墓，因告知：「實屬罪大，要重判。」後果因仗權欺民、橫行霸道、貪財害命，判死緩二年。

第四節　月建司權

月建，即月令，掌一月之權，司三旬之令，一月三十日當權得令，掌管萬測之提綱，巡察六爻之善惡，操生殺之權。月建能助卦爻之衰弱，挫爻象之旺強，制服動變之爻，扶起飛伏之神。月建當權爲主帥綱領，爻之衰弱者，能生之合之，拱之扶之，衰而亦旺。爻之強旺者，能克之沖之，刑之破之，旺而亦衰，卦有變爻克制動爻者，月建能制服變爻，卦有動爻克制靜爻者，月建能制服動爻。用神伏藏，飛神壓往者，月建能沖克飛神，扶助伏神而爲用。

爻之月合而有用，爻逢月破而無功。月建合爻，則爲月合而有用；

月沖之爻，即爲月破無用之爻。

月建不入爻，亦爲有用；月建一入爻，愈見剛強。卦無用神，即以月建爲用神，不必尋伏神。月建入卦動而作原神者，爲福更大。動而作忌神者，爲禍更凶。不入卦者，緩之；入卦者，速之。

爻值月建，旺相當權，逢空不空，逢傷無害。（在旬內者，畢竟爲空）

例：寅月庚戌日，測求財，得《大有》卦：

火天大有

官鬼巳火、應

父母未土、、

兄弟酉金、

父母辰土、世

妻財寅木、

子孫子水、

財爻寅木爲用，臨月建，而克世必得。但本旬爲空，要到甲寅旬中，寅爻出空可得。果於甲寅日得財。

第五節　月破

正月申破，二月酉破，三月戌破，四月亥破，五月子破，六月丑破，七月寅破，八月卯破，九月辰破，十月巳破，十一月午破，十二月未破。

月建沖爻爲月破。如正月建寅，沖卦中之申爻，申爲逢月破。其他仿此。用神臨月破，倒楣之象。月破爲枯根朽木，逢生不起，逢傷更傷。卦雖現出用神，雖有如無。如是伏神，也是無用。如有日辰生之，亦不能生；動爻作忌神者，亦不能爲害；作變爻者，不能克傷動爻。目

下雖破，出月不破；今日之破，填實之日不為破；逢合之日不為破。近應日時，遠應年月。

例：辰月戊子日測父何日回，得《乾》之《夬》卦：

乾為天	澤天夬
父母戌土○世	父母未土、、
兄弟申金、	兄弟酉金、世
官鬼午火、	子孫亥水、
父母辰土、應	父母辰土、
妻財寅木、	妻財寅木、應
子孫子水、	子孫子水、

父母戌土為用神，臨月破，無日辰、動爻生之，實在為破。但父爻持世而動，有走動之象，卯日有信，午未日必回。果如此，卯日得信者，破而逢合之日；未日回者，父化未土旬空，出空之日而到也。

又例：申月甲戌日測官運還能升否，得《艮》之《剝》卦：

艮為山

官鬼寅木、世

妻財子水、、

兄弟戌土、、

子孫申金○應

父母午火、、

兄弟辰土、、

寅木官星持世而遇絕，又逢月破，應爻申金臨月建，動來克世，為大凶之象。應爻克世有仇人，不但不得官，還防凶災。果於本月申日，因恃權貪財，遭眾怒而殺。

爻靜而不動，又無日辰、動爻生助，又值旬空，休囚無氣，反遭月建、日辰、動爻克害者，此為真破。

第六節　日建當令

一月三十天，中排天干地支，有陰陽五行生克制化之律。日建者，即子、丑、寅、卯、辰、巳、午、未、申、酉、戌、亥十二支周而復始。地支為一日之主，是卦中六爻五行生旺墓絕的具體標誌，是預測信息時，決斷成敗的重要依據。

月建司三旬之權，但有春夏秋冬之分，四季生旺墓絕之別。日建不然，四時俱旺，為六爻之主宰，行一日之令，掌一日生殺之權，與月建同權同功。

卦之用神，得日建之生，動爻之生、之合，則用神旺而更旺；而用神休囚得之，如久旱之苗而得雨，化險為夷。日建生助原神，更是百事亨通。

用神受日建之克、日建之沖、日建之刑，為不利之象，用旺月生，還可敵之，用遇休囚衰弱，猶如雪上加霜，凶之又凶。

日辰沖旺相之靜爻，為暗動，暗動則更得其力。爻靜而休囚衰弱遇日辰沖之，為日破、爻破而無用。

爻遇旬空，日建沖之而為有用，謂之沖空則實。爻之逢合，被日建沖之，謂之合處逢沖。凶神合處喜逢沖，吉神合處不宜沖。總之，爻之休囚衰弱，日建當令，能生之、合之、扶之、比之。爻之強旺者，日建能克之、沖之、刑之。爻逢月建，日沖而不散，遇克而無傷。爻逢日建當令，月沖而不破，月克無傷，逢動爻之克則不為害，化回頭之克，則不為禍。但必須注意：月生日克，兼看沖克，看還有爻沖克用神否。日生月克，兼看有動爻生扶用神否。月建當權，不能沖散。月克日生，遇幫扶而更旺，月生日克，逢克害而更衰。

例：申月丙寅日測自病，得《屯》之《節》卦：

水雷屯	水澤節
兄弟子水、、	兄弟子水、、
官鬼戌土、應	官鬼戌土、
父母申金、、	父母申金、、應
官鬼辰土、、	官鬼丑土、、
子孫寅木×世	子孫卯木、
兄弟子水、	妻財巳火、世

世臨日建，雖臨月破，又子孫臨日建，飛災橫禍化爲塵，且又得動爻扶之，而化進神，卯日病退。果於卯日起牀。

又例：寅月乙酉日測能升學否，得《賁》之《頤》卦：

山火賁	山雷頤
官鬼寅木、	官鬼寅木、
妻財子水、、	妻財子水、、
兄弟戌土、、應	兄弟戌土、、世
妻財亥水○	兄弟辰土、、
兄弟丑土、、	官鬼寅木、、
官鬼卯木、世	妻財子水、應

卯木官星持世，日建沖之爲暗動，又得亥水財爻動來生世，世又化回頭生，定能升學。果於子日得虎榜金名。

日建克爻，眞爲其禍，爻克日建，徒費其勞。日月者，如天如君，六爻者，如臣如民，日建能刑沖克害卦爻，而卦爻不能克害日月。

第七節　爻之旬空

甲子旬中戌亥空，甲戌旬中申酉空，甲申旬中午未空，甲午旬中辰巳空，甲辰旬中寅卯空，甲寅旬中子丑空。

月有三旬：上旬、中旬、下旬。旬空，是日建逢甲子，即爲甲子旬，遇甲戌即爲甲戌旬。也就是說，從日建甲子這一天起，乙丑、丙寅、丁卯、戊辰、己巳、庚午、辛未、壬申、癸酉共十天，這十天都在甲子旬中。在這十天的任何一個日子起卦，卦中有戌、亥兩爻就爲旬空。旬空，就是在甲子旬中無戌亥兩日，故爲之旬空。其他仿此。

旬空之論，自古頗多，如眞空、假空、動空、沖空、塡空、無故自空、墓空、絕空、害空、破空等，以致後人無法掌握。清朝易學家、八卦師聖野鶴對旬空也有精辟論述，經實踐檢驗，極爲準確。他說：「旺不爲空，動不爲空，有日建動爻生扶者不空，動而化空，伏而旺相皆不爲空。月破爲空，有氣無動爲空，伏而受克爲空，眞空爲空。眞空者，春土、夏金、秋木，三冬逢火是眞空。」旬空，塡空之日不爲空，出旬之時不爲空。

例：丑月庚戌日測子出外何日回，得《節》之《師》卦：

水澤節	地水師
兄弟子水、、	父母酉金、、應
官鬼戌土、	兄弟亥水、、
父母申金、、應	官鬼丑土、、
官鬼丑土、、	妻財午火、、世
子孫卯木、	官鬼辰土、
妻財巳火○世	子孫寅木、、

卯木子孫爻爲用神，用爻臨日建合之，有事相絆。又甲辰旬中寅卯空，甲寅出空必回。果如此。應甲寅日者，寅木出空不爲空，又世化寅木生世。

又有戌月甲子日，一官迷者來測官運，得《訟》之《萃》卦：

天水訟	澤地萃
子孫戌土○	子孫未土、、

211

妻財申金、	妻財酉金、應
兄弟午火、世	官鬼亥水、
兄弟午火、、	父母卯木、、
子孫辰土○	官鬼巳火、、世
父母寅木、、應	子孫未土、、

命中無官，難得官星生世持世，今世臨月墓日破，又化回頭之克，不但無官，反有大凶。今旬空，出月遭映，防亥月之官災。此人不服，說頂頭上司和上級對我關心備至，十分器重，有何官災。結果此人因走私行賄，於亥日被捕，捉拿入獄。

第十二章　反伏、歸游與卦身

第一節　卦、爻之反吟

　　卦有卦之反吟，爻有爻之反吟。反吟者，實際上是卦變沖克、爻變沖克。卦之反吟者，內外動而反吟。有乾變巽，巽變乾；坎變離，離變坎；震變兌，兌變震；坤變艮，艮變坤。坤艮兩卦都是土，為何相沖？《卜筮正宗》云：「艮卦坐於東北，艮右有丑，艮左有寅；坤卦坐於西南，坤右有未，坤左有申。二卦相對，有丑未相沖，寅申相沖。」

　　爻之反吟者，內外卦而反吟。如子變午，午變子；丑變未，未變丑；巳變亥，亥變巳；辰變戌，戌變辰。爻之反吟，與卦之反吟的不同之處是：卦變反吟，就是卦變相克。如乾變巽，為金克木，而卦中六個爻互相之間並不一定都變為相沖相克。而爻之反吟，就是卦和卦爻都同時變為相沖相克。如《坤》變《巽》、《巽》變《坤》、《觀》變《升》、《升》變《觀》等。其卦中之爻，互相發生你沖我克。現舉《坤》變《巽》為例：

坤為地	巽為風
子孫酉金×世	官鬼卯木、世
妻財亥水×	父母巳火、
兄弟丑土、、	兄弟未土、、
官鬼卯木×應	子孫酉金、應
父母巳火×	妻財亥水、
兄弟未土、、	兄弟丑土、、

　　凡卦變相克，卦爻之五行都變為相沖相克者，為爻之反吟。此《坤》、《巽》二卦之爻五行都相沖相克，故為爻之反吟。

卦之反吟，又有外卦反吟，內卦不變者和內卦反吟而外卦不變者。

外卦反吟，內卦不動，如《渙》之《師》卦：

風水渙	地水師
父母卯木○	妻財酉金丶丶應
兄弟巳火○世	官鬼亥水丶丶
子孫未土丶丶	子孫丑土丶丶
兄弟午火丶丶	兄弟午火丶丶世
子孫辰土丶應	子孫辰土丶
父母寅木丶丶	父母寅木丶丶

此爲外動內不變，故外卦之爻相克，爲外卦反吟。

內卦反吟，外卦不動，如《坤》變《升》卦：

坤爲地	地風升
子孫酉金丶丶世	子孫酉金丶丶
妻財亥水丶丶	妻財亥水丶丶
兄弟丑土丶丶	兄弟丑土丶丶世
官鬼卯木×應	子孫酉金丶
父母巳火×	妻財亥水丶
兄弟未土丶丶	兄弟丑土丶丶應

此爲內動外不變，故內卦之爻互相沖克，爲內卦反吟。**不管卦之反吟，或是內卦反吟，或是外卦反吟，只是卦爻中地支發生互相沖克，與六親無關。當卦變時，六親仍按主卦六親的方法排列。**

凡卦和爻都遇反吟者，爲內外不安之兆。外卦反吟外不安，內卦反吟內不寧。測彼此之情者，內卦反吟，我亂他定。外卦反吟，他亂我定。總而言之，凡遇反吟之卦，百事不順。如果用神化回頭克，卦變克者，實爲大凶之兆。

例：卯月壬申日測隨官上任，得《比》之《井》卦：

水地比	水風井
妻財子水、、應	妻財子水、、
兄弟戌土、	兄弟戌土、世
子孫申金、、	子孫申金、、
官鬼卯木×世	子孫酉金、
父母巳火×	妻財亥水、應
兄弟未土、、	兄弟丑土、、

世爻官鬼卯木臨月建，但不宜世化酉金回頭之克，爲凶。又內卦反吟，去而必返，是不吉之兆，不去爲上策。後去因事而返，去而不去。但當知官府是肥缺時，隨即赴任。至七月，城被攻破而死。

例：卯月乙亥日，測升選，得《臨》之《中孚》卦：

地澤臨	風澤中孚
子孫酉金×	官鬼卯木、
妻財亥水×應	父母巳火、
兄弟丑土、、	兄弟未土、、世
兄弟丑土、、	兄弟丑土、、
官鬼卯木、世	官鬼卯木、
父母巳火、	父母巳火、應

世官臨月建，又長生於日建，定能高升。果在本月由江西升山東，未及一年，復任江西。此乃因外卦反吟之故，所以去而復返。

第二節 卦爻之伏吟

卦之伏吟，則是卦變，其六爻地支五行不變。卦有內外伏吟、外卦伏吟和內卦伏吟三種。

內外卦伏吟，有《乾》與《震》、《無妄》與《大壯》，其卦爻由

子寅辰午申戌復變子寅辰午申戌。現以《乾》與《震》互變爲例：

乾爲天	震爲雷
父母戌土○	父母戌土、、世
兄弟申金○	兄弟申金、、
官鬼午火、	官鬼午火、
父母辰土○應	父母辰土、、應
妻財寅木○	妻財寅木、、
子孫子水、	子孫子水、

內外卦伏吟，就是卦內外六爻地支五行不變。

外卦伏吟有：《恒》與《姤》、《小過》與《遯》、《歸妹》與《履》、《豐》與《同人》、《訟》與《解》、《否》與《豫》。其外卦互變，爻由午申戌復變午申戌。如《否》變《豫》卦：

天地否	雷地豫
父母戌土○應	父母戌土、、
兄弟申金○	兄弟申金、、應
官鬼午火、	官鬼午火、
妻財卯木、、世	妻財卯木、、
官鬼巳火、、	官鬼巳火、、世
父母未土、、	父母未土、、

外卦伏吟，就是外卦變，其爻地支五行不變。

內卦伏吟有：《屯》與《需》、《泰》與《復》、《大有》與《噬嗑》、《隨》與《夬》、《大畜》與《頤》、《小畜》與《益》卦，其內卦之爻，由子寅辰復變子寅辰。如《小畜》與《益》

風天小畜	風雷益
兄弟卯木、	兄弟卯木、應
子孫巳火、	子孫巳火、

妻財未土、、應　　　妻財未土、、

妻財辰土○　　　　　妻財辰土、、世

兄弟寅木○　　　　　兄弟寅木、、

父母子水、世　　　　父母子水、

內卦伏吟，就是內卦變，其爻地支五行不變。

伏吟之卦，其六親變化，仍按主卦之六親方法排列。

伏吟之卦，皆主憂慮呻吟之象。其內伏吟，內呻吟；外伏吟，外呻吟；內外伏吟，內外呻吟，凡遇之都不稱心如意。測彼此之情況者，內卦伏吟，我心不快；外卦伏吟，他心不安。要知吉凶，看其用神生克和細看用忌伏吟。

例：申月乙卯日測兵到，當避何處，得《無妄》之《壯》卦：

天雷無妄　　　**雷天大壯**

妻財戌土○　　　　妻財戌土、、

官鬼申金○　　　　官鬼申金、、

子孫午火、世　　　子孫午火、世

妻財辰土×　　　　妻財辰土、

兄弟寅木×　　　　兄弟寅木、

父母子水、應　　　父母子水、應

卦逢內外伏吟，憂慮重重，今喜子孫持世，千災萬禍化爲塵。應爻子水爲父母，月建生父母，日建生世，自己和父母平安。但兄弟寅木伏吟，逢月破，兄弟有凶危。後來母避西方，自避東方，皆因生之無事。其弟念父母而探，中途遭害。

又例：申月甲午日，測父在外平安否，得《姤》之《恒》卦：

天風姤　　　**雷風恒**

父母戌土○　　　父母戌土、、應

兄弟申金○　　　兄弟申金、、

官鬼午火、應　　　官鬼午火、

兄弟酉金、　　　　兄弟酉金、世

子孫亥水、　　　　子孫亥水、

父母丑土、、世　　父母丑土、、

外卦戌土爻伏吟，在外不安。雖當地局勢有變，但日建生父，平安無事。果如此。

又例：寅月乙卯日，在外測家人安否，得《無妄》之《乾》卦：

天雷無妄　　　**乾爲天**

妻財戌土、　　　　妻財戌土、世

官鬼申金、　　　　官鬼申金、

子孫午火、世　　　子孫午火、

妻財辰土×　　　　妻財辰土、應

兄弟寅木×　　　　兄弟寅木、

父母子水、應　　　父母子水、

內卦伏吟，內不安。今妻財辰土伏吟，臨日、月、動爻之克，妻有凶災。後妻果去世于辰月。因辰月者，伏吟之月。

第三節　游魂歸魂

游魂者，往也；歸魂者，回也。八卦有游魂歸魂之論，源出於八宮卦變。如乾宮第六卦爲《剝》，也就是《觀》的第五爻變，變爲《剝》卦，世爻居五。而第六變，不向上變而向下，即《剝》的第四爻變離而爲《晉》卦，此向下變者爲「游」，故爲游魂卦。第七變，即將《晉》卦的內三爻由全陰變回全陽，故爲歸魂。

游魂卦爲八宮的第七卦：《火地晉》、《雷山小過》、《天水訟》、《澤風大過》、《山雷頤》、《地火明夷》、《風澤中孚》、《水天需》。

　　歸魂卦為八宮第八卦：《火天大有》、《雷澤歸妹》、《天火同人》、《澤雷隨》、《山風蠱》、《地水師》、《風山漸》、《水地比》。

　　游魂、歸魂卦，古代論述不多，測之為少見。《增刪卜易》有：「游魂行千里，我行此事欲久者，游魂而不能久，心無定向，遷改不常。歸魂不出疆，論事拘泥不行，與游魂卦相反而斷可也。凡得游魂卦者，占身命生平，無安家樂業之處，占行人游變他鄉，占出行行止不定，占家宅遷徙不常，占墳墓者不安。」

　　野鶴對游魂、歸魂卦解釋說：「須以用神為主，然後以此參之，若捨用者執此而斷者，謬也。」此論十分正確。

第四節　卦身

　　卦身之法，諸書不一。有的不用卦身，只重用神，認為一卦之中，看世爻、應爻、用神就可以了，不必講卦身。如用神不吉，卦身吉；或卦身不吉，用神吉，以誰為主？出現矛盾時，難以定論。有的則強調卦身重要性，《卜筮正宗》認為：「卦身之爻為占事之主，若無卦身，則事無頭緒，倘卦身受傷。其事難成。」縱觀《正宗全書》，它既講用神，又強調卦身的重要性，是二者兼顧之法。我在信息預測中，只看世爻、應爻、用神，沒有應用卦身之法，但我認為，卦身之法，不能全廢，預測中可以作為參考。

　　「陰世則從午月起，陽世還從子月生，欲得識其卦中意，從初數至世方眞。」（《卜筮正宗》）此為定卦身之法。

　　「陰世則從午月起」，是定陰爻持世的卦的卦身方法。就是說，凡是遇陰爻持世的卦，則從卦的初爻上起午，二爻起未，三爻起申，四爻起酉，五爻起戌，六爻起亥，一直數至世爻為止。此謂「數至世方眞」。如果初爻正好是午火持世，那麼初爻的午火就是卦身；數至世爻是

未土爻，未土即是卦身；數到世爻是申，申爻就是卦身；數到世爻是戌，戌爻就是卦身；數至世爻是亥，亥爻則是卦身。若世爻的地支不是亥，或者不是所求的地支，則看卦中有亥爻否，有亥爻不論在內卦，還是在外卦，見亥就是卦身。現舉例如下；

坤爲地	天風姤	風火家人
子孫酉金、、世	父母戌土、	兄弟卯木、
妻財亥水、、卦身	兄弟申金、	子孫巳火、應
兄弟丑土、、	官鬼午火、應　卦身	妻財未土、、卦身
官鬼卯木、、應	兄弟酉金、	父母亥水、
父母巳火、、	子孫亥水、	妻財丑土、、世
兄弟未土、、	父母丑土、、世	兄弟卯木、

《坤》卦從初爻未土起午，二爻巳火起未……數至上六世爻酉金爲亥，故第五爻亥水爲卦身。

《姤》卦初爻丑土世爻起午，則是午臨世爻，午就是卦身，所以第四爻午火是卦身。

《家人》卦初爻卯木起午，二爻丑土起未，二爻正好是世爻，故卦中未土是卦身。其他卦仿此。

「陽世還從子月生」，是定陽爻持世卦的卦身方法。其法與定陰爻持世的方法同理。凡是遇陽爻持世的卦，則從卦的初爻上起子，二爻起丑，三爻起寅，四爻起卯，五爻起辰，六爻起巳，一直數至世爻爲止。如初爻正好是子，又是世爻，那麼初爻子水就是卦身。二爻持世，丑土即是卦身；三爻持世，寅木就是卦身；四爻持世，卯木就是卦身；五爻持世，辰土就是卦身；六爻持世，巳火就是卦身。如果六爻地支不是巳火，卦中有巳火爻就是卦身。

現舉例如下：

離爲火	山火賁	山風蠱

兄弟巳火、世　卦身	官鬼寅木、	兄弟寅木、應　卦身
子孫未土、、	妻財子水、、卦身	父母子水、、
妻財酉金、	兄弟戌土、、應	妻財戌土、、
官鬼亥水、應	妻財亥水、	官鬼酉金、世
子孫丑土、、	兄弟丑土、、	父母亥水、
父母卯木、	官鬼卯木、世	妻財丑土、、

《離》卦從初爻起子，數至世爻巳火，巳火是卦身。《賁》卦初爻卯木起子，正好初爻是世爻，所以五爻子水便是卦身。《蠱》卦三爻持世，為寅位，所以卦中寅爻上九為卦身。

一個卦兩個卦身的定法與上相同，如《升》、《臨》等就是兩個卦身。

地風升

官鬼酉金、、卦身
父母亥水、、
妻財丑土、、世
官鬼酉金、卦身
父母亥水、
妻財丑土、、應

地澤臨

子孫酉金、、
妻財亥水、、應
兄弟丑土、、卦身
兄弟丑土、、卦身
官鬼卯木、世
父母巳火、

《升》卦初爻起午，數四爻正好是世，是酉位，所以卦中酉爻為卦身。

《臨》卦初爻起子，二爻正好是世爻丑位，所以丑土就為卦身。

卦身是伏神：有的卦沒有卦身，沒有卦身就從各宮首卦中去查，就如伏神一樣。查出後，伏神在第幾爻位上，就寫在主卦第幾爻位旁。其例如下：

水山蹇

子孫子水、、

雷天大壯

兄弟戌土、、

父母戌土、伏卦身酉金	子孫申金、、
兄弟申金、、世	父母午火、世
兄弟申金、	兄弟辰土、伏卦身卯木
官鬼午火、、	官鬼寅木、
父母辰土、、應	妻財子水、應

《蹇》卦從初爻起午，數至世爻申金是酉位，酉爲卦身，但卦中無酉金爻，故從兌卦查酉金在第五爻，故酉金伏在《蹇》卦第五爻戌土之旁，此即卦身。《壯》卦也是如此，數至第四位世爻是卯木，卦中也無卯木，故從《坤》卦查得卯木，伏在《壯》卦的第三爻旁，卯木爲卦身。

還有的卦，不但本身無卦身爻，就是用伏神的辦法也查不出卦身，此爲無卦身之卦。如《大過》就是如此：

澤風大過

妻財未土、、

官鬼酉金、

父母亥水、世

官鬼酉金、

父母亥水、

妻財丑土、、應

《大過》卦從初爻起子，數至世爻卯位，但卦中無卯木，在《震》卦中查伏神，也無卯木之爻。故此卦爲全無卦身之卦。

綜上所述，卦身之法共有四種情況：一是有卦身；二是一卦有兩個卦身；三是以伏神爲卦身；四是全無卦身。

卦身之吉凶斷法和用神一樣，離不開陰陽五行生克制化的法則。卦身旺相，生卦身者，則吉；反之則凶。但在運用時，可以根據自己的情況，善用者則用，不善用者可不用。測事取用神爲主，這是正統方法。

第十三章　測來意，定應期

第一節　測來意

測來意，就是卦成之後，根據六爻所主，要知來人何事，這就叫測來意。用八卦測事，要知道來人之意，這是很難做到的。從歷史上看，往往是卦成之後，八卦大師問來者測何事而取用神。但有時，來人反問卦師：「你看測何事？」有的技高者能回答，有的回答不了。回答不了的也很正常，人有萬事，誰知問何事。而來人反問，也是正常的，故二者都不爲錯。

測來意，古代的占書雖有論述，但完整的經驗，除《卜筮正宗》中的《何知》章外，見者不多。因此，《何知》章可作測來意之參考。今特將該章全篇抄錄如下：

《何知章》

何知人家父母疾，白虎臨爻兼刑克；

何知人家父母殃，財爻帶動殺神傷；

何知人家有子孫，青龍福德爻中論；

何知人家無子孫，六爻不見福神臨；

何知人家子孫疾，父母爻動來相克；

何知人家子孫災，白虎當臨福德來；

何知人家小兒死，子孫空亡加白虎；

何知人家兄弟亡，用落空亡白虎傷；

何知人家妻有災，虎臨弟兄動傷財；

何知人家妻有孕，青龍財臨添喜神；

何知人家有妻妾，內外兩財旺相決；

何知人家損妻房，財爻帶鬼落空亡；

何知人家訟事休，空亡官鬼又休囚；

何知人家訟事多，雀虎持世鬼來扶；

何知人家旺六丁，六親有氣吉神臨；

何知人家進人口，青龍得位臨財守；

何知人家大豪富，財爻旺相又居庫；

何知人家田地增，勾陳入地子孫臨；

何知人家進產業，青龍臨財旺相說；

何知人家進外財，外卦龍臨財福來；

何知人家喜事臨，青龍福德在門庭；

何知人家富貴昌，財臨旺福青龍上；

何知人家多貧賤，財爻帶耗休囚見；

何知人家無依倚，卦中福德落空亡；

何知人家灶破損，玄武帶鬼二爻恓；

何知人家鍋破漏，玄武入水鬼就來；

何知人家屋宇新，父入青龍旺相真；

何知人家屋宇敗，父入白虎休囚壞；

何知人家墓有風，白虎空亡巽巳攻；

何知人家墓有水，白虎空亡臨亥子；

何知人家有香火，卦中六爻不見火；

何知人家無風水，卦中六爻不見水；

何知人家兩灶戶，卦中必主兩重火；

何知人家不供佛，金鬼爻落空亡決；

何知兩姓共居屋，兩鬼旺相卦中堆；

何知一家有兩姓，兩重父母卦中臨；

何知人家雞亂竄，螣蛇入酉不須疑；

何知人家犬亂吠，螣蛇入戌又逢鬼；

何知人家見口舌，朱雀持世鬼來掇；

何知人家口舌到，卦中朱雀帶木笑；

何知人家多爭競，朱雀兄弟推世應；

何知人家小人生，玄武官鬼動臨身；

何知人家蓄賊徒，玄武臨財鬼來扶；

何知人家災禍至，鬼臨世爻來克世；

何知人家痘疹病，螣蛇爻被火燒定；

何知人家病要死，用神無救又入墓；

何知人家多夢寐，螣蛇帶鬼來持世；

何知人家人投水，玄武臨水殺臨鬼；

何知人家有吊頸，螣蛇木鬼世爻臨；

何知人家孝服來，爻重白虎臨鬼排；

何知人家見失脫，玄武帶鬼應爻發；

何知人家失衣裳，勾陳玄武入財鄉；

何知人家損六畜，白虎帶鬼臨所屬；

何知人家失了牛，五爻丑鬼落空愁；

何知人家失了雞，初爻帶鬼玄武欺；

何知人家無牛豬，丑亥空亡兩位虛；

何知人家無雞犬，酉戌二爻空亡倦；

何知人家人不來，應爻俱落空亡排；

何知人家宅不寧，六爻俱動亂紛紛；

仙人造出何知章，留與後人作飯囊；

福禍吉凶俱有驗，時師句句細推詳。

第二節　定應期

「八卦定吉凶，吉凶生大業」，「是故吉凶者，失得之象」（《繫辭》）。吉凶，對國家來說，關係到生死存亡的大事；對一個單位來說，關係到興衰的大事；對一個人來說，關係到一個人的前途和命運。所以，吉凶之事與每個人都密切相關，因而十分重要。

「以定天下之吉凶，成天下之亹亹者，莫大乎蓍龜。」（《繫辭》）。天下之事，有吉有凶，而吉凶的信息，是靠預測的方法得來的。對所測得的吉凶信息，最重要的一環，就是定準吉事到來和凶事發生的時間，這個時間，就叫應期。因此，定應期是一切信息預測的最後階段，也是關係到信息預測成功與否的重要一步。

定吉凶應期，從古至今都很重視，都在認真研究和不斷總結這方面的經驗。定應期準否，還關係到信息預測技術的進一步發展。所以，作為一個信息預測者，不僅要快而準的測出所需信息吉凶，而更重要的是準確定出吉凶應驗時間，為人趨吉避凶提供可靠的信息保證。要做到對信息測得準，應期定得準，沒有高超的技術是不行的，因此我們要認真學習苦練、大膽實踐、總結經驗。

六爻預測方法的應期定法很多，不僅複雜，而且各種事情又有獨特的定應期方法。我在全國各地講學時，學員們要我講一講六爻定應期的方法，我根據古代預測事例及自己在實踐中應用的經驗，歸納出如下幾種方法，供易學者和愛好者在研究中參考。

一、生克應期

卦有六爻配六親，六親為取用神之用。世為自己，應為他人，用神為所測之事。定測事之應期，是以世爻、用神為主，看是何爻生世生用。從吉凶之事講，世爻用神宜生不宜克，生者吉，克者凶。原神臨長

生帝旺之地而生合世爻用神，福祿倍增；忌神臨長生帝旺之地而克世用，則禍來不小。

1、生世用之應期

凡測喜慶之事，世及用神喜臨日、月、動爻、化回頭之生。其應期定法：自測病，以世爻丑土為用神，巳午火為原神，可定巳午火生丑土之時，為病癒之應期；若巳午之原神被亥子水所克，必待沖去亥子水，或亥子水入墓之時，為病癒之應期；若巳午火旬空月破，待出空填實逢合之時，為病癒之應期；若巳午火貪合忘生，待其逢沖之時，為應期；若巳午火入墓化墓，待其沖墓之時為應期；若巳午火原神不現，待出現之時為應期；若巳午原神靜而不動，後逢巳午之時，為應期。

2、克世克用之應期：

測吉凶之事，克世克用為凶。但不能一律把克世克用都視為凶，一定要看是測何事。如測行人何日回，就有「用神克世人即回」的寶貴經驗，用神不克世，人還不回。測官訟之事，以官鬼爻為用神，官鬼為克我之人，如果官鬼用神受克，不但不為凶，反而為吉。

凡克世用者，為忌神。世、用是木，忌神必是申酉之金。故必在申酉之時，為發生凶災之應。如測病，世為卯木，申金為忌神，必臨申酉日、月之時，為受克之應；若申酉配忌神，得仇神日、月、動爻之生，此為受克之應；若申酉遇旬空月破，必待出空填實逢合之時，為受克之應；若忌神化長生，臨長生之時，為受克之應；若忌神申金化酉金，必臨酉金之時，為受克之應。忌神化退忌沖，酉金動而化申，有逢寅沖動而應者，也有逢申而應之。總之，測凶危之事，宜忌神逢墓、入墓、化墓，逢休囚死地，化退化絕化死化合為好。

二、旬空應期

旬空，有吉有凶。凡測吉凶，遇世、用神為旬空，其事，在出空、填實之年、月、日、時成；其凶事，則在出空、填實之年、月、日、時

災來。如在甲辰旬中測求財，得寅卯木財爻爲用，必須寅卯出之日得財；如測疾病凶事，寅卯爲忌神，則出空之日必有災禍臨身。

用神旬空發動，則出旬値日成事；用神動而逢空、化空，待出空之期應吉凶；用神空而逢合，必待沖開之期而應吉凶；用神空而逢克，必待出空或制殺之期而應吉凶；用神空而入墓，必待沖墓之期而應吉凶。

三、逢合應期

逢合，有三合、六合之分。凡測喜慶之事喜三合六合；測憂疑禍患、出行、行人不宜逢合。憂疑禍患逢合，難解難結；出行、行人遇合爲絆神，動而不動，回而有絆。三合六合，生合世用爲吉、克沖世用者爲凶。原神、用神入局爲吉，忌神、仇神入局爲凶。故三合六合。有吉有凶。

三合者，申子辰合水局之類。預測時，若當日卦中用神或動而成三合局，或臨月、日三合局全者，當日應之吉凶；三合局有一爻沖破者，必待逢合之期應之吉凶；如一爻靜，二爻發者，必待一靜爻値日，應之吉凶；一爻靜而逢空，或動而化空，必待出空之期，應事之吉凶；如空而逢合，靜而逢合，必待沖期，應事之吉凶；三合自合，或與月日合者，必待沖合之期，應事之吉凶；如入墓或動而化墓，必待沖墓之期，應事之吉凶；如化絕、或有一爻絕者，必待生旺之期，應事之吉凶。

注意：必世用在局內，或局生合世用爲吉；局克世用爲凶。

六合者，子與丑合之類。如用神臨卯發動，後遇卯、戌之時爲應。

四、逢沖應期

逢沖係指六沖，沖有喜有忌，凡喜慶之事不宜沖，沖則必散；凡官訟憂愁之患宜沖，沖之必散，散之爲吉。近病逢沖則癒，久病逢沖則死。

用神逢沖，在逢合之期，應事之吉凶；用被沖空，在塡實之期應事之吉凶。如用神爲寅不動，後逢寅、申之日月爲事之應。

五、三刑應期

三刑主凶災禍患之事，遇之其災不輕。三刑有兩爻相刑，有三爻刑的。如寅刑巳、巳刑申、申刑寅，子刑卯，卯刑子等，此爲二爻相刑。寅、巳、申俱全和一子刑三卯，三卯刑一子，爲三爻相刑。

世爻、用神遇刑，值日之期，爲凶事之應；三爻有一爻旬空，出空塡實之期，爲凶事之應；三爻有一爻入墓時，沖墓之期，爲凶事之應；三爻有一爻休囚，遇生旺之期，爲凶事之應等。

六、入墓之期

入墓之法有三：用爻入墓，入動墓，動而化墓。凡用神不宜入墓，忌神入墓爲好。用爻重疊，喜墓庫收之，故入墓者，有吉有凶。用神入墓者，必待沖墓之期，應事之吉凶；用神旺而空破者，必待墓爻塡實之期，應事之吉凶。用神重疊或太過，宜克之墓之，方能成事。如土爲用神，又逢辰戌丑未之土，爲用神重疊太過，必待寅卯木克之，爲成事之應。辰乃土之墓庫，逢辰之期，爲成事之應。此爲用神重疊，喜墓庫收之。

應期之法甚多，只列六種。總之，用神合住，沖開之期斷之；用神休囚，生旺之期斷之；用神無氣，旺相之期斷之；用旺不動，沖動之期斷之；用神有氣發動合日辰，或日辰臨動，或日辰生世者，即以本日斷之；用神受制，制殺之期斷之；用神得時旺，動而又遇生扶，以生扶之期斷之；用神安靜，逢沖之期斷之；用神不現，出現之期斷之；用神旬空，出空之期斷之。

凡測吉凶之應，有遠有近，遠應年月，近應日時。其應期之法，要看事情大小，長久近期而定，不能一概而論。

第十四章 自然界方面的信息

「仰以觀於天文，俯以察於地理」（《周易·繫辭》）。幾千年來大量的事實證明：八卦既能上測天空的信息，又能下測大地的信息；既能預測人事方面的信息，又能預測自然界方面的信息。所以人們稱：陰陽八卦定乾坤，金錢六爻斷如神；上測天來下測地，天下吉凶卦中明。

陰陽八卦，其大無外，其小無內，「遠取諸物，近取諸身」（《繫辭》），神通廣大。古今大量事實證明，八卦能預測天下之吉凶信息，並非誇張。

自然界的信息包羅萬象，有吉有凶。特別是天體運動，引起陰陽五行的變化，給人類造成各種自然災害，有的直接威脅到人類的生命財產安全，因此，我們的祖先，很早就用八卦預測自然界的信息，並且積纍大量的寶貴經驗。爲了幫助大家了解和掌握預側自然界的方法，做到有備無患，造福於人民，現根據古代記載的寶經驗和自己的體會，就預測天氣等方面信息介紹如下。

第一節 預測天氣

前已論及用卦象預測天氣的方法，本章詳述用六爻預測天氣的方法。

用六爻預測天氣陰晴風雨，古人雖以應爻爲天，世爻爲地，世受克必有非常之變。但縱觀諸書，預測天氣時，都是以六親爲主而取用神，並對六親在天氣方面所主之事，有詳細的論述和總結。

一、父母主雨：

乾爲陽爲天，坤爲陰爲地：乾爲父，坤爲母；陰陽相合化生萬物，

故稱天地是萬物之母。也就是說，只有天地陰陽二氣相合，才能氣化為雨，滋生萬物，施濟萬物，所以父母主雨。《坤》初六有：「履霜，堅冰至」，霜雪冰雹為氣之所凝，雨之所結，故父母爻也主霜雪冰雹。

1、父母爻四時主雨，不是說卦中只要見父母爻就有雨，或卦中無父母爻就沒有雨。父母爻主雨是有條件的，《黃金策》、《增刪卜易》等書中，都有精闢的論述。

父母爻動則雨，《增刪卜易》有「占雨須父動」，「動則八方潤澤」，「父母爻旺動必潦」。父母為天地，安靜主晴、動則有變，變則有濃雲重霧，日月掩藏，必雨。子孫爻主晴，父母爻克子孫爻，動而克子孫，力更強。子孫受克必然主雨。

父母爻動，有明動暗動之分，其明暗動都主雨。

父母爻主雨，有父母爻值旬空，出空必雨；父母爻入墓，沖開之時則雨；父母爻、官鬼爻靜而逢空，日建沖之，則雨；父母爻動，又遇日月動爻生扶，則有傾盆之雨；父母爻化兄弟爻，則有非常之雨。父母爻衰弱，鬼旺動，少雨濃雲；又晴又雨，定是母子同動；先雷後雨，必是鬼動沖開合父。測雨父空，日辰沖之，則沖空不為空，值日則雨，三合父局主雨，父兄兩旺冬有風，主雪飄揚之象。

父母爻主雨，但遇下列情況又無雨，如：父母爻休囚不動，無雨；父母爻化退，雨之不久必晴；父母爻入墓，動而化墓主晴；父母爻化子，雨後晴明；父母爻靜而無助，旱情有常；父母爻受妻財爻之克，無雨。測雨，遇財與子動者，須待財入墓之日，或絕之日，有雨。

古例：巳月甲戌日卯時，占天何日有雨，得《小過》之《旅》卦：

雷山小過	火山旅
父母戌土×	官鬼巳火、
兄弟申金、、	父母未土、、
官鬼午火、世	兄弟酉金、應

兄弟申金、　　　　　兄弟申金、

官鬼午火、、　　　　官鬼午火、、

父母辰土、、應　　　父母辰土、、世

　　戌土父母爲用神，父臨日建而動，又化月建巳火回頭生之，今日辰時不僅有大雨，而且有雷。果辰時起雲，辰時末，巳時初，雷雨交加，應辰時者，戌日沖父，辰土暗動；有雷者，戌化巳火，正是父鬼同興，有雷有雨。

　　1983年9月16日（陰曆八月丁未日），全國第五屆全運會在上海開幕。我在14日預測上海的天氣，得《革》之《豐》卦，斷定上海9月16日有雨，全運會不能按時開幕。而中央台在15日晚上報上海晴天。後果16日下大雨。

澤火革　　　　　**雷火豐**

官鬼未土、、　　　　官鬼戌土、、

父母酉金○　　　　　父母申金、、世

兄弟亥水、世　　　　妻財午火、

兄弟亥水、　　　　　兄弟亥水、

官鬼丑土、、　　　　官鬼丑土、、應

子孫卯木、應　　　　子孫卯木、

父母臨月建而動，日建生之，又化父母申金，故16日是大雨。

二、子孫爻主晴

　　《黃金策》講：「子孫管九天之日月。」《增刪卜易》云：「子孫爲日月星斗，動則萬里晴光。」日月星斗爲光爲明，光明之象，故子孫爻主晴。子孫爻爲陽，爲日；爲月，爲明。旺相者，光明無瑕，衰則黯淡，墓絕暗晦，空伏蒙蔽。

　　子孫持世發動，皓日當空，萬里無雲；子孫爻化進神，碧天如洗；子財動主晴；子孫爻靜而逢空，日建沖之主晴；子孫伏財主晴；應值子

孫動者，碧天無瑕；三合子孫局主晴。子孫休囚空破，或現而不動，必不大晴，而且有浮雲薄霧；子孫休囚空伏，陰晴之象；雨遇福神，爲電爲虹。卦象有雨時，子孫動沒有閃電，則有彩虹；兄弟化子孫，雲開日出；子兄同動，雷鳴彩虹之象。

古例：卯月甲午日測晴，得《壯》之《夬》卦：

雷天大壯	澤天夬
兄弟戌土、、	兄弟未土、、
子孫申金×	子孫酉金、世
父母午火、世	妻財亥水、
兄弟辰土、	兄弟辰土、
官鬼寅木、	官鬼寅木、應
妻財子水、應	妻財子水、

子孫動而化進神酉金，申酉日必萬里晴空。

古例：因連日雨，午月乙卯日測何日晴，得《明夷》之《艮》卦：

地火明夷	艮爲山
父母酉金×	子孫寅木、世
兄弟亥水、、	兄弟子水、、
官鬼丑土、、世	官鬼戌土、、
兄弟亥水、	父母申金、應
官鬼丑土、、	妻財午火、、
子孫卯木○應	官鬼辰土、、

上六爻父母化子孫爻，今日酉時見日，初爻卯木子孫動化官鬼辰土，明天是陰雲。後果酉時紅日西墜，第二天陰雲不雨。

1984年元月26日，測2月10日（丙寅月甲戌日）天氣，得《噬嗑》之《震》卦：

火雷噬嗑	震爲雷

子孫巳火○	妻財戌土、、世
妻財未土、、世	官鬼申金、、
官鬼酉金、	子孫午火、
妻財辰土、、	妻財辰土、、應
兄弟寅木、、應	兄弟寅木、、
父母子水、	父母子水、

子孫動主晴多雲，果如此。子化財主晴，何有多云？因財衰有大霧之象，故多雲。

三、妻財爻主晴

《黃金策》云：「妻財發動，八方咸仰晴光。」《增删卜易》也有「占雨宜父動，占晴宜財動」和「妻財天氣晴明」之說。按六親講，妻財爻克父母爻，今父母主雨而被克，當然無雨主晴。

財爻動主晴，明動暗動都主晴；財動克父母生世主晴，財動克父生子主晴；財旺又逢月日動爻生之主旱；三合財局，有彩霞無雨；財爻發動屬乾宮，而旱；財發動變入乾宮，又逢日月動爻生扶，必主大旱之象；財興子空，填實之日則晴；財化鬼，晴不久或者陰晴未定；官旺財衰大霧重如細雨；鬼衰財旺，烟霧少刻見晴；財主晴，難免無雲；合財之爻被兄爻克破，無風不晴；財化退，晴而不久。

古例：酉月乙巳日測本日陰晴，得《升》之《恒》卦：

地風升	雷風恒
官鬼酉金、、	妻財戌土、、應
父母亥水、、	官鬼申金、、
妻財丑土×世	子孫午火、
官鬼酉金、	官鬼酉金、世
父母亥水、	父母亥水、
妻財丑土、、應	妻財丑土、、

財動化出子孫午火，上半晴而有浮雲，交午時必滿天紅日無雲，果如此。

古例：辰月己卯日測本日陰晴，得《屯》之《臨》卦：

水雷屯	地澤臨
兄弟子水、、	父母酉金、、
官鬼戌土○應	兄弟亥水、、應
父母申金、、	官鬼丑土、、
官鬼辰土、、	官鬼丑土、、
子孫寅木×世	子孫卯木、世
兄弟子水、	妻財巳火、

子孫寅木持世動而化子孫進神，是大晴之天，五爻戌土鬼動化見亥水，亥時必有黑雲。果一日大晴，戌時星斗無光，亥時黑雲四起。

四、兄弟爻主風雲

《黃金策》：「若論風雲，全憑兄弟」，兄坐長生，定狂風累日。《增刪卜易》有：「兄弟發動雖主風雲，乃雲淡風輕之景。」兄弟爻為何主風雲，古無定論。按五行生克講：「比肩者為兄弟」，古稱兄弟是劫財之神，破壞之患。比肩為兄弟，為劫財，是不和之源，不和者就有爭鬥，爭鬥為動，動而生風，爭鬥必有進退，進退為《巽》象，《巽》為風，風吹毀百物。因此，兄弟為劫財破壞之神。又因有風必有雲，故有「風雲際會」，所以，兄弟爻主風雲。

兄弟發動主風雲，旺者風大，衰者風小；化進神風大，化退神風小。木臨兄鬼靜而逢空，日建沖之主風；兄弟臨空，日建沖之主輕風薄霧；三合局合為兄弟主風；卦中兄動父動，風雨交作，兄化父先風後雨。

古例：午月丁亥日測本日陰晴，得《遯》之《否》卦：

天山遯　　　　天地否

周易與預測學

父母戌土、	父母戌土、應
兄弟申金、應	兄弟申金、
官鬼午火、	官鬼午火、
兄弟申金○	妻財卯木丶丶世
官鬼午火丶丶世	官鬼巳火丶丶
父母辰土丶丶	父母未土丶丶

兄動爲風雲，今日還是陰天，申時要見太陽，次日卯時得大晴。果如此。因申金化卯木財爻，申時見太陽，第二天卯時大晴。

五、官鬼爻主雷霆電霧

《黃金策》：「要知雷電，但看官爻」，「五雷驅電，蓋緣鬼發離宮」。《增刪卜易》也說：「官鬼雷霆電霧」。官者，官人之君。有立法和發號施令之權，號令天下，雷霆震耳。所以，號令有雷鳴之象。有雷則有電，電爲火，有火者必有烟，又雷擊之物而有烟，烟爲霧象，故官鬼爲雷霆電霧。

官鬼爻主雷霆電霧，若官在震宮動，必有雷；金鬼動而逢空，遇當日日建沖之，必然有雷，謂之金空則響，金化金迅雷霹靂。火鬼動雷電掣金蛇，晴而逢官，爲烟爲霧，鬼動必有濃雲重霧、晦暗；夏大烈，冬大寒。世臨土鬼，黃沙多散，鬼沖世位，金星會，陰霧迷空；鬼動而世或沖克應爻，或臨發動，皆主濃雲重霧；多霧多烟，財鬼同動；官化退神，霹雷驚天，遠方大雨，近處小雨；鬼父同動，先雷後雨。三合鬼局，黑霧迷天，雷電閃爍；官化退神雨將止。官鬼爲雷霆電霧，應分季節而論之。

古例：巳月丁卯日，測天何日雨，得《恒》之《大過》卦：

雷風恒	澤風大過
妻財戌土丶丶應	妻財未土丶丶
官鬼申金×	官鬼酉金、

236

子孫午火、	父母亥水、世
官鬼酉金、世	官鬼酉金、
父母亥水、	父母亥水、
妻財丑土、、	妻財丑土、、應

此卦世鬼暗動，申鬼明動化進神，申時必有雷，果然霹靂驚天。

預測天氣，不僅只看六親所主，還有卦之反吟伏吟來決陰晴。野鶴老人曰：「卦得反吟，晴雨終須反覆」，「爻逢伏象，旱澇必待沖開」。

例：辰月庚寅日測何日晴，得《觀》之《升》卦：

風地觀	**地風升**
妻財卯木〇	兄弟酉金、、
官鬼巳火〇	子孫亥水、、
父母未土、、世	父母丑土、、世
妻財卯木×	兄弟酉金、
官鬼巳火×	子孫亥水、
父母未土、、應	父母丑土、、應

卯木財動，次日可晴，因為內外反吟，晴而又雨。果次日晴又下雨。

例：辰月甲戌日測雨，得《壯》之《震》卦：

雷天大壯	**震爲雷**
兄弟戌土、、	兄弟戌土、、世
子孫申金、、	子孫申金、、
父母午火、世	父母午火、
兄弟辰土〇	兄弟辰土、、應
官鬼寅木〇	官鬼寅木、、
妻財子水、應	妻財子水、

卦變伏吟，動如不動，財動沖開必晴，父動沖開則雨。得雨者，待沖父之日。

用六爻預測天氣晴陰，雖很詳細，但較之卦象難度較大。對於以五行來斷天氣，古人亦有分歧。《洞林秘訣》云：「凡人占驗晴陰，水動雨兮火動晴，木動風生土動晦，若臨金水雨大而未止，若臨火土雨小而不久」，與《增刪卜易》的觀點不同，這給後人在預測天氣時帶來了一定的困難。到底以何爲主，難以決斷。

根據八卦五行所主和實踐經驗，我認爲按爻之五行來決斷天氣陰晴，在原理上是對的。如坤爲土爲陰，艮爲山爲雲霧，坤艮爲土，有土克水之義，故不雨而有雲霧陰晦之象；離爲日爲明，主晴；坎爲水主雨；震巽爲木，木生風，故主風。《梅花易數》中有：「乾主晴」，「兌爲澤，故不雨則陰」。乾兌爲金，雖有生水之義，但必須是動而生父母爻。因此，我在預測天氣時，既看卦爻之五行，又結合當天的日支所主而定天氣。如1983年8月1日，我測8月5日的天氣是陰天有風，而陝西電視台在8月4日連續四次播送8月5日有大暴雨的緊急通知，要求各單位作好防汛工作。結果8月5日是陰天有風，滴雨未下。當時的卦象是《渙》之《訟》卦：

風水渙	天水訟
父母卯木、	子孫戌土、
兄弟巳火、世	妻財申金、
子孫未土×	兄弟午火、世
兄弟午火、、	兄弟午火、、
子孫辰土、應	子孫辰土、
父母寅木、、	父母寅木、、應

按卦象講，外卦爲巽而動，木動生風，故有風。內卦爲坎雖主雨，但月未土，日建丑土，日月克水，無雨，土主陰晦，故這一天是陰天有

風。

按六爻論之，古法子孫爻動萬里晴空，雖卦中子孫爻重疊，動而化回頭之生，但子孫爻遇月建未土，日建丑土，都是土，土主陰晦。《渙》卦有「風行水上」，今水被克，只有風，所以按六爻論之，也是陰天有風，決沒有雨，果應其測。因此，測天氣時，一定要根據五行所屬和衰旺，參照日建月建定之，這樣準確度較高。

第二節　預測年時

一個人有運氣的好壞，一個國家、一個地區、一個單位也都有運氣的好壞。所謂好，無非是國泰民安，舉國上下，一派生機勃勃，喜慶豐收歌太平的景象。所謂壞，就是困難多，自然災害多，造成國家人力物力損失巨大……

一、國泰民安

國泰民安，是年運好的重要標誌，首先要看卦氣旺不旺，陰陽相生相合為本。《黃金策》云：「本卦休囚，國家衰退，陰陽相合，定然雨順風調。」測年運時，內卦為國家，外卦為他國。內卦旺相，是國家強威之象；休囚無氣，則是秋風掃落葉的衰退之景。陰陽相合，則是天地之氣相通。卦中世應、六爻之間相生相合，是陰陽相生相合，必然是風調雨順，五穀豐登；相沖相克，定然不利多災。

初爻為萬物：遇生旺，臨財福，吉；遇官鬼為凶。

二爻為人民：子孫福神居之，一年四季平安；若官鬼占之，一年多災。

三爻是縣府官僚：如生世合世，有愛民惜物之心；如子孫居之，執政清廉，正直無私；官鬼窃之，貪污腐敗，殘酷不仁；兄弟奪之動克世，苛捐雜稅多如牛毛。

四爻爲宰相：臨子孫生合世爻，定是光明磊落，正直無私，治國有方，愛國愛民。

五爻爲天子：最不宜動來刑克世，否則人民就會受克制；若臨財福生世合世，有愛民之義；不宜逢空，空則有名無實。五爻遇官鬼逢太歲，國有大難，人有大災。

六爻爲天：宜靜不宜空，動而空，其年必多怪異、變異之事。

應爻爲天，世爻爲地。應克世年運不順，世空人多災。應克世則天克地，年運不順，則陰陽二氣不和，不和當然人和物都多災。

《黃金策》講：「兄鬼皆亡，必主民安國泰。」前面講過，兄弟爻是劫財之神，破壞之患，官鬼爻是禍害災殃之源。所以，測年運時，不宜兄弟、官鬼爻上卦，或者臨空亡死絕之地爲佳，這樣就不會發生劫財破壞之禍殃。如果兄弟、官鬼遇生旺而亂動，更是災難無窮，不可甚言。故我國有「國正天心順，官清民自安」的治國標誌。《斷易天機》曰：「六爻不動，卦無殺，天下人民歌太平。」六爻都不動，爲都安靜，卦中又無殺害，人民安居樂業，當然一派和平之景象。

二、自然災害

旱災：卦一逢財臨太歲發動，父母爻無氣而受克，其年必有旱災。

水災：父母爻持太歲發動，子孫爻衰弱者，其年必有水災，水鬼發動有水災。在外卦動，他處淹沒；內卦動，近處河決。若不克世，雖溢無事。

風災：兄弟爻主風，若兄弟逢太歲，其年必多風。若克世，必有颶風之災。蛇鬼動巽宮化兄，主有異風。

蟲災：鬼臨朱雀動而刑克世爻，主有蝗蟲之災。

糧災：勾陳鬼逢而持世，定是歉收之年。財化兄，或與鬼同動，必有糧災。

雷鳴：太歲臨鬼，動而多雷多災。蛇鬼動震宮，定有雷霆之異，或

春秋無雨而有響雷。

涼熱：水爻居空地，冬必暖；水爻居死地，夏必涼。如旺動克世，夏必熱，冬必寒。

火災：火鬼發動，主有火災，若與世爻無關，而與應爻有關者，鄰處有火災；或內卦本處，外卦外處。

山崩：艮為山，蛇鬼在艮宮動，定有山崩和泥石流之災。

地震：古有：「陽伏而不能出，陰迫而不能蒸，於是有地震。」這是發生地震的原因，但是怎樣用八卦來預測地震之災，實為少見。目前只見《黃金策》有所提示：「蛇鬼在坤宮動者，主有地震，逢金則有聲，帶刑則崩裂。」地震之災，危害較大，故為人所重視。我用八卦預測地震，雖取例很少，但說明地震可測，有研究的必要。我認為蛇鬼在坤宮動，不是單指坤卦，而是指坤宮的八個卦。

日生黑子：蛇鬼動離宮，主有日異生黑子，臨年有大異。

日月蝕：子孫帶刑化官鬼，或官鬼動來刑害，或文書蛇來克，主日月有蝕。

盜賊：鬼加玄武動克世，其年必多盜賊。若臨金沖克歲君，或五爻者，為謀動干戈，擾亂四海以犯上。

疾病：土鬼發動，或臨白虎，主有瘟疾。若克世人多病死，有制無妨。

戰爭：金鬼發動，恐刀兵之患，沖克應爻，生合五爻，是朝廷征討。如在外卦，又屬他宮，克太歲，是外國侵犯。若兩鬼俱動，必非一處，或化回頭克，日月動爻克制，雖亂不妨。如為休囚動，乃是盜賊。他宮來克，外國來侵。他宮為外國，無他宮者看外卦，若來傷克本宮，其年必有外國來侵犯。外生內卦，必有進益之喜。

豐收：子孫為得地，財爻有氣不空，兄蛇衰弱而靜，必是豐年。

要知災情異變發於何方，縱看地支之屬。如子屬北、卯為東等。

　　預測年運時，一可按時間起卦或搖卦決之；二可根據天地間發生的異常現象起卦預測，或搖卦也可以：然後根據卦決斷年運好壞。如1986年9月27日。我測「雷驚天地」，1986年12月19日9點30分，我測西安東南方出了「5個太陽」（詳情見本書附文一），都是根據異常現象起卦測年運的，對我國後來的自然災害等都測準了。

三、測地震

　　自1976年唐山地震後，人們對地震災情十分憂慮，其原因是地震成因複雜、對震情測不準。近年來西南、西北地區是地震活動期，故西安地區不時颳起「地震風」，有不少人來向我問地震之事。我為了摸索預測地震的規律，積累經驗，不管是有人來問也好，或者聽到「地震風」時，或者看到與地震有關的異常現象，都立即起卦預測，預測時以地震為主，兼測年運。測無地震的卦應驗較多，有地震的卦應驗了三卦。現從探索和總結預測地震經驗的角度，列其卦例，供研究時參考：

　　例一：1987年9月23日辰時（陰曆八月初一），見地震雲而搖卦，測近期有地震否，得《大壯》之《恆》卦：

雷天大壯	雷風恆	六神
兄弟戌土、、	兄弟戌土、、應	玄武
子孫申金、、	子孫申金、、	白虎
父母午火、世	父母午火、	螣蛇
兄弟辰土、	子孫酉金、世	勾陳
官鬼寅木、	妻財亥水、	朱雀
妻財子水○應	兄弟丑土、、	青龍

　　①地震：按古法「蛇鬼在坤宮動有地震」，今卦蛇不臨鬼，而且蛇鬼安靜，應斷無地震之患。我認為，蛇、小龍也，雖未臨鬼而動，但龍是大蛇，大蛇力更大，又臨水在坤宮動（大壯屬坤宮之卦），必有地震。

地震方向：主要在北京或西安的東部，或我國的東部有地震，北京和西安的西南方有震。但不排除西安有地震。

震級：兩處地震級，一個在五級以上，六級以下；另一個在六級以上，七級以下。

時間：距地震發生時間最長在60天之內，最快約在15天左右。近期應注意的會有震情的時間是9月26日、10月2日、10月3日。我在日曆上作了標記。

②年運（1987年9月至1988年底）。

⑴、卦相內外相克，用克體；世爻應爻相克，六爻互相沖克，又官鬼、兄弟都上卦，官鬼又得動爻生，由得卦時起至1988年，國家自然災害多，將會造成人力物力上的巨大損失。

⑵父母爻爲辛苦之神，又化父母，主人民辛苦勞累之象。又玄武旺臨財，盜賊多而猖狂。

⑶世爻午火化火，卦中水動生木，木生火，故1988年北京和西安南部有火災生起。

⑷初爻子水臨日旺地，月建生之，1988年5月到7、8月間國家和北部定多水災。

⑸金主干戈之事，今乾動，我國西北方向（應爲外部）定有干戈之事生起。

⑹幸五爻子孫爻申金化申金，臨月建旺地，又得六爻戌土生之，雖災多但大而無妨。

根據預測出的地震情況，當時我到我所在部門的地震辦公室向楊洪兵談了以上震情，告知他日期，並告西南方可能有震情，而且近期還會出現其他不利事件。他當即作了記錄；而且當即用電話向西安市地震辦公室羅處長作了滙報，並說明這是我用八卦預測的。

③應驗情況：

(1)地震：1987年9月26日，西藏發生地震，5.3級；1987年10月2日和3日美國夏威夷島（我國東部）發生了6.2級地震；1987年10月2、3日西藏少數人上街鬧事。爲此，地震辦對我的預測感到驚奇。1987年9月以後，美國和伊朗（我國西北方）在地中海發生武裝衝突。

(2)、自然災害：1988年全國大部地區先旱後淹，北部水災較爲嚴重；1988年11月6日雲南地震，7級以上；1988年11月廣西柳州水災，接着又森林火災、火車相撞、輪船沉沒、疾病、蟲災等。總之，1988年國家自然災害是嚴重的，糧食減產，人員傷亡等，這些大家都很清楚。

④斷卦：

(1)卦逢坤宮，龍在坤宮動，有地震。

(2)地震方向：體爲震木，用爲乾金，金動克震木，必震在東方；西藏之震，應二爻寅木鬼爻得子水動爻生之，9月26日是戊寅日，鬼臨日建，旺地，可能是寅爲東北動，衝動坤方，故西藏地震。

(3)震級：因震木衰地，震級不大。震4、乾1共五，5加動爻1爲6，故不會小於5和超過7。

(4)爲何9月26日、10月2日和3日要注意震情？9月26日是戊寅日，爲寅木臨日建而旺，又得子水動爻生之，故旺而力強必克土，土受克必動，動必震。10月2號是甲申日，3號是乙酉日，正是乾金、申金、酉金臨月建日建旺地克震木，故我國東部發生地震。因主、動二卦數是15，故在15天之內。

(5)西南方要發生不利事體，現知是西藏有少數僧人上街鬧事，是因子孫申金爲僧道之人，申金化申金又臨日月旺地，故發生少數和尚上街鬧事的流血事件。此事很快被平靜下來，原因是四爻午火化午火，克制申金而致。

例二：1988年8月1日戌時，聞傳西安有地震，故搖得《復》之《明夷》卦：

1988年	六月	十九日	戌時
戊辰	己未	戊子	壬戌

地雷復	**地火明夷**	**六神**
子孫酉金 丶丶	子孫酉金 丶丶	白虎
妻財亥水 丶丶	妻財亥水 丶丶	螣蛇
兄弟丑土 丶丶 應	兄弟丑土 丶丶 世	勾陳
兄弟辰土 ×	妻財亥水 丶	朱雀
官鬼寅木 丶丶	兄弟丑土 丶丶	青龍
妻財子水 丶 世	官鬼卯木 丶 應	玄武

(1)地震：《復》爲坤宮之卦，雖無蛇鬼在坤宮動，但體爲坤土，用爲震木而克坤土；坤地在上，震木在地下，地下動而有震。卦中龍蛇安靜，但三爻兄弟辰土臨太歲，辰爲龍，爲龍動坤宮，也是有震之象。

地震方向：用爲坤方，震木克之，地震在西南方向。

震級：卦臨月建旺地，震級高。(1)、坤爲8，8級左右；(2)、8＋4＋3＝15，15÷2＝7.5級。

時間：辰爲太歲，爲辰土，動而沖戌土，戌爲九，故地震時間在九月可能性大。因此，我記錄本上寫着：「如果在九月震，具體是初五、初六、十七、十八、二十三、二十八、二十九日」。

(2)年運

①、兄弟、官鬼二爻全都上卦，官臨二爻不吉之象。兄弟主劫財之患，故國家今後仍有損財之災。

②、兄弟主風，辰爲龍，定有風災，卦中水多，爲風雨交加之患。

③、辰爲東南方，故北京或西安東南方有風雨之災。

④、動而克世應之迅，主卦全數12，故在12天之內有風水之災。

(3)、應驗：

①、1988年11月6號，即陰曆九月二十七日，昆崙山地區發生地

震；11月7號，即陰曆九月二十八日辰時，雲南發生7級以上地震。正應辰戌相沖之月和陰曆九月二十八日。

　　②、1988年8月7日至10日期間，陝西省藍田縣、浙江省杭州市都遭特大風雨之災，造成巨大經濟損失。

　　例三：1987年，十二月初五亥時，我所在單位的吳漢秋先生說年前可能有地震，請測一次。我用按時間起卦和搖卦方法同時預測，得卦如下：

丁卯	癸丑	丁丑　　辛亥
起卦《小畜》	六神	搖卦《小過》
兄弟卯木、	青龍	父母戌土、、
子孫巳火、	玄武	兄弟申金、、
妻財未土、、應	白虎	官鬼午火、世
妻財辰土○	螣蛇	兄弟申金、
兄弟寅木、	勾陳	官鬼午火、、
父母子水、世	朱雀	父母辰土×應

　　《小畜》卦蛇臨龍土而動，是蛇龍同動；《小過》卦也是辰土龍動，但卦都未逢坤宮。（編者註：《風天小畜》卦在巽宮；《雷山小過》卦在兌宮。）

　　我看兩卦都是辰土動，就對他說，年前無地震，1988年辰年可能有地震之災。果然年前無震。測無地震的卦較多，不一一列舉。

　　《大壯》和《復》卦測地震而應驗，雖因實例數量不足而暫不能作結論，但至少可以說，用八卦預測地震有探討、研究的價值。卦逢坤宮，又遇蛇動有地震；蛇逢坤宮，不一定要蛇臨鬼動才有地震；龍蛇在坤宮動，或龍臨太歲在坤宮動主有地震。雖有龍蛇在卦中動，但不逢坤宮無地震，這樣的情況較多。目前，用八卦預測地震的震級、時間和方位，可以探出苗頭，但是怎樣預測地震地點的遠近仍無眉目。

　　另外，我在1988年7月2日戌時測震得《觀》之《否》卦，斷西安的西南受克，有不安之事，巽木克坤土，有地震。又斷1988年陰曆十二月和1989年的正月、二月西安的西南、西、西北方向還有震情發生。1988年陰曆十二月，在西安的西部方向蘇聯發生了地震。這次地震雖然時間測對了，方向也測對了，但是屬於國外，我認爲這次地震有可能是屬於我說的十二月份的地震。

　　八卦作爲信息預測的工具，已有幾千年的歷史，實踐證明，省人又省力，方便又節財，快而準確度高。如果與現代科學儀器相結合進行預測，將各方面所得的信息加以綜合，猶如猛虎添翼，對國家的建設，將會發揮不可估量的促進作用。

第十五章　終身運氣

第一節　以生時之卦定終身

　　天地有陰陽五行之制化，一年有春夏秋冬四季之分，人有年月日時之四柱，手紋面相之標誌，各有所主，以定運氣之旺衰。然人的一生，在卦象上何以論之？自古以來，把測終生運氣稱爲「占身命」，方法各異，眾說紛紛，有的用搖一卦而定終生之命，有的則用分占之法定身命，天長日久，爭論不休，至今概無定論。

　　爲了解決用八卦預測一個人的終生運氣的方法，我根據邵康節按年月日時起卦的原理，以人的出生年月日時進行起卦，看其終生運氣。年月日時四位之數，儲存了當時的時空方位，數中也同樣儲存了一個人當時降生時的全部信息。因此，按人的出生年月日時起卦定終生運氣是有理論根據的。

　　問事之卦，按年月日時四位數起卦時，其年數是加流年的地支數，而測終生運氣時，用加流年地支數不準，後研究出，起卦時採用加流年天干數的方法。經多次試驗，終於用加年干、月、日、時數的起卦方法預測終生運氣取得成功，塡補了我國卦象預測終生運氣的空白。

　　爲甚麼採用年支數測不準，而加年干數能測準？雖原因不清，但我認爲，可能與人以四柱天干測終生運氣有關。

　　實踐是檢驗眞理的唯一標準，多年來，我以人的出生年月日時的起卦方法進行預測人的終生運氣，其例千之不及，百之有餘，對其終生大事都測得準。現舉例證之：

　　1985年7月測全國著名作家×××運氣，此例爲一朋友拿來，我並不認識其人。

1940年	12月	26日	辰時
庚辰	己丑	辛未	壬辰

7＋12＋26＝45　　45＋5＝50

是《中孚》之《益》卦：

風澤中孚	風雷益	六神
官鬼卯木、	官鬼卯木、應	螣蛇
父母巳火、	父母巳火、	勾陳
兄弟未土、、世	兄弟未土、、	朱雀
兄弟丑土、、	兄弟辰土、、世	青龍
官鬼卯木〇	官鬼寅木、、	玄武
父母巳火、應	妻財子水、	白虎

此卦屬艮宮之土，臨年月日時之土爲卦旺身旺；世爻未土，臨日建旺地，又得應爻巳火生之，也爲身旺；父母爲文書，兩重父母爻生世，朱雀文書又臨世生身，如入文途，必名聲大震。

「五爻生世，平步青雲」（《增刪卜易》），1965年乙巳年定有文上之喜。

卦中兄弟爻重疊而持世，又兄弟化兄弟，必有劫財克妻之災。1973年癸丑年有離婚之苦，應妻財子水與丑作合。

《象》曰「君子以議獄緩死」，卦中二重官鬼，動而克世不吉，又朱雀臨身，必有官司口舌纏身之災。

卦中丑未相沖相刑，1970年庚戌年構成三刑，故該年必有牢役之苦。

1975年乙卯年，爲官鬼臨太歲克世，故在牢中有死裏逃生之災。

1978年戊午年，午火生合世，牢役生活結束而出獄獲得自由。

來人聽知，驚奇不止，說我所測，猶如親見。他說，其人是全國著名作家；原是工人，1965年5月1日在中南海受到周總理等國家領導人的

親切接見。1970年因文革打成反革命，被補入獄，1978年釋放；1973年因本人坐牢，與其妻離婚；1975年在牢中犯急病，兩次動手術，差點送命。

按年月日時起卦，用於預測終生運氣，實踐證明是可行的。但是，它和一個人的四柱一樣，一個人的手紋面相一樣，都不是十全十美的，還存在不足之處。如人的一生，有些事情，四柱、手紋、面相也不是能滴水不漏給標記出來的。有的事情，四柱中沒有的，手紋、面相、卦中能測出和看出來；手紋、面相上沒有的，卦上和四柱中能測出來；卦中沒有的，四柱、手紋、面相上能測出和看出來。總之，各有所長，各有所短。大家不妨用此起卦檢驗。

第二節　預測終生運氣

預測終生運氣，卦成之後，首觀卦象，細觀卦爻。《斷易天機》云「卦旺不如爻旺」，非也。卦為大象，大象吉，則吉；大象凶，則凶。故卦象吉者，猶如中流砥柱；卦象凶者，遇克更凶。卦旺又得吉爻旺相更是好上加好。

世為一生之根，應為結髮之妻（臨財為正妻）。

世爻為一卦之主，人之根基，吉凶禍福之所在。世爻旺相，臨日月動爻之生扶，應爻之生合，如人身體之強壯，能抗外邪之侵犯。又若臨天乙貴人、驛馬或吉神生助，無凶殺刑克害，不僅吉而又吉，而且前途遠大。倘若世遇旬空、休囚死絕之地，被惡殺刑沖克害，又無吉神解救，不但凶多吉少，而且一事無成。

應爻為妻，如臨貴人、青龍等吉神生世合世，必得賢妻之內助，共偕白頭。如應臨咸池、玄武等凶殺刑克世爻，其妻必奪夫權、淫亂而生離。

世財福旺，必富且壽。世爲人之身，財爲養命之本，子孫爲財之源泉、福祿之根。故世爻、財爻、子孫爻三者，無一損傷，必富而壽。

世爻、財爻兩旺，而子孫爻不旺者，必是先富後貧之人。

世爻不旺而有氣，財福兩旺，逢生旺之期必發，是先貧後富之家。

世爻不旺，而財爻子孫爻兩旺者，是富屋之貧人。

世爻、子孫爻兩旺，而財不旺者，是無財享福之人。該人多得現成事業，不知奮發，只知享受，或將財託人經管，今朝有酒今朝醉，不管明日喝涼水。

財福兩爻旺，而世爻無氣者，不吉之象，雖然有吃有穿，但日子難過，不是痴聾啞，則疾病不離身，官非不斷，或慳嗇鄙俗。

世爻休囚死絕，而財福兩旺者，則是大凶之兆，雖家有萬貫，難買長生之藥。

世爻、財爻、子孫爻三者無氣，或遇空被墓絕，動而變凶，是無衣無食之人。

世爻得地，而財福失陷者，此人身強力健，有小謀小技，亦可度日。

世爻財爻有氣，而福爻無氣，此人雖無積蓄，但手上常不缺錢，或代人掌管財權之類。

世居空地，終身作事無成。測終身之運，最怕世爻落旬空之地，則有身空百空之義，故而一事無成。故古有云：「世落空亡前有難，應落空亡後有殃，世應空亡憂疑決，若凡兩動看陰陽。世動男有傷，應動女遭殃。」世空臨旺不爲空，空而動者不爲空；逢日建動爻生之不爲空，日建沖者不爲空。

世爻入墓，一生多難，世入墓又休囚無氣，凡人遇之，不痴亦獃，則是一生多災多難。

世爻衰而遇扶，因人扶助；世爻無氣，得日月動爻有一而生扶者，

必遇貴人提拔而得福。

世逢歲月日建，有一生扶者，必得君恩寵愛或貴人提拔重用，領導得意，羣眾擁護。太歲臨五爻而生世，主見天子。倘若世爻有氣得地，被日月有一沖克者，必與同行不和，盡遭誹謗。如受五爻太歲沖克，凡人遇此，輕者受官黨欺凌，親朋妒忌，重者官災不斷苦難言。

父母爻持世：古稱父母爻爲辛苦之神，持世爲一生辛苦勞碌之命實爲不假，但必須分旺衰生扶而論之。父母持世，卦中無生助者，則爲辛苦勞碌之人，若在旺地，又得日月動爻生扶者，就不能以辛苦勞碌而斷。父母爻爲文書，又在旺地得日月動爻生之，或官旺來生世，不僅其人壽長，而且本人定在文上或藝術上有重大造就。父母爻旺，不畏財之克，但不利子孫爻。倘若卦中無子孫爻，或子孫爻旺而得生不妨。

子孫爻持世：子孫爻爲福神，是制官鬼之神，故持世，一生不犯官刑，千災萬禍，逢凶化吉。子孫爻持世孤無助無財，或財爻失陷，不出家必是清高之寒士。子孫持世不利求官是對的，但不是絕對無名。如子孫爻得月建生之，臨日建，又得五君爻動來生之，動而化回頭生之，不但有名而且名氣還不小，也從未有官。這樣的實例有之。

官鬼持世：古有「命中無官，難得官星持世」、「生世」。持世之官旺而得日月動爻生之，必官運亨通，若又得五君爻生之，更是飛黃騰達，平步登天之象。官鬼持世，遇休囚死絕之地，又無吉神生助之，不僅無官，而一生不得安寧，不是疾病連綿，就是官非身殘等不利，造成不安。但官星旺，必克兄弟。故凡大官者，幾乎兄弟無存，或者身帶殘疾。

妻財爻持世：財爲養命之源，人不可無財。財爻持世，又得日月動爻子孫生之，必是財榮家富萬貫之兆。但財爻太旺，必傷克父母，或父母難存。又財爻多者，婚上不順，必有多妻之故。

兄弟爻持世：前面講過，兄弟爲劫財之神，破財之患，克妻耗財，

歷歷不斷，多婚之人，難以富足，但兄弟爻旺者，貧而好義，多為手巧心靈，少病。如得日月作財爻合世，富而驕。旺臨虎蛇、玄武為奸盜惡詐之兒；遇勾陳玄武，背貧肩挑而下賤之人，衰而受克，則病多好招是非。

青龍持世，喜臨門，為人慈祥，見人和悅。克世者因酒色而樂中生悲，腰肢疼痛等。

朱雀持世，旺而生世定主文上有喜，但性急，多招官非，遇病犯頭痛。

勾陳持世，為人穩重，行事遲鈍；克世，主官災牢役，心發悶。

螣蛇持世，為人多虛言，多心機，無信實。遇病寒熱迷泄。

白虎持世，為人剛強好勇；克世，主官非，行變血光，遇病則在肺。

玄武持世，盜賊暗昧，為人奸雄，遇吉神則吉，遇病主寒泄風濕。

測終生之運氣，卦宜六合，不宜六沖。卦逢合者則吉，為人和氣，謀事多成，百事亨通，定成創業之志。卦逢六沖則凶，凡事有始無終，諸事少成。又咸池凶殺臨世，出身必然微賤；驛馬貴人臨世，定為富貴清高。世爻不遇日辰動爻生扶而旺，其人必主白手成家。

人無完人，金無足赤；陰陽相制，各有得失。因此，一卦之中，絕無樣樣稱心，十全十美。對於大多數人來講，得克少生多、六爻平和也就不錯。

第十六章　學業、事業

第一節　預測升學

文化是打開科學大門的鑰匙，文化事業的發展，標誌着一個國家、一個民族的文明與進步。由於文化事業的發展和就業的困難，預測升學的問題，顯得尤為突出。因此，不少人要求開展用八卦預測升學的研究。其實，我們的祖先早就有用八卦預測考試升學方面的方法，即「測功名」方法，實踐證明其預測方法是切實可行的。此章所論，也可作為預測學術及職稱考試用。

一、有利升學

凡是能在文化藝術科學技術等方面有成就或作出重大貢獻者，必須是財官印三者得地，特別是印不但不能少，而且要旺而得時為美。我在講學期間曾連續測了十多個教授，他們四柱中不僅都帶印，而且印星得地。對其中有的教授正行印地，我說他文上有大喜，他驚奇的說：「對，我的著作馬上要出版。」

用八卦預測升學，也是以官印為主，其印星即父母爻。父母爻為印，為文書，官爻為名，為父母爻之原神，故預測升學時，必得父與官旺，動而相生，這是升學重要因素之一。

父旺官興，金榜題名：父母爻和官鬼爻旺而持世，臨日月之建，或日月動爻生扶，動而變吉，定名列金榜。

得日月之助，不畏惡殺：父母官星、世爻有一被動爻所克制，或化回頭之克，若得日月克制忌神，考試定能稱心如意。

日月助伏，定可高攀：世爻旺相，父爻、官爻有一而伏藏不現，如得日月沖制飛神，提出伏神，定會金榜題名。如官爻世爻，有一爻不旺

者，得日月生扶，亦同此訣。

太歲入官星，定登黃榜：太歲為帝王之爻，太歲入官，動而生世或持世，必連登黃榜。

日月沖飛，定登科：官父有一而不上卦，須看伏神。若伏旺又得日月沖去飛神，生扶伏神，定能登科。

官旺能助衰父：官旺生世持世，能助衰父，遂登科之志。

應合日月生世，必得推薦之力：父官兩旺，而世爻不旺，如得日月生助，又得應爻動而生合世爻，必得人推薦之力。

世化官鬼登科：父母爻旺相，而世爻化出官星回頭生之，可登科甲。

三旺化進名高懸：世與父官兩旺，內有一化進者，榜必有名。

龍動生世、雙喜臨門：大象吉，又得龍動生世，不但名就，還有其他之喜。動空出空則見喜。

財爻助官，僥幸得名：父爻遇空亡，若財爻發動生官，可遇僥倖之名。財官同動，父空不美。

福變官鬼，科甲名列：主卦無官，若得了子孫爻變出官鬼，生合世爻，父母有氣，可登科印。

官星驛馬列前名：官鬼與驛馬相生，必名在前列。

世應相合定登科：世應兩爻相生相合，必然一舉成名。

龍虎俱動必奪魁：世旺得龍虎動來生世合世，必奪魁，若官父持世生世更為妙。

子孫臨歲君（五爻），必志大，文才出眾。

三合無沖，金榜連捷：父官世爻合成官局、父局，又無日月沖破，一定金榜連捷。若合成兄弟局，遇日月生扶官星，定然得意。

卦遇六沖變六合，必占鰲頭：考試最忌六沖卦，沖有散之義。故六沖變六合而名列前茅。

兄爲奪標之忌，財爲文書之殺：測升學最忌兄財旺持世。若卦中父官兩動，又喜兄爻持世以制財，官父兩旺，或官動生父，父動生世，可得科名。

父與世旺，又得日月動爻生扶，動而化吉，全無破綻者，主考超等；父世兩旺而無生相，遇生扶，無刑沖克破者，次之；父世兩旺而遇刑沖者，又次之；父爻出現，不旺不衰，無生扶亦無制，而世爻不被沖克者，可保平等；父爻世爻同受克者，定考劣等。卦得進神者，上等；卦得退神者，下等。卦逢六沖變六沖，或六爻亂動，世旺還考平等。若父爻受克，世爻休囚受克而變凶，定考劣等。

古例：申月乙巳測考試，得《大過》之《鼎》卦：

澤風大過	火風鼎
妻財未土×	子孫巳火、
官鬼酉金〇	妻財未土、、應
父母亥水、世	官鬼酉金、
官鬼酉金、	官鬼酉金、
父母亥水、	父母亥水、世
妻財丑土、、應	妻財丑土、、

此卦官星臨月建，世爻父母月建生之，日建沖之爲暗動，化官回頭之生，爲身旺文旺，雖財動克世父爻，但財動生官，官動生身，爲接續生相，定考優等。後果如此。

古例：卯月甲申日，測考試得《艮》之《益》卦：

艮爲山	風雷益
官鬼寅木、世	官鬼卯木、應
妻財子水×	父母巳火、
兄弟戌土、、	兄弟未土、、
子孫申金〇應	兄弟辰土、、世

父母午火 、、　　　　官鬼寅木 、、

兄弟辰土 ×　　　　妻財子水 、

官星寅木持世，日建沖之為暗動，化進神，又得日辰會成財局，不但不克世，反而生世，定登科甲。果如此。

今例：亥月丙戌日測考試，得《豐》之《革》卦：

雷火豐　　　　**澤火革**

官鬼戌土 、、　　　官鬼未土 、、

父母申金 ×世　　　父母酉金 、

妻財午火 、　　　　兄弟亥水 、世

兄弟亥水 、　　　　兄弟亥水 、

官鬼丑土 、、應　　官鬼丑土 、

子孫卯木 、　　　　子孫卯木 、應

父母持世化進神，日建臨官星而生，考試愈考愈超羣，後得第一名。

又例：我公司劉大夫問他兒子下半年能考大學否，得《比》之《萃》卦：

1986年	二月	二十五日	酉時
丙寅	辛卯	丁丑	己酉

水地比　　　　**澤地萃**

妻財子水 、、應　　兄弟未土 、、

兄弟戌土 、　　　　子孫酉金 、應

子孫申金 ×　　　　妻財亥水 、

官鬼卯木 、、世　　官鬼卯木 、、

父母巳火 、、　　　父母巳火 、、世

兄弟未土 、、　　　兄弟未土 、、

官鬼卯木臨月建，旺而持世，又化官星，父母旺地。子孫金處死地，動化水，為泄氣之象，不但無妨，反得水生官星，今年定能考上。

後劉見我高興地說：「邵師傅，我兒子考上大學，又叫你算準了，謝謝你呀。」

二、不利考學

妻財爻是父母爻之忌神，子孫是官鬼爻之忌神，考學最忌妻財爻子孫旺而持世克世。所以，此二爻不上卦為妙。

子興財動最為忌：子動而克官，財動而傷父，如是持世，白費心機。

世空破又墓絕，難遂青雲之志：世爻空破又逢墓絕之地；或日月動爻沖，動而變凶者，不但難登科甲，還防不測之事。

父母遇傷，中途棄之：父母旺相，若化休囚，空破墓絕，化回頭之克，或被沖克者，中途必因事棄試。

子財同動，名落孫山：子孫爻，財爻同動，或持世，官父受克，必功不成名不就。

六爻動亂，空費紙墨：考試不宜六爻亂動亂沖，難進校門。

凡化退者，莫進考場：世官父爻宜化進，不宜化退。世化退，臨場三阻必無信心；父化退，學問漸腐；官化退，皓首無成。

虎臨財爻，難登黃甲：虎臨財爻持世，或財動卦中，父母又休囚空破，財運化兄，父動化財，僥倖休想。

父官不持反生應，他人得名我無利：父官二爻不來持世生世，或臨應、或發動生應，考也無益。

官空父衰等明春：官鬼本是父之原神，今父衰官空何以生父，故再須深讀等明春。

考試又有文武之分，文者，官父兩用，武試者專看官星。

凡世與官星有一空破者，無指望；子孫發動，則即使技高也休去考場。官鬼克世，日月動爻克世，世動化鬼化克者，如去考場，必有禍殃。

此章雖為考試升學之用，但可供科學技術等各行各業學術職稱晉升時預測之用。《科舉經驗通考》云：「凡古應舉及求官，便把卦中官爻看，鬼爻父母須有分，兄財子動定無祿。」《增刪卜易》講：「占功名之必應者，卦象一成，若非旺父生身，定是旺官持世。功名若無成者，不是子孫持世，即是子孫財爻發動，或是世被克，或是六爻動亂，名必無成。」

第二節　預測功名

這章為測功名用，主要用於預測求官、提幹（提升為幹部），但就業也可按此法來測。提幹、考工都要財官兩旺，以官星為用神，官星旺而持世，財動生之，或財旺動而生合世爻，或財官日月生合世爻為美。

對任何一個人來說，他一生有沒有功名、官運，或者能不能成名成家，就看他的卦中是否儲存這方面的信息。《增刪卜易》為預測這方面的信息，給我們留下了非常寶貴的經驗，其經驗是：「學者，父母世爻同旺，終須變化成龍，日月動爻相生，定是王家儲器。占世爻父母皆宜旺相，或動而變吉，或父母持世，日月動爻生合世爻，攀龍附鳳可指。」又說：「官父興隆，文章見用。凡得旺父持世，官動生之，或官星持世，父爻旺動，或官星父爻旺動生合世爻，或日月作官星，父母生合世爻，皆主成名之象，學成文武技貨與帝王家。」還有：「歲五生世，平步登雲。還得太歲及五爻生世，或日月入爻動而生世，皆主庶民食祿，平步登雲。若太歲臨五爻，動而生世爻，定貴不可言，必見天子。」

我在實際預測中，凡遇上述情況，都是應驗如神，從未有虛，實為寶貴，現舉一例證之：

一九八五年十二月十八日，我公司冉先生說他親戚來了，求我測一

下今後運氣。我根據其人一九三六年六月二十一日戌時生（丙子年乙未月辛酉日戊戌）起得《需》之《泰》卦：

水天需	地天泰
妻財子水、、	子孫酉金、、應
兄弟戌土○	妻財亥水、、
子孫申金、、世	兄弟丑土、、
兄弟辰土、	兄弟辰土、世
父母巳火：官鬼寅木、	官鬼寅木、
妻財子水、應	妻財子水、

其人世爻申金旺於日建，得月建生之，又得五君爻戌土動來生之，世又化回頭之生，父母文書伏而得長生，確爲名成功就而揚名神州。因此，我當時斷出：

1.根據五爻動來生世，斷他平步登天，凡遇好事是跳躍式前進。

2.世臨日建，月建生之，父雖伏而得長生，斷文上有成就，名氣大。

3.卦中財化財，財化子孫，斷他錢財多。

4.因兄動而劫財，應爻妻生官鬼，斷他婚不順，其妻出走。

5.子孫旺而持世，斷他無官，只是一名人。

6.子孫持世，一生平安，斷有人藉機想害他，都害不着，就是在文化大革命中，也是如此……

我講完後，他本人和在場的人個個面面相覰，驚奇不已。老冉激動地向我介紹說：「他，是我國著名的豫劇演奏家，你肯定不認識他，你算得太準了。」他沒有講完，該演奏家搶着說：「我是不相信算命的，今天確實大開眼界，算得完全正確。我受到毛主席、周總理等中央領導同志多次接見，確實名氣不小，無官，一個月工資400多元，愛人離婚了，其他和你說的一樣。」

按子孫持世無名，此人卻有名氣：因此，子孫持世，在上述這些有利條件下是可以有名的。這個現象大家還可以進一步研究探討。

一、利求官

官星持世，財動相生，或世臨官動化財，或世財動化官，或官星動來生合世爻，或日月作官星生合世爻者，測官有官，考工定能錄取。

世與財星官星，三者得地而不失陷者，官運定亨通，考工可成。若財官兩旺，世爻失陷者，縱是得官而無福。若官星兩旺，財爻失陷者，則財少或工資不高。

五爻生世，平步登雲，有越級升官和升級之喜。

官星旺而持世，又得太歲入爻生之，定得佐官之權。

太歲臨日月而生世者，有升官、得子或進財之慶。

貴人臨世，官父生扶，或日月建來生世爻，必是將帥之材。

官星臨子午卯酉者，為正職；臨寅申巳亥者，為佐職；臨辰戌丑未者，為雜官；臨日月建者，為掌印之官。官星旺相者官大，休囚者官小。

虎臨旺官持世，貴人武職。

日月作財星而生世者，白虎臨金官持世，若入文途，必登金榜；入武途，必立奇功。

獨旺官星，立功建業，父母爻不在旺地，而官星獨旺，或日月作官星生世，虎臨世動，臨鬼動而生合世爻者，主立功成名。

官星持世，財動生世，世臨官動化財，世臨財動化鬼，或官星財星動來生合世爻者，不僅得官，考工能成，還主成名之象。

官星動來生世、扶世，必有進取之心。

凡得官星發動，生合世爻，日月動爻無沖克，為官必名聲遠播。

月建臨官星生世，必是警憲之職。

世爻臨月扶、日建、官星動來生之，必有官職。

官旺遇生扶，或動而化吉，世旺財旺，或財動以生世，軍民齊頌功德。

官旺兄興，兩袖清風，兄動雖為耗財減薪之兆，但官星旺相，必是為官清正，正義行事。內不貪，外不賂。

官星臨世明暗動，加臨馬星，必有差遣，日月動爻作財星而生扶者，差中得利；日月動爻刑克者辛苦。

官旺世旺，又逢貴人祿馬生合世爻，後必有金榜題名之時。

官星旺者，官高而大；官星休囚死絕，小卑官；若發動合世，日月扶之，必有人推薦。

父母為印，為文書表章，卦中不可無，宜旺不宜衰，扶世最吉；若臨太歲生合世爻，主有朝廷宣召之喜；如臨日建上司獎勵；空則無成。

官星持世，或動來生世，不受日月建沖克，多智多謀，事必如意。

父母爻旺相，其工作所在之機構必大，或是國營；休囚、死絕，其機構必小，或工作不稱意；受克者，其工作機構不興旺。父母不上卦者，看伏神旺衰而定。如官星旺相，父母爻休囚，不是其工作機構小，就是公司冷落之景。

歲五生合世爻，或世官合成局為吉兆，必有恩情，獲公司加級升用。

卦中兩父兩官，必是兩處任職，或兩處都要。

任官何方看五引：金官應西，木官在東，水官在北，火官在南，土官在中部。木官在山東、廣東；金官在陝西、廣西、江西、山西。又有初爻為內地，五爻六爻為邊境；應初爻者，世爻與官在初爻上；應五六爻者，世在五爻，官在六爻；或世在六爻，官為五爻；或者官爻持世，同在五爻六爻上。如在二、三、四爻上，按爻之五行定之。

官星不現，看伏爻旺衰，如果官星有用，值年必任職。身居官職，要財旺而不動；父母扶世而不空，方是善地。若財爻空絕，父母受制，

則是地瘠民窮之地。父旺臨世，必繁華。

凡任將帥之職，或征討之官，平居問測者，倘若子孫發動，主有降調之事。如臨事問事，喜子孫發動，出戰必有大功，如歲君月建合世爻者，定有升官之慶。

鎮守之官，不管是文官還是武職，皆宜六爻安靜，日辰月建不沖世爻，安然無事。若遇官鬼發動，世應沖克，必不安寧。

古例：申月乙亥日測候缺委任某職位，得《井》之《節》卦：

水風井	水澤節
父母子水、、	父母子水、、
妻財戌土、世	妻財戌土、
官鬼申金、、	官鬼申金、、應
官鬼酉金○	妻財丑土、、
父母亥水、應	兄弟卯木、
妻財丑土×	子孫巳火、世

內卦巳酉丑合成官局生應爻，此缺（職位）一定由他人所得。果如此。

古例：寅月己未日測官，得《比》之《觀》卦：

水地比	風地觀
妻財子水×應	官鬼卯木、
兄弟戌土、	父母巳火、
子孫申金、、	兄弟未土、、世
官鬼卯木、、世	官鬼卯木、
父母巳火、、	父母巳火、、
兄弟未土、、	兄弟未土、、應

官星旺而持世，妻財動而生之，雖官星墓於未日，得旺得助無妨，後果得官於亥日。

今例：我公司韓女士要我測她女兒該年招工能考上否，得《大畜》之《小畜》卦：其時間是：丁卯年、壬子月、己未日。

山天大畜	風天小畜
官鬼寅木、	官鬼卯木、
妻財子水×應	父母巳火、
兄弟戌土、、	兄弟未土、、應
兄弟辰土、	兄弟辰土、
官鬼寅木、世	官鬼寅木、
妻財子水、	妻財子水、世

此為食祿之卦，又官星旺地，得應爻臨月建動來生世，世又化出官星，日墓無妨，定能考上。後果考第一名。

二、不利求官

子孫爻是制官剝職之星，求官考工最怕子孫持世，或臨日月動來克世克官星。如子孫持世或動來克官，求者無官；有官必剝官。

財旺世旺，官星旬空月破，或日月動爻沖克及動而化凶者，為朽木枯根難生助，終須平人。

卦中官星不動，遇克持世，兄弟發動；或財爻持世化兄，凡求無成；偶有成者，必因他故，無食祿之福。

世空世破，官空官破，有官也坐不多日。

世衰動化回頭之克，須防短壽之危。

世爻旺相，化出官星刑世克世，反受官名之害，化出官星以克世爻之氣者，必因權虧賠。

考試以官星為用，用爻喜合不喜沖。若兄爻相沖，對所出之試題不熟。

父旺又得日辰動爻之生合，其文錦綉；妻財傷克，必多破綻；月建沖克，其文不中。

月建發動克世爻者，必遭處罰；官爻持世，而財爻發動生合世爻者，必有人送糧食。

子孫發動，防剝官削職之患。

兄弟發動，防減薪之憂，多招誹謗。如子孫同動，定有減薪之患。

世臨無救之空，不管已任還是未任，必有大難，甚至死之。

鬼殺動來刑世克世，必有凶禍。

太歲入爻或動來傷世，必遭降級之災；如遭虎蛇刑害，必有被捕之禍。

卦靜世空，退休之兆；在任之官，世爻空亡，若六爻安靜，是為退休之象。倘鬼動同日月歲君傷世，急急避之。

兄為同事，鬼動化兄，沖兄世爻，主動同行不和，兄刑世亦然，世克兄為我制他。

鬼伏世下，必遭責罰，不臨世或空亡，必遭黜革。

世在五爻空，須防日月刑克，恐有禍患莫測。

凡得官動生合世爻，日月動爻無沖克，若財爻臨空伏死絕，必因賄賂而壞名聲。

世靜臨旬空月破，官逢月破旬空，不得成名。

卦有克體，居官見禍。

驛馬空亡，雖有多謀，也是徒勞費力。

父母爻為印，為文書，不可少，更不宜遇休囚死地，但多也不為美。卦遇兩官兩父，文書不實。

今日得官明日亡，若遇凶遭克，世又遇克，必為今日得官明日亡之象。

古例：戌月丁卯日測有官否，得《需》卦：

水天需

妻財子水 、、

兄弟戌土、

子孫申金、、世

兄弟辰土、

官鬼寅木、

妻財子水、應

子孫持世克官鬼，終生無官。後從戎20餘年，至老仍是皓首無成。

古例：巳月乙卯日，測終生功名，得《旅》卦：

火山旅

兄弟巳火、

子孫未土、、

妻財酉金、應

妻財申金、

兄弟午火、、

子孫辰土、、世

卦雖六合，但子孫持世，官星伏而逢月破，為終生無名之輩，後果無名而病終。

第十七章　婚姻

天地有陰陽，人有男女。有男女就必然會有陰陽和合、男女婚配的問題。所以《序卦》中有：「有天地然後有萬物，有萬物然後有男女，有男女然後有夫婦，有夫婦然後有父子」，「男女構精，萬物化生」。這裏的「男女」，「夫婦」，就是講的婚配問題。

婚姻是家庭的起點，社會的細胞，所以婚姻問題是一個帶社會性的問題。處理得好，有利於社會；處理不好，就會給社會帶來很多麻煩。

在實際的生活中，有的夫妻恩重如山，情深似海，白首偕老。有的是先熱後冷，先合後分，無情無義，相見如仇，各奔東西。有的雖然相親相愛，勝似鴛鴦，卻中途發生喪偶悲劇，這一切都是陰陽五行相生相克所致。《周易》中有很多卦象是論述婚姻和選擇配偶的。同時，我們的祖先，爲了人類享受美滿的婚姻生活和建立和睦的家庭，子孫昌盛，發明了用八卦預測婚姻吉凶和預測生兒育女的方法。

測婚要妻財旺相即美，可是妻財旺相又克父母，父母旺又克子孫……古代爲解此矛盾，採用分測方法，權衡六親生克關係，我認爲無必要，只要一卦就可定。因爲任何事物難求十全十美，得此必失彼，失此必得彼。爲了防克，可尋化解之法即是。

第一節　預測婚姻之一

陰陽得位，謂之吉。男測女，世宜陽，應宜陰；女測男，世宜陰，應宜陽：此爲陰陽得位，夫妻之道。

官爻財爻用神分：男測女，妻財爻爲用神；女測男，以官鬼爻爲用神。宜生旺，宜相生，不宜休囚死絕，刑沖破害。

兩官兩財應爲正：男測女，卦中遇兩財爻，以應爻之財爲正妻，他爻之財爲偏房。女測男，卦逢兩官，以應之官爲正夫，他爻之官爲偏夫。若兩官兩財都不臨應，以旺者爲正，衰者爲偏。

世應相生吉易成：凡測婚姻，不論初婚者，還是已婚夫妻，遇世應相生相合比和，姻易成而吉利。

財官兩空看何測：男測女，官鬼空不妨；女測男，妻財空不妨。世應財官分明，夫唱妻和。

官旺生世，白頭到老：官鬼持世、生世、合世、旺相，婚美而白頭到老。

財旺相生定白頭：財爻旺相臨日月動爻生合世爻，動而化吉，夫妻恩愛定白頭。

應爻臨財必內助：男逢應爻爲妻財，不但得妻內助善持家，還獲外財。

應爻官鬼必稱心：女逢應爻爲官鬼，必然稱心如意。官有生扶財旺成。

用生世爻，相親相愛：用爻生合世爻，世應相合，婚易成而恩愛，家庭和睦。

卦逢六合最爲吉：凡測婚之事，卦逢六合，如子與丑合之類，爲大吉之象。男卦合主秀氣，女卦合多淫。

財鬼不空爲大吉：男測女財爻不空，女測男官爻不空，都臨旺地，必大吉。

男才女貌看用神：金爲用神臨生旺地，必然是男淸女秀好儀容；木爲用神臨生旺地，身高秀麗；土爲用神臨旺，多爲敦厚，肥而不高；火爲用神，旺而紅潤，但髮少面黃赤；水爲用神，生臨旺地，心情聰慧且多巧。

財官都旺必身肥：不管男女，財官二爻都臨旺地，必然身肥；衰弱

主瘦小；逢勾陳、螣蛇、白虎必醜，但勾陳雖黑醜而誠實。

應財妻旺德貌全：男遇應爻妻財而臨旺地，妻貌美而德重。

用臨青龍，貴而多妝：凡男女測婚，用臨青龍大吉昌。官爻遇龍男必貴，財臨青龍，女方嫁資必多。財星得位，因妻致富。世生應，男求女方；應爻生世，女方貪財；旺克衰應，必嫌貧愛富。財化進，嫁資多；財化子孫，定帶兒女來。

實不實，看世應：世空自己不實，應空對方不實。化退必退婚；化進，退而又成。

他來合我看動爻：動爻與動爻相合，得他來與我和好。

父母為文又主婚：父母爻為文書，為主婚之人，卦無父母，定無頭緒；財爻動，父母參商。

婚期看父合，財生必成家：日辰與父母爻作合，或日辰臨父母爻，婚期已定。財動生世，必應成家之年。

正妻再娶卦中分：應為正妻，若被日月動爻沖克及動而化凶，主喪元配之妻。倘得他爻之財旺相，或動而化吉，或他爻變出之財旺相，及生合世爻者，主再婚之妻能白頭。若財不臨應，以正卦之財為正妻，變卦之財為再娶。

男測女，財要旺；女測男，官要興。財官兩旺婚易而吉，休囚死絕終不幸。

應宜安靜宜生世：測婚宜應爻安靜，必定允諾。

親上加親同一宮：世應比和，官鬼妻財爻又同為一宮，必是親上加親。

父動為子，間動有媒：父母爻動，子孫墓絕，為子求婚。世應比和，得日辰合世，間爻動來生合世爻，得媒人之力；兩間俱動，定有兩媒相爭；卦逢兩父定爭盟。

用神衰旺看貧富：財爻旺相，必是富家賢艮發福之女，休囚必是貧

家之人。官爻旺相，男家富，休囚者，實爲貧生。男應旺，女家富；女應休囚，男貧寒。

　　螣蛇相臨禮資少：世臨兄蛇，男家慳吝，禮不多；應臨官，女家資必少。

　　例一：子月癸酉日測求婚，得《恒》之《鼎》卦：

**　雷風恒　　　　　火風鼎**

　妻財戌土×應　　　子孫巳火、

　官鬼申金、、　　　妻財未土、、應

　子孫午火、　　　　官鬼酉金、

　官鬼酉金、世　　　官鬼酉金、

　父母亥水、　　　　父母亥水、世

　妻財丑土、、　　　妻財丑土、、

　　酉金官星臨日辰而持世，戌土財動生世，又得世應相生。戌土雖旬空，動而不空，明日出空，求之必成。果於次日巳時允婚，後白頭到老

　　例二：卯月乙丑日測求婚，得《噬嗑》之《比》卦：

**　火雷噬嗑　　　　水地比**

　子孫巳火○　　　　父母子水、、應

　妻財未土×世　　　妻財戌土、

　官鬼酉金○　　　　官鬼申金、、

　妻財辰土、、　　　兄弟卯木、、世

　兄弟寅木、、應　　子孫巳火、、

　父母子水○　　　　妻財未土、、

　　未土財爻持世化進神，福神巳火動而生之，因巳火化子水回頭克，必待午日沖去子水，又午火生世合世，其婚必成。果於午時允婚。間爻酉金鬼動雖爲阻隔之婚；但鬼月破日墓，又化退神而無力也。

　　例三：1986年壬辰月戊子日，我公司小徐測婚，問何時有對象，得

《訟》卦：

天水訟

子孫戌土、

妻財申金、

兄弟午火、世

兄弟午火、、

子孫辰土、

父母寅木、、應

　　此卦午火持世，日建子水作官星而沖克世爻，但亥子水墓於月建，而世應相生。我對小徐講：婚雖不很理想，可成。後天寅日即成。小徐笑着說：邵師，別開玩笑，現在連對象的影子也沒有，和誰成？後因丑日提婚，寅日談成，同年十月結婚。

　　例四：巳月丁卯日測夫妻白頭否，得《無妄》之《觀》卦：

天雷無妄	**風地觀**
妻財戌土、	兄弟卯木、
官鬼申金、	子孫巳火、
子孫午火○世	妻財未土、、世
妻財辰土、、	兄弟卯木、、
兄弟寅木、、	子孫巳火、、
父母子水○應	妻財未土、、應

　　主卦辰戌二土財爻與世相生，又動出未土二妻與世相生相合，得日建、得月建之生助，不但夫妻白頭到老，而且此公有妻妾十多人，其正夫人賢而無妒，共享80餘歲。

第二節 預測婚姻之二

第一節講的是順利之婚，本節專講不利之婚和之不吉之婚。

純陽不順，純陰難成：凡測婚姻，不論男女，遇純陽或純陰之卦，皆主不宜。因純陰不生，純陽不長，為陰陽難合之象。

凡遇《姤》和《小畜》夫妻難白頭：男測婚，遇《天風姤》卦，切記「勿用取女」之辭，因有一女五夫之患。男女測婚又遇《風天小畜》卦，必主「夫妻反目」之災（卦辭見《周易》）。

卦逢六沖，婚之必散：測婚忌逢六沖，沖之必散；散之不成，成之必散。

財官休囚終不利：財官休囚，空破死絕，不是破散之婚，即是貧寒夭折。

世應俱空不利，兄臨玄武防騙：測婚遇世應俱空破，不僅徒勞費力，成而終悔。兄臨玄武動，防止詐騙。

反目看刑沖：卦中財官世應遇刑沖，夫妻必然反目生離。

財化破，不懶則病：財爻生世合世，化進神，忠心實意。遇散破空絕，不懶則病；財爻克世，忘恩負義之徒。

男不宜財多，女不宜官多：男測婚卦中兩財，不生離再娶，必是多婚之象。女測婚卦中兩官，不再嫁，定是外遇之兆。官兩逢又主爭奪之勢。

間動沖克為阻隔，惡殺沖身有人破：卦中間爻動來沖世沖應，為阻隔不順，惡殺沖身，必有人在中間進行破壞婚姻之事。

官空財空終不吉：男以財爻為妻，女以官星為夫；若男逢財空主妻失，女逢官空主夫亡。女遇官星弱者，其夫不身弱，便是不肖之夫。

鬼化鬼反覆，兄化兄有阻：官爻為用神，宜靜不宜動，鬼發動不為

官非，必婚有反覆。兄爲阻隔之神，兄化兄終不成。

世應相錯，妻奪夫權：女官爻持世，男財爻持世，是陰陽失位，必妻奪夫權。

財克世，世得地，不刑傷，必遭妒悍。

六爻安靜家和睦：財動不和公婆，鬼動不和妯娌，父動不和子姪，兄動不和夫妻。

六沖變合散而復：卦逢六沖變六合，散而合，離而復。

早娶早嫁看受克：妻星受克無早娶，官星受克無早嫁，休囚死絕皆如此。

身敗名裂，妻化沐浴：測婚財化沐浴兼生，必敗門風；兼克因姦殺身。沐浴殺持世化生，貪色敗名，克世因色喪命，有救死裏逃生。

有妻有夫看伏神：鬼伏財下，男必有妻在家；財伏官下，女定有夫之婦。

背妻背夫世化退：世爻化退化沖，婚後必背妻背夫。

男忌兄持，女忌子世：男兄弟爻持世，必傷妻二婚；女子孫爻持世，必傷夫再嫁。已成者必刑傷，不死則生離。

官休不到頭，財囚必破散：官鬼休囚、空破墓絕者，不能白頭到老，財爻遇此必破散。

官星兩旺卦無財：卦遇兩官爻旺地而無財爻，切記不可成婚，逢着不死則生離。

防鬼克世，忌日沖財：鬼爻克世，不能爲婚，更防禍殃臨。鬼動日辰沖克財爻，再娶再嫁。

官財重疊，再娶再嫁：卦中官爻兩重，財爻兩逢，再娶再嫁之象，或者各有所歡。

兄爻持世必傷悲：兄弟持世，財動化凶，化鬼化回頭之克，化墓化破，化空化絕，必有悲劇之事。

兄持財旺兩相敵：兄弟爻持世，財旺可敵，相見如仇。

財旺兄衰定生離：財旺地，兄弟休囚，終生反目之生離。

日月動，喪元配：日月動爻沖克世爻，動而化兄，定主喪元配之災。

財鬼互化定是凶：財化鬼，鬼化財，財化兄，兄化財，不喪夫定傷妻。

財克遇墓，不夭則亡：財爻克世，遇休囚墓絕、空破、動而化凶，隨鬼入墓，逢一者，不夭則亡。

財爻子爻兩臨墓：財爻子爻臨絕空亡，為克妻喪子之兆。

兄臨虎動，官財兩沖則凶：兄弟爻持世，又臨虎動，必喪妻，卦中財官兩沖定生離。

日月合財，重婚再嫁：日月動爻太旺，而合財爻者，財又臨玄武，必主其婦重婚，夫死再嫁。

財伏空鬼為望門，又臨虎動是喪夫：財爻伏於空鬼之下，定婚之女未嫁而夫死，為望門寡。而白虎又動，則是已嫁夫亡。

古例：酉月辛巳日，男測夫妻和否，得《泰》卦：

地天泰

子孫酉金、、應

妻財亥水、、

兄弟丑土、、

兄弟辰土、世

官鬼寅木、

妻財子水、

男得兄爻持世克妻，幸財爻亥水得月建生之，旺而難克。且巳日沖動亥水，又臨驛馬，妻臨馬而暗動，心去難留。後果離之。

古例：巳月己亥日，女測夫妻和否，得《需》之《大過》卦：

水天需	澤風大過
妻財子水、、	兄弟未土、、
兄弟戌土、	子孫酉金、
子孫申金×世	妻財亥水、世
兄弟辰土、	子孫酉金、
官鬼寅木、	妻財亥水、
妻財子水○應	兄弟丑土、、應

女遇子孫爻持世，必克夫。幸官星寅木得子水動而生之，夫星寅木與亥水相生，財動而子與丑合，夫已有外遇，後果離而娶他婦。

今例：1985年冬，我公司韋英找我測婚，根據她生時：戊戌、庚申、辛巳、辛巳起卦，得《屯》之《隨》卦：

水雷屯	澤雷隨
兄弟子水、、	官鬼未土、、應
官鬼戌土、應	父母酉金、
父母申金×	兄弟亥水、
官鬼辰土、、	官鬼辰土、、世
子孫寅木、、世	子孫寅木、、
兄弟子水、	兄弟子水、

卦逢子孫持世，官鬼重疊，克夫再嫁之象。因此，我勸她暫不結婚，過了1986年再說。她說一切都好，感情不錯，不至於那樣嚴重，年底結婚。後果於1986年離也。

今例：1985年7月，許師之父來西安，許師求我測其父運。根據其父生時：甲辰、己巳、甲戌、丙寅起卦，得《損》之《睽》卦：

山澤損	火澤睽
官鬼寅木、應	父母巳火、
妻財子水、、	兄弟未土、、

兄弟戌土×	子孫酉金、世
兄弟丑土、、世	兄弟丑土、、
官鬼卯木、	官鬼卯木、
父母巳火、	父母巳火、應

我看其卦兄弟持世而旺，又化兄弟，妻財子水絕於月建而日克，當即斷她父親連克三妻而不止。其父聽後大爲吃驚：「對呀，我娶了三個老婆都死了。」

後許又要測其子婚合否，據其生時：辛卯、丙申、壬辰、己酉起卦得《同人》之《遯》卦：

天火同人	天山遯
子孫戌土、應	子孫戌土、
妻財申金、	妻財申金、應
兄弟午火、	兄弟午火、
官鬼亥水、世	妻財申金、
子孫丑土、、	兄弟午火、、世
父母卯木○	子孫辰土、、

本卦世旺財旺又相生，本是吉相，不宜財旺兄衰，兄化兄，又世亥水化出妻申金回頭生世，此爲再娶之妻，實爲生離之象。因卯木父母動而與戌土相合化火，五爻妻財申金受克無生，兒媳之關係難過1987年，後果於1987丁卯年生離。

此卦初爻父母卯木與戌合，是子媳生離。如果其母（卯陰木爲母）1987年在家不動，就不會發生離婚之事。可是無巧不成書，其母丁卯年動而正去辰方，而其子離婚，可見八卦神奇驚人。

又例：未月丁巳日測離婚能復否，得《離》之《旅》卦：

離爲火	火山旅
兄弟巳火、世	兄弟巳火、

```
子孫未土 、、            子孫未土 、、
妻財酉金 、             妻財酉金 、應
官鬼亥水 、應           妻財申金 、
子孫丑土 、、            兄弟午火 、、
父母卯木○             子孫辰土 、、世
```

六沖變六合，散而成，離而合。父母動而生世巳火，巳火生土，土生妻財，又動卦妻世相合，一定復婚。果於第二年辰月復婚。

又例：1988年11月12日，我在南京講學期間，給某駐華使館參贊及其家人測運，當他報出女兒是1964年九月十八日申時生時，起得《恒》之《大壯》卦：

雷風恒　　　　　　**雷天大壯**
```
妻財戌土 、、應         妻財戌土 、、
官鬼申金 、、          官鬼申金 、、
子孫午火 、           子孫午火 、世
官鬼酉金 、世          妻財辰土 、
父母亥水 、           兄弟寅木 、
妻財丑土 ×           父母子水 、應
```

此卦世應相生，官財相生，但世應相穿，實為相害之意。卦中官鬼兩重，又化妻財辰土與酉官相合，其夫另有所愛。還有卦變六沖，必是生離之象。因此，我對參贊講：「你姑娘婚姻很不順，結婚就離婚。」「你看甚麼時間離婚？」「1985年。」參贊和夫人驚奇不已地說：「中國的八卦太神奇了，邵先生測得真準。是的，大姑娘1985年5月結婚，7月就離婚了。」應丑年者，酉官與丑財相合。

第三節　預測配偶方向

一、配偶方向的預測方法

　　家庭是社會的細胞，男女配婚配問題，不僅是組成家庭的重要條件，也是社會賴以存在和發展的源泉。故《序卦》中有：「有天地然後有萬物，有萬物然後有男女，有男女然後有夫婦，有夫婦然後有父子，有父子然後有君臣，有君臣然後有上下，有上下然後禮儀有所錯。」人，是世間最寶貴的，人，是社會的主體。而人，又是「男女構精萬物化生」的產物。所以，男女的婚姻問題，不僅僅是個人生活中的大事，而且，是一個帶社會性大事。處理得好，對個人，對家庭；對社會，對子女的教育都有利，反之，是家庭和個人都會遭到不幸，特別是子女心靈的創傷是難以彌補的，同時，也給社會帶來不少的麻煩。因此，婚姻問題，也是人類研究的重要課題之一。

　　從《周易》中可以看到，我們的祖先很早就重視婚姻的研究。有不少卦中都有論述男女婚配問題。如男女正配，則長男配長女，中男配中女，少男配少女，「二氣感應以相與」爲好。也就是說，一個美滿幸福的婚姻，必須是陰陽二氣相合，才能白頭到老。如《咸》卦，就是男女正配，陰陽二氣相合的例証。

　　《周易》的《姤》卦有「勿用取女」，《小畜》卦有「夫妻反目」，都是因爲老男配長女，旣不正配，又陰陽二氣相克不相合，所以，必然有「夫妻反目」等災凶之事生起。

　　上面是從陰陽二氣相合談男女的婚配問題。男女婚配的問題，是一個很複雜的問題，有年命相生與相克，有屬相和與不和，有四柱排列組合等多種因素。但我在實踐研究中發現，男女婚配，還有一個方位方向問題。也就是說，男女在婚配中，各自的配偶都在一個固定的方向上。

如果配偶的雙方的方向都一致，也是白頭到老的重要原因之一。如果方向不對，一是談戀愛時難以談成，二是談成也不利，其結果，輕者不和，重者不離則死，很難白首到老。一九八四年我作過統計，在一百人中，九十四人配偶方向對，六人不對。其中方向不對的，有四人死了，兩人離了。

一九八七年十二月在國際《周易》學術討論會期間，有八位專家叫我當場測過配偶方向的試驗，其中七個方向都測對了，只有一個人的不對。方向不對的這位專家，當場向我提出：「你用甚麼方法來證明，是我找的配偶方向不對，還是你測得不對。」我回答說：「如果你和你的妻子很和睦的話，那是我測錯了，如果你夫妻倆不和，是我測對了，而你找的方向不對。」對方當場鼓掌說：「對！我們從結婚至今一直不和，幾乎三天兩頭吵。你測得很準，此法值得研究和推廣。」

測定配偶所在的方向，是以自己原籍住址為中心點，對方也是以原籍為中心點。然後根據自己出生的月、日（以陰曆為準），在八卦圖的所在月建上起初一，順行數至所生的日子為止。如果生日落在卯上，那麼配偶原籍應當是在東西方向上，如果生日落在申上，配偶原籍則在西南方向對東北方向上。知道了這個方向後，在找對象時，方向適合的人就談，不合這個方向的就不談，談也無益。現舉二例如下：

1.某人生在1936年11月23日，其配偶在何方？

該年11月為子月，居北方，從子上起初一、丑初二、寅初三、卯初四……順行數至二十三日，是戌，戌屬西北方向，與西北方向相對的是東南方向，所以他（她）配偶的方向應是在西北方向對東南方向上。

2.某人生在1920年6月初6日，其配偶在何方？

該年六月為未月，居西南方。從未上起初一、申上初二、酉上初三、戌上初四、亥上初五、子上初六。子屬北方，與北方相對的是南方，故他（她）的配偶應在南北相對的方向上。

在預測時，如果無八卦圖，按圖中的手圖方法進行預測，其方法和八卦圖一樣，也是在生月上起初一，順行至所生之日爲止。（見本節附圖及表格）

關於配偶原籍有一個固定的方位方向問題及預測的方法，我查了不少的卦書和我國有關「命學」方面的書籍，還未看到有人論述這個問題和預測的方法。此法是我從實踐中摸出來的，並爲不少靑年人和「困難戶」提供了配偶所在的方向的信息，結成了相愛的伴侶和建立了幸福的家庭，而且多數都有了可愛的下一代。

此法測配偶原籍在某一個相對的方向上，只要其人將出生時間報準，都能測準。但是有的問題還正在研究。如，某人的配偶，應在自己的原籍東西相對的方向上，到底是東邊，還是在西邊，還未完全解決。又如，某人原籍與配偶原籍的距離到底有多遠，也還未能準確測出。這兩個問題都有待於進一步研究。

爲了查找方便，我列了一個「月日方向表」，按自己所生的月、日，在表中一查就知道自己的配偶在甚麼方向上，未婚靑年可以查，已婚的人也可以查。

談戀愛時，雖然方向對，也不是一談就成，但是，最後談成而結婚的配偶，一定是在固定的方向上。

此表的公布，不僅爲年靑人在談戀愛時提供了捷徑，也爲雙方家庭減少了不少麻煩。同時爲婚姻介紹所提供了方便。

測定配偶方向手圖

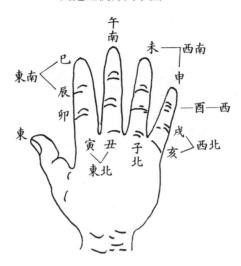

用法：子、丑、寅、卯、辰、巳、午、未、申、酉、戌、亥為十二個月建。不論你是農曆哪一個月生的，就以那一個月上起初一，順數你的生日為止。然後看你的生日落在何位。如落在午位，你的配偶方位，就在你父親原籍的南邊或北方。

例如：你是正月十七日生，就從寅月起初一，順數十七日，正是「午」位，「午」為南方，那你的配偶將是南方，或者是北方的人，也許他（她）現和你在同一個機構工作，或在同一個縣城，或者同一個城市，或者在其他地方工作。

關於原籍的問題，你父親原籍在北京，你生在西安，就以父親原籍定方位。你父親原籍在北京，而父親生在西安，你也生在西安，那就以西安定東西南北，其他仿此。

測定配偶方向八卦圖

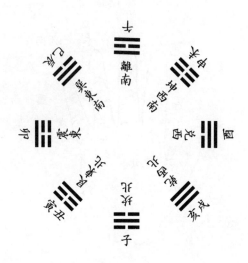

運用八卦盤查未來配偶方向，和手圖用法一樣。八卦盤上的地支也是月建。如你是六月二十三日生者（農曆），就從「未」上起初一，申爲初二，酉爲初三，順至二十三日是「巳」位，那你未來的配偶方向，是在你父的原籍東南方，或在其西北方向，其他仿此。

表一　月建地支表

月	正月　寅	四月　巳	七月　申	十月　亥
	二月　卯	五月　午	八月　酉	十一月子
建	三月　辰	六月　未	九月　戌	十二月丑

表二　月日方向表

一、東北方對西南方

日子 月份	日　　　　子
正	一，六，七，十二，十三，十八，十九，二十四，二十五，三十。
二	五，六，十一，十二，十七，十八，二十三，二十四，二十九，三十。
三	四，五，十，十一，十六，十七，二十二，二十三，二十八，二十九。
四	三，四，九，十，十五，十六，二十一，二十二，二十七，二十八。
五	二，三，八，九，十四，十五，二十，二十一，二十六，二十七。
六	一，二，七，八，十三，十四，十九，二十，二十五，二十六。
七	一，六，七，十二，十三，十八，十九，二十四，二十五，三十。
八	五，六，十一，十二，十七，十八，二十三，二十四，二十九，三十。
九	四，五，十，十一，十六，十七，二十二，二十三，二十八，二十九。
十	三，四，九，十，十五，十六，二十一，二十二，二十七，二十八。
十一	二，三，八，九，十四，十五，二十，二十一，二十六，二十七。
十二	一，二，七，八，十三，十四，十九，二十，二十五，二十六。

二、東方對西方

月份 \ 日子	日　　　　子
正	二，八，十四，二十，二十六。
二	一，七，十三，十九，二十五。
三	六，十二，十八，二十四，三十。
四	五，十一，十七，二十三，二十九。
五	四，十，十六，二十二，二十八。
六	三，九，十五，二十一，二十七。
七	二，八，十四，二十，二十六。
八	一，七，十三，十九，二十五。
九	六，十二，十八，二十四，三十。
十	五，十一，十七，二十三，二十九。
十一	四，十，十六，二十二，二十八。
十二	三，九，十五，二十一，二十七。

三、西北方對東南方

日子 月份	日　　　　　子
正	三，四，九，十，十五，十六，二十一，二十二，二十七，二十八。
二	二，三，八，九，十四，十五，二十，二十一，二十六，二十七。
三	一，二，七，八，十三，十四，十九，二十，二十五，二十六。
四	一，六，七，十二，十三，十八，十九，二十四，二十五，三十。
五	五，六，十一，十二，十七，十八，二十三，二十四，二十九，三十。
六	四，五，十，十一，十六，十七，二十二，二十三，二十八，二十九。
七	三，四，九，十，十五，十六，二十一，二十二，二十七，二十八。
八	二，三，八，九，十四，十五，二十，二十一，二十六，二十七。
九	一，二，七，八，十三，十四，十九，二十，二十五，二十六。
十	一，六，七，十二，十三，十八，十九，二十四，二十五，三十。
十一	五，六，十一，十二，十七，十八，二十三，二十四，二十九，三十。
十二	四，五，十，十一，十六，十七，二十二，二十三，二十八，二十九。

四、北方對南方

月份＼日子	日　　　　子
正	五，十一，十七，二十三，二十九。
二	四，十，十六，二十二，二十八。
三	三，九，十五，二十一，二十七。
四	二，八，十四，二十，二十六。
五	一，七，十三，十九，二十五。
六	六，十二，十八，二十四，三十。
七	五，十一，十七，二十三，二十九。
八	四，十，十六，二十二，二十八。
九	三，九，十五，二十一，二十七。
十	二，八，十四，二十，二十六。
十一	一，七，十三，十九，二十五。
十二	六，十二，十八，二十四，三十。

第十八章　子嗣

　　孩子是人類的繼續、國家的後代。生兒育女，是每個父母應盡的責任，孩子的身心健康、是否能順利成長等，又是每個父母很關心的問題。用八卦預測生育，不僅僅是個吉凶問題，而且直接關係到人類的優生，有利於後代的健康成長和人類的繁殖與興旺。有的嬰兒生下後就夭折了，有的身體不好而多病，有的是各式各樣的殘廢等，這不僅給家庭帶來各種各樣的痛苦，也給社會造成沉重的負擔。相反，有的孩子生下後，身體健康，少病好養，長得漂亮、聰明，成爲國家有用之材。人類在素質上出現上述兩種截然不同的差別，從醫學等科學的角度講，原因是多方面的。但我認爲，人類要優生，陰陽五行相生相克這個十分重要的因素，不但不能忽視，而且必須引起科學界的注意，否則人類的優生是一句空話。

　　關於一個人能否成材，能成多大材，這是一個複雜的問題，不是三言兩語能說清楚的。但是一個人的身體好不好，或者他的孩子身體健康不健康，將來是否有出息，可以從四柱的子星位上和卦中的子孫旺衰和生克上看出來。如子星得旺地，又得生扶，孩子身體必好而易養。如果子星死絕墓地而受克，不是夭折，就是殘廢，再不就是多病，甚至無兒無女。因此，我們知道子女星處衰絕死墓之地，懷孕時就選在旺地，必生在長生之地。如水命可生在申，就在亥月、子月懷孕，正好生第二年的長生之月。這樣的孩子身體較好。對此，古代在子嗣方面也有不少論述。

第一節　預測懷孕

用八卦預測懷孕之法，有的以胎爻爲用神，有的以子孫爻爲用神，這兩種方法現在社會上都用，有的善於以胎爻測，有的則習慣於用子孫爻爲用神。我通常以子孫爻爲用神進行預測。

《增刪卜易》測胎的方法是：「子孫休囚空破散，泡孕虛空。」就是說：「子孫爻臨日月，或遇日月動爻生扶，動而化吉，皆許成孕。若空破散絕，或被刑沖克害，或動而變鬼，化絕化破，或鬼變子，父變子，子化父，水泡風燈，動而空者不妨。」又說：「福神旺相遇生扶，麟和兆端。」都是以子孫爻爲用神。

《卜筮正宗》測懷孕否，以胎爻爲用神：「凡占胎孕有無而取胎爻爲用神，不看子孫爻。如卦中六爻上下及年月日時皆無胎爻者，俱無孕。卦中有動爻化出者，目下無胎，後必有胎。唯遇胎爻出現便爲有胎。」

甚麼叫胎爻？假如壬癸日起卦，壬癸爲水，水長生在申，順行至午，午即爲胎爻。如卦中有「午」，午就爲胎爻。其他仿此。

《卜筮正宗》關於測胎方面的論述較多，如：「凡胎爻旺相，又有生合扶助，不臨官鬼、父母及空亡者，其胎必成。臨陽爻則生子，易養。」

福臨青龍，空亡受制，又見胎爻發動，或被日辰動爻沖動者，實爲墮胎。

子孫墓絕，又被日月動爻刑沖克害，大凶之象，或胎臨鬼，或動而化鬼，是死胎。財爻受傷，防母子有難。

孕婦來占，卦無官鬼，或眞空墓絕之地，主孕婦丈夫已死，是遺腹子也。如官爻伏而旺相，有提拔者，其夫遠出。

虾血（虾，音胚，又音浮，即敗壞，凝聚的血）之胎凝血也，陽精陰血聚成胎。……胎爻出現，如遇空亡，主雖有胎不能成形。

胎臨官爻，或被月建、日辰刑沖克害，皆主胎有傷。胎臨白虎，必是漏胎。

胎臨勾陳，其胎顯露，胎臨青龍，其胎不露；逢三合六合，其胎必隱。

鬼臨胎爻，主孕婦有疾；或財合福爻，分娩安泰。

白虎為血神，若臨子孫，或臨胎爻發動，其胎必破；臨財動，亦然。

《斷天機》有：「子孫空亡主損胎，青龍空亡虛喜臨；青龍帶鬼，必因病墮胎；更加凶殺無吉神發動來解救，胎中縱然不損，臨產亦必難生。」

婦女懷孕，是生男還是生女，前人都在探討如何預測。現代醫學雖然基本上可測出胎兒性別，但用八卦預測，仍有研究價值。古人在這方面也有總結。

《天玄賦》曰：「占其產者，子孫旺相，若臨陽爻定生男。福德休囚，更值陰爻當是女。」若子孫屬陽，初爻、六爻屬陽，包陽也，必生男子。若子孫屬陰，初爻、六爻屬陰，此為包陰也，必生女子。」

《洞林秘訣云》：「陽爻變陰生女子，陰動變陽育男兒。靜時若發須生女，旺相生男定有期」。

《增刪卜易》：「子動化子孫，或卦中子孫多動，或臨旺相之子孫動者，他爻又變出旺相之子孫，皆准雙胎。」《卜筮元龜》：「子孫兩旺定是雙胎。……內有一衰者，一死一生；一陰一陽者，一女一男。兩現一不動者，非也。……陽變陰男女可變，六爻靜，先看卦包，陰包陽生女，若陽包陰生男。陰包陽：坎卦、大過，小過、咸、恒卦是也。陽包陰：離卦、中孚、頤、損卦是也。六爻既靜，若無卦包，看子孫，

值陽爲男，值陰爲女。卦有動爻者，雖有卦包而不用。……先看動爻，一爻動者，陽動爲女，陰動爲男。兩爻動者看上爻，三爻動者看中爻，多爻動者可再測。」

《卜筮正宗》：「卦有兩重子孫，又有兩重胎爻，總不發動主雙生。若子化子，又見胎化胎者，如化退神，主雙胎不收。陰陽動靜，可定男女，一動一靜，一陰一陽，主一男一女。卦無子孫，若胎爻又被月建日辰動爻刑克，大凶之象。」

子孫旺相，或休囚而動，及動而化吉，主有子。子化進神，化回頭生，有子必多。子孫墓絕動而變鬼，鬼變子孫、父化子、子化父、父動克子，主無子。

古例：酉月庚戌日，測何年生子，得《屯》之《節》卦：

水雷屯	水澤節
兄弟子水、、	兄弟子水、、
官鬼戌土、應	官鬼戌土、
父母申金、、	父母申金、、應
官鬼辰土、、	官鬼丑土、、
子孫寅木×世	子孫卯木、
兄弟子水、	妻財巳火、世

寅木子孫持世而化進神，爲有子之象，但目下寅卯木旬空，而卯逢月破，必得寅年有子。後果於寅年卯月，妻妾連生二子。此卯木雖逢月破，但日辰合之，乃休囚待時而用。

古例：寅月癸亥測有子否，得《坤》之《艮》卦：

坤爲地	艮爲山
子孫酉金×世	官鬼寅木、世
妻財亥水、、	妻財子水、、
兄弟丑土、、	兄弟戌土、、

官鬼卯木×應	子孫申金、應
父母巳火、、	父母午火、、
兄弟未土、、	兄弟辰土、、

此卦子孫變鬼，鬼變子孫，實爲無子之兆。其後娶妻納妾，連生四子，相繼而亡，至老無子。

今例：一九八六年辛丑月，丙辰日，我公司寬紅懷孕，得《姤》之《坤》卦：

天風姤	坤爲地
父母戌土○	兄弟酉金、、世
兄弟申金○	子孫亥水、、
官鬼午火○應	父母丑土、、
兄弟酉金○	妻財卯木、、應
子孫亥水○	官鬼巳火、、
父母丑土、、世	父母未土、、

1、一卦之中，五個爻競發，主事反覆不順。

2、世臨月日建而得應午火生之，旺而又旺，克子甚凶，未懷孕之象。

3、子孫受父母月建之克，又墓於日辰，勾陳動而克之，是不吉之象。

4、子孫化鬼，又化絕地；父母丑土又化沖，也是不吉之象。如果一九八七年正月懷孕，恐六月之關難過，故告之一九八七年最好不要孩子。後果正月懷孕，六月早產夭折，實爲子孫臨殺化鬼，難出世。

測懷孕，倘遇子孫爻旺相或得日月動爻生扶而化吉，必生身健而賢良之子。子孫爻衰弱，必生癡愚之子。若休囚墓絕空破，又遇刑沖克害，媾而無育，生而如無。子孫爻遇旬空不爲害，得沖空，實空之年有生育而得子。

第二節　預測臨產

　　婦女產前和臨產等情況，也可用八卦測之，仍以子孫爻爲用神《卜筮正宗》有：「夫占，妻財爲產母，胎爲胞胎，福爲兒女，三者喜月建日辰動爻生扶合助，則產母安，胎胞穩，子易產。若見刑沖克害，產母多災，胎胞不安，生子難養，空絕亦然。」

　　占產以青龍爲喜，若在胎福財爻上動者，生期已速，必然當日臨盆也。

　　得子孫胎爻沖克世，生期已速，當以日時斷之。

　　胎福不動，又無暗沖者，必然遲緩，須待沖之日月時才分娩。

　　胎福二爻發動，本主易生，若被官鬼爻，父母動爻合住，或日辰合住，皆主臨產難生，待沖破日時方得分娩。

　　如遇子財二爻在墓絕之地，固凶，若得日辰動爻生扶，此乃將危有救之兆。

　　白虎臨官發動，或臨財化官，或臨鬼動空化空，或被沖散者，當小產，其子不育之象。

　　福神發動，而日辰沖胎者，已生於膝下。

　　卦遇游魂，官鬼值空，若非遇月，定生其夫外出而產，謂之背生。若其夫自占，勿論官爻，以世爻言之。如世爻空，遇游魂，主出門後生產。

　　父兄二爻若當權旺相，動來刑克子孫妻財，而財福二爻又無救助，主母子俱凶。

　　鬼化出子孫，主胎前有病；財化鬼，生產後多災。克妻者兄弟，兄弟空其妻無傷。父母獨發，子孫又不現，無妨。

　　兄動克妻財，父動克子孫。如夫卜妻產，見兄動則產不安，見父動

則難爲子孫。

父爻發動，本爲克子。如福爻有月建日辰生扶或遇空不受克，故無慮。

《斷天機》：「若殺臨子孫爻，則子孫受禍，安能出胎也。」

占產最忌殺動，若父母兄弟帶殺動，主凶。鬼臨產，母有憂驚。卦無父母又無子孫，凶極。假若有父母，子孫無氣亦不吉。世爻合子孫爻，他日定見生兒。

青龍爲生育之神，最宜旺相當權發動，必然生貴子。

占者皆以白虎爲凶神，不知各有所用。虎爲血神，凡胎不免見血，若得輔子與庚申、辛酉爻上，產便快，或當日便生。因虎能破胎，能催生，產便快也。

子孫之胎爻臨鬼，或化出鬼爻，或鬼來沖克者，臨盆時絕而復生，俗謂落地關。

乾爲首，離爲目，坎爲耳，兌爲口，此四卦在內象，則易產。……坤爲腹，艮爲手，震爲足，巽爲股，此四卦若在內象，必是難生。逢生旺更難，有解救半吉。

世值胎養亦生日。從世上起長生，若值胎養日，或能生也。

《增刪卜易》：「產期有遠有近之分，遠則應月，近則應日。子孫動者，逢合逢值；靜者，逢值逢沖；空者，沖空實空之日；破者，實破逢合之日。白虎兄弟而動，值日而生。子孫臨絕，待生旺之日；又有子孫遇長生，胎養之日；伏藏，出現之日生也。」

古例：子月乙亥日，測生產安否，得《豐》之《小過》卦：

雷火豐	雷山小過
官鬼戌土 ⠆⠆	官鬼戌土 ⠆⠆
父母申金 ⠆⠆ 世	父母申金 ⠆⠆
妻財午火 ⠆	妻財午火 ⠆ 世

兄弟亥水、	父母申金、
官鬼丑土、、應	妻財午火、、
子孫卯木○	官鬼辰土、、應

妻財午火遇冬之休囚，又月破日克，全無生意，命之難保，卯木子孫雖臨月日之旺，化鬼，不吉之象。後果母子俱亡。

古例：寅月戊子日，測生孩安否，得《剝》之《觀》卦：

山地剝	風地觀
妻財寅木、	妻財卯木、
子孫子水×世	官鬼巳火、
父母戌土、、	父母未土、、世
妻財卯木、、	妻財卯木、、
官鬼巳火、、應	官鬼巳火、、
父母未土、、	父母未土、、應

子孫子水變鬼變絕，今日巳時落草而亡。果應之。子化鬼，鬼化子，百無一活。

第三節　預測子孫優劣

孩子生下，其優劣如何？《卜筮正宗》有論，可觀其卦，便可了知：

子孫爻若臨祿馬貴人，主此子他日必然貴顯。

乾卦乃八卦之首，屬金，卦數一，純陽之象，陽主上達，金主聰明；一爲數之始，若遇龍德及子孫在此宮者，必然聰敏如伯樂。

六合卦陰陽相半，小兒遇之聰明而慧，他日文章須有擲地金聲之妙，如李太白之才。

青龍爲吉神，父母爲詩書學館，若臨世或生合世福德者，主此兒好

學。

歲乃君象也，子孫臨之，此兒必志大，如漢班超封萬里侯。

歲君值福，固有大志，然官鬼爻受制合，落空亡，則志雖大，而終莫能遂；官鬼無傷，斯能稱意，出將入相。

世帶吉神旺相，子孫爻來生扶者，主有賢子來共成大業，以濟其美。

子孫若旺，不空及無傷害者，主有賢子。

卦有父母，又化出父母來生合世，必重拜父母，身爲他人子。

卦有子孫，又外宮化出子孫，與世生合者，主其必有螟蛉之子（抱養）。

財動化出子孫生合世者，必有賢德。子孫持世，兒必孝順。

子孫變動，月破，官鬼興與兄弟爻相合，或動變臨玄武，或與玄武相合，其子必不肖。兄弟爲破敗之神，官鬼多災惹禍之宿，玄武好險、盜賊之星，月破無成之神也。

凡父動克子孫，若得子孫值日辰月建，雖小晦而無妨。

子孫休囚，化鬼化父，皆死之兆。若臨貴人祿馬旺相，還可爲相。

震爲足，若遇鬼官凶神刑克，走必遲。

子孫旺相無傷，兒肥易養；子孫休囚有克，多災瘦弱難養。

子孫旺相乳必多，休囚空破乳必少，最怕父動，靜而逢沖，若非缺乳，定克子也。

父母持世，兒多災晦，鞠育之勞不免，因父母爲辛苦勞碌之神，爲小兒之惡殺。

子從他宮化出，乃螟蛉之子也。若與財爻相合帶咸池、玄武，必與妻妾有情，如安祿山也。

世旺，子孫克世，悖逆之子。（按：以上之論主要根據《卜筮正宗》）

　　古代論兒女，多論的是男孩，論女孩少，特別是論孩子多少時，只講男孩，不講女孩。

　　論男孩多少，其法也不一。如《斷天機》是：「一爻是鬼一個子，二爻是鬼二子艮，福德居此二、三子，鬼爻四位四兒昌，官生在五五兒吉，六爻如鬼六兒昌。子孫旺相須添子，鬼無氣退兒。」

　　《卜筮正宗》論兒子數，是以五行來定：「若問子多少，當以五行生成數論之。」若父母屬木，則子孫屬土，土數如五，就是五個子。按其法，父母爻爲水、子孫是火，火數是二子。父母爻是金，子孫屬木，木數是三，三子。父母爻是火，子孫屬金，金數四，是四子。父母爻是土，子孫屬水，水數一，一個子。

　　《淵海子平》論子息多少，則是生旺休囚計之，故有：「長生四子中旬半，沐浴一雙保吉祥。冠帶臨官三子位，旺中五子自成行。衰中二子病中一，死中至老沒兒郎。墓中養取他人子，入墓之時病夭亡。受氣爲絕一個子，胎中頭女有姑娘。養中三子只留一，男女宮中仔細詳。」

　　以上述論子息多少的三種方法，前兩種沒有實踐，故不能妄說。《淵海子平》的方法雖是用在四柱上，以月建來衡量子星的多少，但我認爲也可用在卦爻上，看其子孫所臨月建來定數。

　　現在提倡計劃生育，大多是一胎、二胎，故預測子女多少，從預測角度上講意義不大。但作爲學術研究，還是有探討的必要。

第十九章　財運

　　財爲人養命之源，不可無之，人的出生年月日時四柱的總的信息中都有標誌。有的財多，有的財少；有的有財，有的無財；有的財來能保住，有的財來不但保不住，還會出事。所以，甚麼時間該求財，甚麼時間不能求財；甚麼方向有財，甚麼方向不但無財還會失財，都有一定之規律。財運的信息，對一個公營單位，或是個人，都是至關重要的。有的人不知財氣信息，盲目辦企業、開店，結果不是虧本，就是倒閉。有的人求財，不經預測就到處奔波，結果是姜子牙賣麵：不是風吹，就是馬踏。有的人雖然冒碰運氣，一時萬貫纏腰，可惜好景不長，不是災事不斷，就是禍從天降，更有立時傾家蕩產……因此，要知財運的信息，必須先測而後行，這才是萬全之策。

第一節　預測求財

　　財福兩旺不可傷：財爲本，福爲源，二者遇生旺地，不逢克傷，公私可求，求而必得。

　　福神生財水有源：子孫爲財之原神，測財得子孫旺相，動而生財、合財，不僅得萬貫之財，而且如水之有源，線綿不斷，滾滾而來。

　　福得臨月極爲妙：測財遇子孫臨月建日辰，動來與財相生相合，財大而求必得。

　　福會青龍最爲佳：子孫是福神，是財之原神，青龍是吉星，如子孫爻臨青龍發動而生財合財，世旺得地，那真是財運亨通金銀來。

　　世在旺地能勝財：世爻如人之身體，體健壯者能挑百斤之擔，體衰弱多病者，難挑重擔。故財多財旺，必要世爻生旺才能勝財。

福變財其利豐厚：子孫爻動來生財，或子動化財，財動化子，皆主財源豐厚，求易得。

福財合世，得倍之財：世爻與財爻、子孫爻合成財局，或子孫局生世，不論公私求財，必得萬倍之大利。

官化財利公家：官鬼化財而生世者，最利公家官方求財。

官動生世利九流：九流求財以官爻爲主，如官爻發動，生合世爻，必然稱心滿意。

兄動生子，根深蒂固：測得子孫爻發動而無傷，財源不斷，如兄爻動來生子孫爻，則財愈加根深蒂固。

財生世，一生多得利；財無氣，世爻得地，逢旺年必發。世爻入墓，逢沖墓之年而發，但世必有福神生之。

世爻克財休啓齒：世爻克財，不講也是求財，但求財不利。

財爻克世求必得：測求財，得財來克世，是財尋我，凡謀易成，是易得之象，勿將財克世當凶。

財多太旺，須墓庫收藏：卦中財臨日月，又得動爻生財，爲財星太旺。或動變俱是財爻，日月又作財星，爲財多重疊，求而可成，但必須待財入墓庫之日方能到手。如金爲財星，丑日可得，其他仿此。

財官持世必相生：官爻持世，或財爻持世，財官相生，凡求易得。財爻生世是易得之象。

鬼化財，財化鬼，有吉有凶：鬼化財而克世爲得財而吉，財化鬼而克世必爲大凶。

財爻合世財尋我：財爻持世、生世、合世、克世，都是財來尋我，求易得；如財與世爻不相干者，爲我去尋財而難得。

身弱遇旺財可求：世若休囚，財臨旺地，求財可得，如身旺更美。

世靜財生易求得：世爻安靜，若得財來生之，求而易得。

爻逢六合求財吉：測財遇六合卦，財爻旺相，或世與財官相合，爲

吉祥之象。

財爻持世主財榮，財化進神而生世，實爲錦上添花。

官兄同動財無傷：兄弟爲克財之神，求財最忌，如果卦中官鬼和兄弟爻同動，則兄不傷財，官鬼動制兄。

兄多入墓財到手：兄弟爲劫財之神，古有一兄動劫財，兄弟爻多動不劫財。《增刪卜易》有：「兄弟爻多者，待兄弟爻入墓之日，及克損兄弟爻之日必劫其財。」此說非也。實際經驗是：兄弟爻多而入墓，猶如被關進墓庫，無法劫財，故兄弟入墓之日，正是得財之時。兄弟爻被官鬼克制，也是如此。

父化財，有得而辛苦：父母爲辛苦之神，故父化財難得，必得經辛苦奔波方可得。

前卦有財，後卦無財，不利於後；前卦無財後卦有，艱難在前。

財合日辰，合世應及孫爻，指日可待，或逢墓庫之時到手。

主卦無財月帶財：主卦無財，而月建臨財星，可拱扶主卦伏財，便得值日財。

日辰克財，出日必得：財爻旺相生世合世持世，是必得之象，若被日辰克制，出此日必得財。

兄臨破，不克變出之財：兄弟爻動，化出財爻，但兄臨日破月破，不克變出之財。

得財之日看應期：財動遇絕，必待生旺日得，逢沖合日得；安靜，逢沖日得。財動入墓，或合住，待沖開日得。動逢月破，待塡逢合日得。旬空，出空日得。伏藏，出現日可得。

例：巳月戊戌日測求財，得《益》卦：

風雷益

兄弟卯木、應

子孫巳火、

妻財未土、、

妻財辰土、、世

兄弟寅木、、

父母子水、

辰土財爻持世，月建生之，因辰土旬空，遇日建沖之不空，今日必得。果當日得財。

又例：巳月戊寅日測何日得財，得《離》之《豐》卦：

離為火	雷火豐
兄弟巳火○世	子孫戌土、、
子孫未土、、	妻財申金、、世
妻財酉金、	兄弟午火、
官鬼亥水、應	官鬼亥水、
子孫丑土、、	子孫丑土、、應
父母卯木、	父母卯木、

酉金財爻安靜，逢沖日必得。明日（卯日）得財到手。果於卯日得財。此卦巳火兄爻持世而動，應為劫財，但兄動入墓，無法行劫。

又例：1987年癸卯月庚申日，汪竹測財運，得《旅》之《離》卦：

火山旅	離為火	六神
兄弟巳火、	兄弟巳火、世	螣蛇
子孫未土、、	子孫未土、、	勾陳
妻財酉金、應	妻財酉金、	朱雀
妻財申金、	官鬼亥水、應	青龍
兄弟午火、、	子孫丑土、、	玄武
子孫辰土×世	父母卯木、	白虎

卦逢六合變六沖，酉金財爻又臨月建沖破，無財之象。世爻子孫化卯木臨太歲回頭克，一年難伸，又臨虎動主衰，不但無財，還得防災。

子孫持世，自身平安，防家人之禍。後同年九月其夫心肌梗阻死。

又例：未月庚子日測財，得《小畜》卦：

風天小畜

兄弟卯木、
子孫巳火、
妻財未土、、應
妻財辰土、
兄弟寅木、
父母子水、世

未土財爻臨月建而克世，必得之象，明日丑土臨財，實爲財旺而重疊，辰爲土庫，爲收藏，辰日可得。果如此。

又例：1988年己未月甲戌日，我公司常蘭問近來財氣如何？得《損》之《中孚》卦：

山澤損	風澤中孚
官鬼寅木、應	官鬼卯木、
妻財子水×	父母巳火、
兄弟戌土、、	兄弟未土、、世
兄弟丑土、、世	兄弟丑土、、
官鬼卯木、	官鬼卯木、
父母巳火、	父母巳火、應

兄弟丑土持世，又化兄弟，本無財可求，但子水財動與世相合，爲財來尋我，必得之象。因卦中兄臨月日之建，旺而太多，待六月十一（庚辰）日墓庫收藏，方可進財。後庚辰日果進財。

卦無財福空徒勞：測財之卦，無財爻，又無子孫爻，莫勞神費力。

財休死絕宜守家：卦中財爻、子孫爻休囚空破死絕，或刑沖克害，無財可求。

父兄同動，水中撈月：父母爻動克子孫，兄弟爻動克財，求財遇此二爻動，如水中撈月一場空。

兄動無鬼必耗財：兄弟為爭奪、阻隔、消耗之神，測財最忌兄動，若無鬼動制兄，劫財耗財無疑。

有福無財忌兄動：兄動主劫財破耗，若卦中財爻不動或不上卦，喜子孫與兄弟同動而有財可求。

劫財口舌皆兄動：財爻持世，兄弟發動，不僅有劫財之患，還防口舌之非。若鬼動克世，更凶。

兄臨歲君，一年破耗：測財遇兄弟爻臨歲君而動於卦中，必有一年破耗之災。如1988年我測國家自然災害時，遇兄臨歲君而動，故國家自然災害多。求財遇之，切莫出門。

卦逢六沖，空而又空：卦逢六沖，用神受克，不僅無財可求，還須防凶災。

福德受傷反虧本：子孫爻是財之原神，若子孫受傷，不但無財可求，反而虧本。

日合動財難到手：財爻動日辰合住，其財必有人把住，不能到手，逢沖日可得。日辰合財生世，立可得。

世應俱空求無得：世空有財難得，應空難靠他人，世應俱空求無得。

路上有官休出門：五爻為道路，若臨官鬼發動，途中多驚險，不宜出門。臨虎有風波，臨玄武遭盜賊。

父兄有氣，財逢絕地，安守本分為上策。

鬼化財克世而吉，財化鬼克世為大凶之象。

惡凶臨財防風險：凶神沖散財爻，必有風波險阻之驚。劫凶臨財不吉，若臨兄動，須防盜賊。

官鬼克世又傷身，公私求財都不利，不破耗，必因財致禍。

例：酉月戊午日測求財，得《革》卦：

澤火革

官鬼未土、、

父母酉金、

兄弟亥水、世

兄弟亥水、

官鬼丑土、、

子孫卯木、應

父臨月建生助亥水兄弟世爻，卦中又不見財，無財可求。

又例：卯月乙卯日測求財，得《旅》卦：

火山旅

兄弟巳火、

子孫未土、、

妻財酉金、應

妻財申金、

兄弟午火、、

子孫辰土、、世

卦逢六合，財世相生又相合，有財之象，但不宜應爻財逢日月沖而破，無財。後果他人得之。此爲合處逢沖，先合後散。

第二節　預測生意成敗

不管是公營還是私營的企業，也不管是老公司，還是新公司，或者是準備籌建和開業的廠、店，都可以預測財運和財源方面的信息。

凡公營等事業機構和私人經營的企業，測財運時，最好是總負責人和老闆親自來測爲佳。這樣可達到自發信息和得到眞實而準確的信息反

饋。

世爲自己，應爲他人：凡測財運，世爻爲自己，應爻爲他人，爲伙計，爲顧客，宜相生相合，比和爲佳。

世應相生，同心協力：世爲自己，應是他人，世應旺而相生，同心協力，越幹越興旺。

世應相克必有變：應生世，他益於我；世生應，我益於他。相克相刑，雙方有變。世克應爻，他隨我願；應克世爻，我受他騙。

玄武兄爻爲盜賊：應爻臨玄武兄弟爻，爲暗中盜賊。應臨官鬼克世定有災。

世財應兄遭劫累：世財爻，應爲兄父，必遭劫和受他人之累。世財應子，他人之力；世應空合，彼此定懷虛詐之心。

世應相克終爲仇：應生世合世，交易成；世應相沖相克，老友也變仇。

世應俱空莫開業：世應宜旺不宜空，世空必然蝕本，應空無財可賺。

財爻持世主財榮，財爻克世必得利。

世被應傷遭陷害：世爻宜生旺，若被爻傷克，既遭陷害，又帳目不清。財爻受兄彼相瞞，兄爻克財必入圈套。

財本福源宜生旺：財爻爲資本，子孫爻爲財源。本源生旺，財運興隆，根基牢固。

價漲價落看進退：進貨收購，遇財爻化進神，其價必漲；化退神，其價必落，購者停收，出者宜速。

價高低看旺衰：財爻衰變旺，目下價雖賤，將來必漲；財旺變衰絕，賣貨者，趕快銷售，收貨者立停爲佳。

賣與買看財旺衰：財爻旺，急急賣；財爻衰，宜緩買。內卦財衰，宜於外賣，世爻財旺，近地可出。財化進宜向外發貨；世化退，急回原

地出售。

內財衰外財旺往他鄉：外卦財旺生世、合世、持世，宜往外地求財，倘如財不生合世，及世動變凶，他鄉花似錦，我去不逢春。

財運興衰看合沖：卦逢六合，或世與財爻，子孫爻合成局者，定是門戶興隆景；六合變六沖，眼前興旺終蕭條。

世應臨兄無吉象：世應臨兄發動，不吉。若世應臨兄弟爻，日月作財星沖克世爻，反為吉。

貨多貨少看衰旺：買貨要應爻生合世爻，必易成，刑克沖世必難買。財太過，貨物多；財少者，貨物少，空伏者貨無。

積貨宜靜不宜動：財爻宜靜不宜動，動而有變，災禍莫測，不宜空，空者遭官鬼。

賣貨宜動易出手：財動世動主易賣，財在外動往他處，在內動宜本地。

鬼搖克世，不災則禍：卦中鬼動，多招是非，克世災禍連綿不斷。

財衰受克事不成：財為資本，財衰墓空破，動而變凶，或日月刑沖克害，又世與財空，開業不成。

行而不行看反吟：反吟之卦主事反覆，行而不行，開業又關，老店遇此必更遷。

求財交易怕兄動：兄是阻隔破耗之患，賣貨兄動難脫手，求財兄動必遭劫。

兄臨凶神多防犯：兄臨雀動防口舌，兄臨玄武防盜賊。

囤貨出貨看旺衰：積貨賣貨皆不宜財衰、空破、動而受克，財衰宜囤積，旺宜出賣。

陽兄不久，應空不吉：陽爻臨兄，開張不滿年，應空開張不吉。

商販最怕鬼克世：凡買賣經商，最怕鬼臨玄武來克世，必遭官方勒索及盜賊之禍。

財旺財衰自有時：財量太旺，利於墓庫之月；財休囚，必待沖墓庫之時，月破填實際之時，被克，沖去克神之日。

世爻六爻都安靜，開業永立；六爻亂動，定不順。亂沖亂克，須防不測。

下舉預測生意成敗的若干實例，供研究參考：

例：午月辛丑日，測一年生意如何，得《益》之《無妄》卦：

風雷益	天雷無妄
兄弟卯木、應	妻財戌土、
子孫巳火、	官鬼申金、
妻財未土×	子孫午火、世
妻財辰土、、世	妻財辰土、、
兄弟寅木、、	兄弟寅木、、
父母子水、	父母子水、應

生意之人，以財爻爲重。今財旺持世，未土之財，又化午火回頭生合，發財之象。

例：寅月辛酉測開店，得《艮》之《明夷》卦：

艮爲山	地火明夷
官鬼寅木○世	子孫酉金、、
妻財子水、、	妻財亥水、、
兄弟戌土、、	兄弟丑土、、世
子孫申金、應	妻財亥水、
父母巳火、、	兄弟丑土、、
兄弟辰土×	官鬼卯木、應

寅木當令持世，店能開張。可惜日辰克世，世變回頭之克，鬼臨防病災，六月世入墓，當防之。後果六月臥病，八月財被伙計盜之。

例：午月丙辰日，測出外貿易，得《恒》之《豫》卦：

雷風恒	雷地豫
妻財戌土、、應	妻財戌土、、
官鬼申金、、	官鬼申金、、
子孫午火、	子孫午火、應
官鬼酉金○世	兄弟卯木、、
父母亥水○	子孫巳火、
妻財丑土、、	妻財未土、、世

酉金持世，化卯木沖之，爲反吟之卦。卯木有沖之能，無克之力。日建辰土生合世爻酉金，此爲沖中逢合，卦又變六合。六爻戌土財爻暗動生世，此爲主反覆後得財，果應驗。

例：戌月庚子日，測一冬生意如何，得《賁》之《家人》卦：

山火賁	風火家人
官鬼寅木、	官鬼卯木、、
妻財子水×	父母巳火、、應
兄弟戌土、、應	兄弟未土、、
妻財亥水、	妻財亥水、
兄弟丑土、、世	兄弟丑土、、世
官鬼卯木、世	官鬼卯木、

卯木持世，月建合之，財臨日建動來生之，今冬必獲厚利，果如此。

第二十章　行人

《周易・繫辭》中有「吉凶生乎動」之說，就是說，人的活動中有吉有凶，順陰陽變易規律而動者吉，逆陰陽變易規律而動者凶。因此，人們出遠門，或出門在外，是動中之動，吉凶伏藏。

有的人出門在外，發生這樣和那樣的不幸事故，甚至因車禍、飛機墜毀、船沉等事故的發生而喪命，其中重要原因之一，就是這些人並不知道自己現在走甚麼運，不知甚麼時間不應出門，不知道甚麼方向是禁區，一句話，他不知道自己的吉凶信息。

實踐經驗證明：凡人因事出差，或不管甚麼原因造成出走（包括小孩被盜走），有的是四柱逢沖，沖吉則吉，沖凶則凶；有的個是身臨敗運所致。

第一節　預測行人去向之一

關於人員失走的情況很多，除了我在《八卦與信息》中講的六個原因外，還有一條，那就是，有的人金錢至上，一切為了錢，一切為了「發財」，甚麼傷天害理的事都幹，竟靠盜小孩賣錢。因此，近年來，因小孩被盜而求測的人特別多。預測行人走失，只要技術過硬，來人把時間報準，就可百發百中。此章也用以預測逃亡之人。

預測行人去向，取何為用神，看用神章。不在六親者，看應爻。

行人在外，有吉有凶。甚麼時間回來，有遠有近，遠則應年月，近則應日時。

行不行，看動靜：測行人何時歸來，宜用神爻動。用神生合世爻，定歸遲。

動速生緩定歸期：用神動來克世，速回；用神動來生世，稍緩。

用神臨三四，歸期可候：古有三、四爻爲門戶，如用神臨之，不受制伏，不動來生合世者，可立而候。

用伏不空之飛下，待沖飛之日可到；伏空飛下，待日辰合之，值日便到。

外卦反吟，用神旺相，必歸，不然移住他處。

靜逢沖，人可回：用神安靜不動，遇日辰沖之，人必回。如用神爲巳火，遇亥水沖之例。

世應俱動歸期近：古有世爻爲身，應爻爲足，世應都發動，則是身足都動，近期可歸，或立而待之。

空、伏待時人定歸：測行人，用神旬空，必待出空之日可到，用神伏藏，出現之日必來。

合待沖，破待合：用神被日月動爻、世爻合住，必待沖開之日歸，用神臨日月之破，本是歸期，如不歸，待填合之日歸；用神入墓，待沖開之日歸；用神休囚，待生旺之時歸，或用神得原神生助之日歸。

人去何方看五行：凡測行人去向，看用神所屬五行之方。如用神爻安靜，看其所值五行方位。如用神是子水發動，變爲申金之爻，先往北行，後轉向西南邊，或者是東北方向，因爲坤艮對沖之卦。

古例：丑月庚午日，測父何日來，得《履》卦：

天澤履

兄弟戌土、

子孫申金、世

父母午火、、

兄弟丑土、、

官鬼卯木、應

父母巳火、

父爻午火爲用神，臨日建而克世爻，今日必到。果本人於申時到。

古例：午月庚辰日，測僕人何日回，得《離》卦：

離爲火

兄弟巳火、世

子孫未土、、

妻財酉金、

官鬼亥水、應

子孫丑土、、

父母卯木、

僕人爲我克者，故以妻財爻爲用神，日建合之又旬空，辛卯日可到。果如此。此應靜而逢空，出空逢沖日回。

古例：寅月癸亥日，測主人何日回，得《大畜》之《小畜》卦：

山天大畜	風天小畜
官鬼寅木、	官鬼卯木、
妻財子水×應	父母巳火、
兄弟戌土、、	兄弟未土、、應
兄弟辰土、	兄弟辰土、
父午：官鬼寅木、世	官鬼寅木、
妻財子水、	妻財子水、世

父母爻午火伏寅木之下，爲飛來生伏得長生，是回來之象，出現可回。後巳日到。應巳日者，巳午都爲火，又都是父母爻。

今例：1987年辛亥月辛未日，全國著名書法大師楊天忍先生，說小孩走了兩天了，測何日回，得《師》之《解》卦：

地水師	雷水解
父母酉金、、應	官鬼戌土、、
兄弟亥水、、	父母申金、、應

官鬼丑土✕	妻財午火、
妻財午火、、世	妻財午火、
官鬼辰土、	官鬼辰土、世
子孫寅木、、	子孫寅木、、

子孫寅木長生於月建，平安。墓於日建，則孩子藏在地下室或庫房裏，明日（壬申）日必回。後如所測。用神安靜，逢沖日必回，屢測屢驗。

今例：1988年丁巳月己卯日，我公司劉太說小孩早上生氣，找了半天也不見影子，急得她直流淚，問能回否？得《萃》之《否》卦：

澤地萃	天地否
父母未土✕	父母戌土、應
兄弟酉金、應	兄弟申金、
子孫亥水、	官鬼午火、
妻財卯木、、	妻財卯木、、世
官鬼巳火、、世	官鬼巳火、、
父母未土、、	父母未土、、

我看父母爻動克子孫，就說：「孩子是受了她父親的批評走的。」「對！早上她爸說了她幾句，她飯也沒吃就走了。」「不用着急，不會出事，今日酉時必回。」果當日下午6時30分回家。當日回家，是用神克世，酉時子孫亥水得生而旺。

今例：1986年辛丑月辛亥日，我單位海老師着急地說，元旦前和愛人爭了幾句，他生氣走了，已兩天不見人，測何日回。得《大畜》之《小畜》卦：

山天大畜	風天小畜
官鬼寅木、	官鬼卯木、
妻財子水✕應	父母巳火、

兄弟戌土、、	兄弟未土、、應
兄弟辰土、	兄弟辰土、
官鬼寅木、世	官鬼寅木、
妻財子水、	妻財子水、世

官鬼寅木爲用神，動而化進神，又得妻財子水動來生之，平安，人到東南方去了，有人留住。今日（亥日），寅與亥合，夫妻相合，定有魚水之歡，今日申時可到家，叫她不要着急。下午4點，海找我報喜說：「下午3點鐘到家，是去了東南方，在市裏被同學留住了。」亥日回者，用神得長生，論生不論合。留者，《畜》卦也。

今例：1988年6月23日，我突然接到鄭州市文聯張紹文老師的來信和《鄭州晚報》上登的兩篇文章：《小虎子你在哪裏？》，《在尋找小虎的日子裏》，一看又是測小孩子事。全國各地因丟小孩要求預測的信太多，當時我又很忙，實在沒有時間管這些事。但看到張老師和我素不相識，也不認識失主，又看到全國婦聯、河南省、鄭州市公安廳等單位的領導和全國各地都十分重視和關心此事，這是個全國人民都關心的事，我很受感動，放下手頭工作，根據報上登的「4月27日上午9點30分」（即丙辰月壬子日）阿姨發現孩子不見的時間起卦，得《大壯》之《恒》：

雷天大壯　　　**雷風恒**

兄弟戌土、、	兄弟戌土、、應
子孫申金、、	子孫申金、、
父母午火、世	父母午火、
兄弟辰土、	子孫酉金、世
官鬼寅木、	妻財亥水、
妻財子水○應	兄弟丑土、、

子孫申金爲用神，月建生之，又用化用，人在未死。世爻午火又化

午火克用，暫不歸。申金化申金，人在坤方。子用神死於日建，爲用神休囚，暫不歸。官鬼化財，是被人盜走的，小偷必從東北方來。根據用休囚，生旺之時歸和寅木官鬼受沖克，因此我斷：陽曆七月三十日以前必回，並告知到西南方、東南、東方到東北方向去找。

張老師把我的預測結果轉告孩子之父尚聰，全家看到孩子能活着回來的消息，由絕境轉爲生地，高興萬分。1988年9月7日小虎的父親尚聰又來信感謝並告知：孩子在8月30日，在山東嘉縣找到，正值陰曆七月二十日。此例亦用神休囚，必待生旺時歸。

今例：1988年11月1日，我在南京講學時，學員朱蓮的孩子有病，預測時，發現他兒子要往外跑，告知她要注意看管，結果於11月6日（壬戌月乙丑日）申時走了。亥時來求測，得《比》卦：

　　　　　水地比
　　　　　妻財子水、、應
　　　　　兄弟戌土、
　　　　　子孫申金、、
　　　　　官鬼卯木、、世
　　　　　父母巳火、、
　　　　　兄弟未土、、

子孫申金爲用神，人在西南方，用神克世人即回，明日是丙寅日，正好日辰沖用。因此，告知她不用急，人平安，明天早上可回，回來後，一定要看好，不然還會出走。第二天中午，朱打電話告知，她兒子果在早上到家了。

今例：1988年11月12日（癸亥月辛未日）朱早上來說：兒子7號早上回來，下午又走了（不知走的具體時間），找了幾天都找不着，測得《噬嗑》之《旅》卦：

火雷噬嗑　　　　　火山旅

子孫巳火、	子孫巳火、
妻財未土ヽヽ世	妻財未土ヽヽ
官鬼酉金、	官鬼酉金、應
妻財辰土×	官鬼申金、
兄弟寅木ヽヽ應	子孫午火ヽヽ
父母子水○	妻財辰土ヽヽ世

子孫巳火化巳火，人在東南方向。子孫生世，回來遲。子孫安靜，逢沖之日可找到。我告知朱說：快去東南方向找，11月6日（乙亥）以前一定會找到，18號可到家。11月17日下午朱蓮高興地說：果於15日在東南方找到兒子，18號可到家。18日到家，爲巳酉丑合子孫局，子孫旺相必歸。

第二節 預測行人去向之二

走失的行人，有早歸，有晚回，有回來的，有不回來的，甚至死在外地，要知詳情，八卦測之。

用神無沖不思歸：用神安靜無日辰動爻沖動者，安居異鄉不思歸。

歸遲皆生合，不歸因克用：用神生世合世，必然回來得晚些。世爻克用神，人未能歸。

卦遇六沖無定處：測行人歸期；最忌逢六沖，遇之，行人在外東奔西走無定處。

來而返者用化退：用神化進，人即回來；用神化退，來而又返。

六爻安靜不思歸：卦逢六爻安靜，在外之人不思歸故，生世合世，雖未動，已有歸心。

見物思情因暗動：用神安靜，必見物思情起歸程，遇月建之克，亦難動。

　　日建相合必有絆：用神遇日建動爻合住，因有事情絆住，不得回，遇沖開之日可歸。

　　安靜受克人未動：世爻克用暫不歸，若用神安靜受克，人在原處未動。世動克用，人往他處，日辰克也不歸。

　　用伏歸遲，受克不來：用神伏藏，必因事情歸遲，出現日到，若伏而克之不來。

　　世空用空人不來：世爻用神都值空，人不來。

　　用伏兄下為賭博：用伏兄弟爻下，必在外賭博；臨朱雀者，口舌爭鬥；臨白虎者，為風波而阻。

　　用伏子孫樂忘歸：用神伏於子孫爻之下，不是因飲酒難回，就是游樂忘返，或僧道、幼輩所阻留。

　　用伏父下文書事：用神伏在父母爻下，不為文書所阻，就因長輩、藝人阻留。

　　用伏財下加咸池：用神伏在妻財下，因買賣得利而忘返。如遇空亡或兄動，多因折本；加咸池，定因貪色忘歸。

　　伏應之財定招婿：用神伏陰應爻陰財之下，必被他人招女婿；伏應爻陽財，生世合世，定為他人掌財。

　　伏旺伏休各所主：用神旺而伏於財庫之下，必在富家或公人之家掌財。用神休囚墓絕，在外度日。

　　用伏鬼下，有吉有凶：用神伏於官鬼之下，遇長生者吉，或被官貴留住。衰而受克者，不病則有官災。

　　用神遇墓必為凶：用神持墓、化墓、入墓、或伏於鬼墓，在外有病不能歸，若鬼臨白虎，必在獄中。

　　不貪花色則為賊：用神臨玄武，動而遇財爻相合，或用伏財下臨玄武，必是貪花好色不歸。用伏鬼臨玄武，與財無合，其人則在外為賊。

　　卦逢游魂，游遍方歸：卦遇遊魂之卦，用爻發動，行人在東奔西

跑，游夠方歸，或化歸魂而回。

用伏凶神定主凶：伏勾陳跌打損傷，伏螣蛇勾連驚恐，伏白虎又臨土鬼，臥病不歸；伏玄武，不爲盜阻，定主好色。臨青龍發動，主吉。

卦中無財無路費：卦中動變，日月都無財爻出現，因無路費而阻。

三合不歸沖則回：用神值三合，不歸，沖合之期則至。用伏吟，歸而不歸。

用神墓絕空破，杳無音信；化合有阻，化鬼有災，化克爲凶。卦變絕及反吟，用神被沖克，難定歸期。

震居京城金在觀：卦遇震宮，其人必居京城；在兌宮，定在寺廟觀院，乾金在京城。

用在本宮內卦，人在本地；在本宮外卦，人在他鄉。他宮內卦在外縣，或縣交界處，他宮外卦出縣府。

用神逢四庫，當究五行：辰爲水土庫，在水邊；戌爲火庫，在寺廟；丑爲金庫，在銀匠煉冶之處；未爲木庫，在園林柴草間，木工之處。

父動有信至，財興音信無：父母爻爲書信，父母爻動，有信來。若財旺持世，動而克父爻，書信全無。

父旺有信至，休囚皆無音：父母爻生世，或父母臨旺地，主有行人信至，父母爻休囚墓絕，皆無音。

父母空亡，杳無音信：父母爻主文書，如遇空亡，則無信來，若動來生世合世，則有信。

例：巳月丁亥日，測僕何日回，得《夬》之《履》卦：

澤天夬	天澤履
兄弟未土×	兄弟戌土、
子孫酉金、世	子孫申金、世
妻財亥水、	父母午火、

兄弟辰土○	兄弟丑土丶丶
官鬼寅木、應	官鬼卯木、應
妻財子水、	父母巳火、

亥水妻財爲用神，雖臨日建，但逢月破，又兩重土動來克之，亥水又化午火仇神，有克無生之象。後至午月，途中遇害。

例：申月癸丑日，測子何日回，得《無妄》之《頤》卦：

天雷無妄　　　　**山雷頤**

妻財戌土、	兄弟寅木、
官鬼申金○	父母子水丶丶
子孫午火○世	妻財戌土丶丶世
妻財辰土丶丶	妻財辰土丶丶
兄弟寅木丶丶	兄弟寅木丶丶
父母子水、應	父母子水、應

午火子孫爲用神，動而化墓，寅木原神遇絕而空，實爲不祥之兆，事者告之，因渡江船覆而死。

例：酉月戊申日，測伯父何日回，得《旅》之《艮》卦：

火山旅　　　　**艮爲山**

兄弟巳火、	父母寅木、世
子孫未土丶丶	官鬼子水、
妻財酉金○應	子孫戌土丶丶
妻財申金、	妻財申金、應
兄弟午火丶丶	兄弟午火丶丶
父卯：子孫辰土丶丶世	子孫辰土丶丶

卯木父母用神伏藏而休囚，又遇日月動爻克之，在外必不安。用神伏藏受克，人不來。後果未歸。

例：1985年丙戌月乙巳日，我廠老王測其外孫出走何日回，得《頤》

之《噬嗑》卦：

山雷頤	火雷噬嗑
兄弟寅木、	子孫巳火、
子孫巳火：父母子水、、	妻財未土、、世
妻財戌土×世	官鬼酉金、
妻財辰土、、	妻財辰土、、
兄弟寅木、、	兄弟寅木、、應
父母子水、應	父母子水、

　　子孫巳火雖臨日辰，但伏而受克，墓於月建而上山，戌爲火庫，爲寺廟，是不歸之象。後聽說上了四川峨嵋山，至今未歸。

　　例：1988年丙辰月辛亥日，我廠小張有一同事出走，領導派不少人去找，找了一個多月，也無音影，測能回否？得《未濟》之《解》卦：

火水未濟	雷水解
兄弟巳火○應	子孫戌土、、
子孫未土、、	妻財申金、、應
妻財酉金、	兄弟午火、
兄弟午火、、世	兄弟午火、、
子孫辰土、	子孫辰土、世
父母寅木、、	父母寅木、、

　　巳火應爻爲用神，臨日沖，本主歸來，但動而化墓，難歸。用神在冠戴之地，臨旺，不至於死。戌爲寺廟，六爻爲外地，許之出家，不歸之象，至今未回。

第三節　預測出行

　　天有風雲突變，地有山崩水淹，人有吉凶伏藏。人之出門，千里迢

迢，跋山涉水，漂洋過海，乘車坐船，登機空行，人地生，氣候反常等，很難保證無事故。要想高高興興出門去，平平安安回家來，事先預測吉凶信息頗為重要。

世為自己，應為他鄉：測出行，世爻為自己，應爻為他鄉。世爻旺相宜出行，生旺有氣則吉，動而化吉，化子孫者更吉。應爻宜旺而生世或不空，主事易成。

世爻喜忌看生克：世爻屬水，喜兌，忌坤艮；世爻屬木，喜坎忌兌方；世爻屬火，喜震，忌坎位；世爻屬金，喜坤艮，忌離宮；世爻屬土，遇四庫，千萬莫輕移。

父母行李妻財費：出行以父母爻為行李，旺相多，休囚少，旺而空，雖有不多。妻財爻為本錢，為路費，旺相者多，休囚少。

福神持世災殃消：出行得子孫爻持世，世化子孫，子孫發動，萬里征途災殃消。

去留看沖合，世空利九流：世爻安靜，遇日辰動爻暗沖必去；世旺靜，逢沖日去。世爻動而化合，或被日辰動爻合住者，必因事有阻去不成。世爻旬空，利九流藝術，反而得利。

世空去不成，應空事無成：世空去不成，強去勞碌風霜難得意。應爻為所住之地，最怕空亡，主去寂寞，謀事難成。

間爻同伴有生克：兩間爻為同伴，生世則吉，克世反受其害。動臨兄，耗我之財。兩間爻齊空，不是中途有阻，就是無伴孤行。

間爻動靜有喜忌：又有間爻為往返道路，動則途中有阻，安靜往來安泰，臨財福動，途順。

宜世克應，不宜應傷世：世爻克應爻，不論遠近均可行，所向無阻利於我；應傷世，不可行。

世應俱動必速行：世爻不動，行期無準，動則時間已定。世應俱動，走必速。

坤宜陸行坎必舟：馬星臨坤宮，走陸地；木爻持世，許之乘船，如臨白虎動，有風波之險。

鬼爻持世必不安：出行最忌官鬼持世，或世動變鬼都不利，若克世更凶。

鬼方墓地不可行：世爻持鬼，鬼方墓地，世之墓地，克世之地，皆爲凶地，不可去也。行財福之地主吉。

父爻克鬼風雨阻：父母持世，或父動沖世爻，不爲車船行李之累，也爲車船風雨所阻。

鬼克兄弟，破財受欺：兄爻持世，鬼動來沖克世爻者，不是破財，就是受他人欺騙而致災。

反吟伏吟行有返：卦逢伏吟，世發動者，沖開日必行。卦遇反吟，中途必返，世爻受克，大凶。

合變沖，必防凶：六沖卦世靜鬼空，均不能出行，世入墓，不祥之兆。六合變六沖，及卦變克絕者，坐在家中必防凶。

妻財克世防財色：出行財爻動來刑克世爻，必因財生災，倘世爻與財爻相合，財爻變官鬼克世，不是貪財致禍，就是貪色遭殃。

山中虎狼仔細詳：艮爲山，寅爲虎，艮宮遇寅鬼，是虎狼之地。如不傷克世爻，無妨；傷克者，莫往。

卦中無福官爲禍：卦中無子孫爻，官鬼無制必猖狂，出行必有禍患。

鬼上卦定安然：出行卦無鬼爻，或鬼有制伏，無妨。鬼在間爻動，不是與同伴不和，就是同伴有病；克世者，不利自己。

六神臨鬼則不吉：龍動臨鬼，好色嫖賭；雀動臨鬼，官訟口舌；勾動臨鬼，事有勾連；蛇動臨鬼，風波驚險；虎動臨鬼，疾病連連；玄動臨鬼，憂逢盜賊。

鬼動乾震，防車馬之災；鬼動坎兌防風波；鬼動坤艮防山間空野之

禍；鬼動巽宮防女害；鬼動離地須防火。

太歲生克，福大災大：出行逢太歲生合世，福大而吉；太歲沖刑克世，災必大，臨白虎凶上加凶；世爻動而沖克太歲也是凶。

例：卯月壬申日，測出行如何，得《比》之《井》卦：

水地比	水風井
妻財子水、、應	妻財子水、、
兄弟戌土、	兄弟戌土、世
子孫申金、、	子孫申金、、
官鬼卯木×世	子孫酉金、
父母巳火×	妻財亥水、應
兄弟未土、、	兄弟丑土、、

官鬼持身不安，絕於日辰又化回頭沖克，內卦反吟，此出行不吉，後於七月被害。

第二十一章 訟失

我曾在《八卦與信息》一文中講過，《周易》中有很多卦象是論述刑法犯罪官司方面的內容，我還講到，我通過研究發現，有的人之所以犯罪的眞正原因，就是人的出生月日時和這個時間決定的卦象中，早就儲存了犯罪的信息，這種信息，運行到預定的時期，就會爆發犯罪。

人的出生時間裏，儲存了犯罪的信息，是有科學道理的。生物學、遺傳學認爲，生物體的各種性狀是由基因決定的，如人的素質、氣質、心理、性格，行爲等等，也就是說，基因決定了生物體一切。鷄蛋能孵出小鷄，石頭就不能；但要記住，不是所有的鷄蛋都能孵出小鷄，只有經公鷄授精的鷄蛋才能孵出小鷄。受精的鷄蛋儲存了小鷄的信息（信息也屬於物質），所以給一定溫度，就能孵出小鷄。因此，有的人出生時間中儲存了犯罪的信息，或者是基因，這就是犯罪的眞正內因，但國內法學界，並未注意這點。

八卦是預測信息的，同樣可以預測出犯罪的信息。不管是你過去犯了罪，還是今後要犯罪，都可以測出來。八卦預測犯罪，對預防犯罪，減少犯罪，其價值是不可估量的。

第一節 預測官訟

世旺應衰定強弱：凡因訟事而打官司，世爻爲自己，應爻爲對方。世逢生旺我必強，應逢衰他必弱。反之，他強我亦弱。

世應坐鬼兩遭凶：世爲自身，逢旺鬼墓地，我有凶。應爻臨鬼入墓，他不吉。

世應相克出輸贏：世爻克應爻，我定勝；應爻克世爻，我必輸。若

應爻克世，世逢旺地害我而不能。世克應爻，應爻發動，他有善變之謀，終不受制。

世應俱旺看日辰：世應俱在旺地，雙方相持，勝負難決。在這種情況下，看日辰生合誰：生合世，我勝；生合應，他勝。也要看六神扶誰克誰。

官鬼生克有憂喜：官鬼生應而克世，我憂他喜；官鬼生世克應，他愁我喜。

世應相刑必受欺：世刑應爻，不爲我勝，是我欺人之象；應刑世爻，不爲他勝，是他欺我之兆。

太歲臨鬼，事必升級：凡官訟，遇太歲臨鬼，官司必升級。若太歲克世，世必下獄；克應爻，應定入牢門。

貴人生扶定得勝：世爻如衰弱，如遇日月動爻生合，必得貴人之力而取勝。應爻遇此，也相同。

世應動靜定計謀：世爻動，我定計謀，如化回頭之克，爲計失敗，應動也如此。世應俱動，雙方定計施謀。

財爲理，世怕鬼克：財爻持世，爲我有理，臨應他有理。鬼來克世，雖有理而官不聽，兄動不容分辯。

世應俱空官訟息：世爻旬空，我欲息；應爻旬空，他不告；世應俱空，平息之象。

世應變鬼兩喪身：世爻變鬼，恐因官司兩喪生，應爻變鬼亦相同。

世應相爭都怕墓：不管是世爻，還是應爻，凡遇入墓化墓臨墓，都是凶兆。

相生相合終和好：應生合世，他求和，世生合應，我求和，世應動空化空爲假和。

應世比和，鬼動不允：世應比和，是和解之象，如鬼動，官方不准議和。

卦身衰旺事大小：卦身是訟事根由，旺事必大，衰則事小，動則事急，靜則事緩。如果旬空，事屬捏造，飛伏俱空，毫無實事。

應旺無合，孤獨無援：應爻旺相無生合，他雖剛強而孤獨無助不可畏。世無生合，又逢日月動爻刑克，暫忍耐。

世衰防日克，死絕不吉：世爻要旺，若卦而受克不吉，遇死絕之地而受克，更凶。

父爲文書、狀子：父母爻爲文書，詞狀，若衰無父母爻，訟事既無頭緒，又無詞狀。父母爻帶刑臨死絕，狀子必多破綻，化父同樣。化兄必有駁，月建作合，上司吊卷，日建沖之皆不依。

父母官爻兩全，必有氣：凡事欲要上訴，必官父兩全，有氣不空，則能管理，財動傷父，事不可成。父旺官衰，詞大事小。

原告被告看父母：父母爻臨世，爲我告他；臨應，他告我或申訴。

父官兩動事必成：凡上告者，遇官父兩動，事必告成。父若空亡墓絕，官鬼又刑克世爻，或被日月沖克，不但難告，反受斥責。

官父兩爻不宜重見：一卦之中，內外兩卦都有官父之爻，主事有轉移之象，重告必成。

內外有官，權不歸一：卦中無官，無官主事；內外有官，事必兩處。權不歸一，主事經反覆結案。鬼化鬼如此。

兄在間爻必干衆：兄弟在間爻，官司內牽連衆人極多。動則沖克世，證人勒索賂賄，克應索彼。

間爲證人宜生世：間爻生合世利於我，生合應爻利於他，沖世爻與我有仇，沖克應與他有敵。如克世生應，防證人同來害我。

兄弟持世，傾家蕩產：兄弟持世，動而克世，或兄化兄，必耗大財，因官訟傾家蕩產。

前衰後旺事反覆：前卦衰，後卦旺（動卦），昔日之事今又翻成大案，前卦旺，後卦衰，先大後小自了之。

官鬼旺衰定輕重：凡罪輕重，以官爻為主，官爻旺相，則罪重，官爻衰，則罪輕，官爻克世，或官爻持世被日月動爻沖克，或世動化凶，雖定輕罪，須防重刑。

福神臨世定有救：測犯人遇子孫持世，或子孫在卦中發動，臨赴刑場終免死。

太歲生世遇天恩：世墓鬼墓動入墓，是入獄之象，若被日辰刑克沖破，當出獄。如遇歲君生合世爻，主有天恩赦罪。

例：1985年壬午月甲寅日，我廠老滿來問官司，得《困》之《坎》卦：

澤水困	坎爲水	六神
父母未土、、	子孫子水、、世	玄武
兄弟酉金、	父母戌土、	白虎
子孫亥水○應	兄弟申金、、	螣蛇
官鬼午火、、	官鬼午火、、應	勾陳
父母辰土、	父母辰土、	朱雀
妻財寅木、、世	妻財寅木、、	青龍

世臨日建遇青龍，又得應爻子孫亥水動來生世合世，官方雖旺，怎奈何子孫之威力，事必化小，果如此。根本與法無關。

例：1986年辰月己亥日，我廠老麻問官司，得《損》之《睽》卦：

山澤損	火澤睽
官鬼寅木、應	父母巳火、
妻財子水、、	兄弟未土、、
兄弟戌土×	子孫酉金、世
兄弟丑土、、世	兄弟丑土、、
官鬼卯木、	官鬼卯木、
父母巳火、	父母巳火、應

　　兄弟持世又兄動，必是因爭錢財而生官司。應爻得日建生之克世而吃虧，卦逢兩鬼，兩處不管，此案必有反覆。又兄動劫財，內卦伏吟，皆不如意。但四月以後對你有利。老麻聽後驚奇地說：「完全對，因做生意而打起來了，告了幾個月，派出所推到區里，區里推到派出所，總是無人管；我只好再告。」後果如此。

　　例：1988年巳月己巳日，西安市國先生多次告狀不理，測得《家人》之《漸》卦：

風火家人	風山漸
兄弟卯木、	兄弟卯木、應
子孫巳火、應	子孫巳火、
妻財未土、、	妻財未土、、
父母亥水、	官鬼申金、世
妻財丑土、、世	子孫午火、、
兄弟卯木○	妻財辰土、、

　　兄弟卯木動是遭劫破財之事，時間是陰曆二月。世爻丑土臨日月和應爻子孫福神生之，是大勝之象，再告，五月必獲全勝。國高興地說：「八卦眞準，如親眼所見。」後告知，果於五月獲全勝。五月者，世化回頭之生也。

　　例：1984年正月湖北省一朋友寄來生時（己丑、癸酉、乙丑、庚辰），要我爲其測運，起得《訟》之《困》卦：

天水訟	澤水困
子孫戌土○	子孫未土、、
妻財申金、、	妻財酉金、
兄弟午火、世	官鬼亥水、應
兄弟午火、、	兄弟午火、、
子孫辰土、	子孫辰土、

父母寅木、、應　　　父母寅木、、世

我根據《訟》卦主官司，兄弟午火持世化官鬼亥水回頭之克，今年官鬼臨太歲回頭克世，警告他不要貪色，不然，十月有牢獄之苦。後果1984年十月因男女關係發事，十一月被捕入獄。

例：1985年7月14日，我公司劉冉領一婦人為子測運，根據其子生於1959年7月29日申時，起卦得《革》之《隨》卦：

澤火革　　　　**澤雷隨**

官鬼未土、、　　　官鬼未土、、應

父母酉金、　　　　父母酉金、

兄弟亥水、世　　　兄弟亥水、

兄弟亥水○　　　　官鬼辰土、、世

官鬼丑土、、　　　子孫寅木、、

子孫卯木、應　　　兄弟子水、

《革》有論獄之事，故我就對來婦說：「你的兒子因行劫而早已被捕了」。「甚麼時間？」「1979年」。「甚麼時間能出來？」「今年就應出來。」「對，今年八月滿刑。」此子因盜竊行兇判刑六年。早捕者，三爻辭曰：「征凶，貞厲。革言三就有孚。」革言，就是有罪者更改供辭。孚就是占前已有重罰。1985年太歲丑土沖開未庫而出獄。

第二節　預測失物

物之有進，也必有失。物失有自己不慎而失，有被盜被搶而失。兩種情況，公私都有。失物能否找回？盜搶能否破案，八卦皆藏其機。

失物取用要記清：凡測失物，不分自失與盜竊，或搶劫，要看何物而取用神。用神取錯了，當然也就測不準。用神總的分為三大類：一、車船、衣帽、錦緞、布匹、文件、圖紙、字畫等文書之類，則以父母爻

爲用神；二、飛禽走獸、六畜，則以子孫爻爲用神；三、錢財等物，均以財爻爲用神。當今物品種類之多，實爲難以細分，運用時，在於通變。

財爲失物世爲主：古以財爲失物之主，非也。財爲用神是失物，又何爲主人？能說財被盜走，是主人被盜走了嗎？故財爲失物，世爲失物之主。

財多財少看卦數：錢財之數，少者可一，多者無限。故自古以來，對於進錢財多少，丟失錢財多少，諸書只是概論，而無一準確定論。我的經驗是：一看卦數旺衰，二看公家或個人，三看四柱財和運。卦數者，主卦和動卦數之和，衰少，旺多；公家多，個人少。個人四柱財多財旺行財運多，財少財衰必少。

子孫持世自丟失：卦逢六爻安靜，子孫持世，不是偷，是自己丟失。

無鬼又空自遺失：卦無官鬼或落空亡，世爻動者，則是自己所失，非是偷。

子動蛇鬼財自忘：子孫爻動於卦中，財未失，螣蛇臨世屬忘記。

財位應下借於人：卦中官逢空，或伏或死絕，而財爻臨應爻，或者伏於應下，是自己借給別人而忘記了。借給誰呢，應之六親便知曉。

用財伏逢沖無人盜：財爻伏於卦中，遇日辰動爻暗沖者，鬼爻安靜，其物被人移動，而不是人盜，或盜而可回。

卦中無鬼游魂忘：鬼爻不出現，或空亡，或死絕，不發動，不是人盜，卦遇游魂多忘記。

世應相生則爲虛：凡遇世應相生者，特別是應生世，物失是假的。

內在家中外他處：古有財在內卦，失於家中；財在外卦，失於他處。或者財在內卦，財在家；財在外卦，出家門。但實際情況，並不完全都如此。所以在預測時，不能一概而論。

財福互化看生肖：卦中財化子孫，子孫化財，不是人偷，或許與生肖有關。如福神值子是老鼠叼去，初爻為地穴；是丑，尋於牛棚；是寅是猫叼走；午在馬棚；未、亥在猪羊圈內；酉在鷄窩旁。合在內，無合在外。供用時參考。

卦無用爻看伏神：用神不上卦，查用神伏於何爻。伏父母爻，在長輩，正屋中，無合在衣服書卷中，有合衣箱書香內；伏兄下，兄弟姐妹朋友處；飛來生伏而克世，失物可回。

官鬼玄武為盜賊：凡盜賊搶劫之事，官鬼爻、玄武為盜賊之用神。

內財家人歸魂親：財在內卦，又化本宮內卦之財，財在家，或是家裏人偷。卦遇歸魂，許是親戚，或沾親帶故之人。

卦逢兩鬼，非一人為盜：卦有一鬼者，為一人獨自作案。如卦中有兩鬼者，是二人共同作案。俱動內外勾結，內動外靜是家裏人或近處人偷給外人。外動內靜，家人知情，內外勾結；內動外靜，家裏人偷給外人。

刑沖克世是仇人：官鬼與世爻刑沖，盜賊是仇人。勾陳合世爻，為沾親帶故之人。

陰爻陽爻分男女：鬼是陽爻，男子偷；若是陰爻女人盜。陰化陽，女人偷給男子；陽化陰，男人偷給女子。以陰陽定男女之盜賊，**實踐應用中應注意：如卦逢陰，鬼爻陰，偏重女賊；卦屬陽，鬼爻陽，偏重於男賊，較為實際。

內卦外卦分遠近：官鬼爻在內卦發動，親戚或家人自盜，或近賊之盜；鬼在外動，是外來盜賊。

卦逢旺相不為偷：卦逢旺相，鬼不發動，物雖失，而無偷，或自家人所為。

鬼臨月建莫罵賊：鬼爻臨日月建，用神不空，鬼爻持世，都不是盜賊偷的，多是家人幹。鬼與世爻相生，或鬼在本宮動，亦為親戚或親

朋。

官鬼互化各所主：財爻化鬼是人偷，鬼化財爻，其物未出遠地，可急尋之。

世應沖鬼有知覺：世爻沖官鬼爻，主人有知覺；應爻沖鬼，他人知覺；旁爻沖鬼，旁人知覺。

日辰克鬼賊有驚：日辰動爻刑克鬼爻，其賊必驚恐之狀，易於捕捉。

內外之爻都可尋：用神臨亥子水，在初爻，可在水井或有水之處尋找；二爻烘房之類；三爻房內，用伏三爻鬼下，神堂內可尋；如在四爻門內門外可尋；在五爻路邊可找；在六爻梁閣之處。學者運用時，須看何物，結合實際，靈活運用。

爻中五行為藏地：用神臨水，在水邊沼池之類處；臨木，在樹林、林園、柴草之類；臨火在爐冶，烘房之類；臨金在銅鐵之器內；臨土，在缸瓶之器內，休囚瓦礫之中。

財怕劫殺又怕空：卦逢兄動，主財物失散難找，財爻空亡，失物難尋。

財休外動必徒勞：內卦財休囚無氣，尋者白費力，外卦財已去遠方，若找必徒勞。

用神宜靜不宜動：財爻安靜物未動，不空生世合世物易尋，財爻發動必有變，不轉移，即分散。如果六爻亂動，情況複雜。

用爻克世物易尋，世克用爻物難見：用神值空、化空、物難找；財爻值月令，或日辰生旺，失物未散，可尋。

財爻入墓待逢沖：財爻入墓、化墓、伏墓、必藏在倉庫、墓穴、地下室、器物之類中，待逢沖墓庫之日可見。如臨鬼墓，在寺廟中，無氣在坟內，螣蛇在神台或佛像之處。

財動被日辰合住，其物必深藏；財爻動而化父，必在家中。

官鬼旺衰定賊年：官鬼生旺，壯年人偷，或青年人偷；墓絕老年人偷；胎養小孩偷；帶刑克害，病人偷。本宮內卦，近處人或家人偷；他宮內卦借居或異性人偷。

八卦定方向，六神定賊：乾卦西北方之類。蛇臨鬼，身長而瘦，臨白虎旺相，賊必肥大，休囚瘦小。

鬼分五行看手段：木鬼克土，穿牆挖洞；金克木，翻牆穿屋門；火克金，劈環耗鎖；水克火，黑夜行竊；土克水，乘雨爲盜；木火互化，明偷暗搶或明火執仗；木克六爻，穿牆而入；克初爻，後門而進。

子孫持世，捉賊歸案：凡測破案捕賊，子孫爻爲公安人員，官鬼爲賊。子孫爻旺相而動，子孫爻持世臨日月，其案破得必快，其賊必易捕。

鬼爻臨墓，賊必深藏：鬼爻臨墓，其賊必隱於寺廟之中，若休囚死絕，定藏墓穴之處。

鬼逢四庫，震宮金宮，當參行人之章。

卦無鬼爻，當看伏神：鬼伏父爻，長輩、老師，不然在於手藝之家；伏兄在同輩或朋友之處；伏財在妻或女友之家；伏子在寺廟、幼輩之地；伏墓在倉庫或富人家。

鬼動合財，必拐女人而去：鬼爻動來合財爻，必拐騙婦女而去。

靜易動難空必無：官鬼安靜易捕，動則常變地點，難於捕捉；鬼空亡，踪迹難尋。

鬼爻逢合，必有人窩藏：鬼爻動而逢合，或被日辰動爻合住，必有人窩藏，要知何人，看爻之六親。如逢沖動、沖開，必有人指點逃跑。

世應相沖必遇見：世應俱動而相沖，途中必有人碰見，鬼興世動亦然。世動克鬼，世旺應衰，其賊被拿；應旺世衰，鬼爻克世，雖相遇而不能捕。

鬼遇生扶，死裏逃生：鬼爻逢沖，被人認破，鬼受克被捉，如日月

動爻生扶，被人救他同逃。如他爻與世有情，必來報案。與世沖克，他人誘去。

世宜克鬼，不宜鬼克世：世克鬼，我制他，行不遠，易見；鬼克世是我不利之象，尋之艱難。

世衰鬼旺反傷身：破案捕賊，必要世旺，鬼爻衰弱，案易破，賊易捉。若鬼旺世衰，或動變，日月刑克世爻，不僅難捕，須防鬼害。

世墓旺莫出行：捕盜世入墓臨墓，動而化墓，而鬼臨旺地，謹防盜賊捉捕人。

木在坎宮，乘舟逃走：鬼臨木爻遇坎宮，必水上逃去；木化水，水化木，或水動木宮，皆如此。

兄動持世，耗資費財：破案捕盜，遇兄動，兄爻持世，必然費財可尋；如臨玄武旺而克世，防騙局。

世應比和，必在此地；世應俱空，必無可尋。

本宮化本宮，去而不遠：如鬼在乾卦，化入姤卦爲本宮，其人在本地；化入他宮，遠逃而去。

鬼化退易捕，化進難捉：鬼爻化進、化生，難捕；化退，化衰，易抓。世動克鬼，必然捕獲歸案。

歸魂捉之，游魂逃之：卦遇歸魂，其賊有歸意，如生世合世，必投案自首；若化游魂，定會潛逃。

探情摸底看動爻：卦遇子爻動，問男人或捕魚人；丑動問牧童；寅動問木工，竹匠等人；卯動問問商人或買賣人；辰動問開地挖井鋤地人；巳動問穿紅衣女子或玩蛇人；午問燒窯趕馬人；未問牧羊人；申問銅鐵匠或弄猴之人；酉問針工酒客；戌問挖泥鋤地牽狗之人；亥問挑水踏車洗衣沐浴之人。

例：1985年卯月庚申日，我公司趙世蘭說，中午下班，自行車放在門口，一點半上班時發現不見了，到處找無結果，看能找回否？得《坎》

之《比》卦：

坎爲水	水地比
兄弟子水ゝゝ世	兄弟子水ゝゝ應
官鬼戌土ゝ	官鬼戌土ゝ
父母申金ゝゝ	父母申金ゝゝ
妻財午火ゝゝ應	子孫卯木ゝ世
官鬼辰土○	妻財巳火ゝゝ
子孫寅木ゝゝ	官鬼未土ゝゝ

《坎》爲車，父母申金爲用神，用臨日建而生世，午火之財化子孫卯木回頭生之，鬼雖偷走，但東西可找回。我告知趙不用急，明日下午申時可找回車子。後果如所測。第二天下午四時，在路邊找到自行車。

應第二天申時者，第二天是辛酉金日，旣生坎卦，又用神申金臨帝旺之地而生世爻。

又例：1987年丑月丙子日，我公司小劉求測自行車被盜，能找回否，得《旣濟》之《屯》卦：

水火旣濟	水雷屯
兄弟子水ゝゝ應	兄弟子水ゝゝ
官鬼戌土ゝ	官鬼戌土ゝ應
父母申金ゝゝ	父母申金ゝゝ
兄弟亥水○世	官鬼辰土ゝゝ
官鬼丑土ゝゝ	子孫寅木ゝゝ世
子孫卯木ゝ	兄弟子水ゝ

父母申金爲用神，空亡遇死又墓於月建，是不回之象。兄弟持世臨日建破財，也是不回之兆。因此我對小劉講：「你在不久前曾丢過車子，這次丢的車也找不回來。」「對！我上個月車子被偷了，找不到，剛買一個新車又被偷走了，眞倒霉！」後果未找回。原來丢車者，兄弟

持世動，重主過去之事。

又例：1986年巳月乙亥日，我公司老宇的摩托車被盜，找了好長時間都未找到，問能找到否？得《需》之《節》卦：

水天需	水澤節
妻財子水丶丶	妻財子水丶丶
兄弟戌土丶	兄弟戌土丶
子孫申金丶丶世	子孫申金丶丶應
兄弟辰土○	兄弟丑土丶丶
父巳：官鬼寅木丶	官鬼卯木丶
妻財子水丶應	父母巳火丶世

父母巳火應用神，今用伏官鬼寅木，爲飛來生伏得長生，物不失；子孫持世物不失；兄動劫財，但生世爻，又財臨日建，也是不失之象。因此告知他，7天之內找到。第四天老宇告知，預測那天就找到了。應乙亥日回者，財臨日建，日建沖起伏神巳火用爻，車子出現而尋到。

又例：1988年11月3日（戌月丁未日），我在南京講學時，省《易經》研究會一理事和其妻子來說，中午1時30分家中被盜1000多元，求測能找回否？得《坎》之《困》卦：

坎爲水	澤水困
兄弟子水丶丶世	官鬼未土丶丶
官鬼戌土丶	父母酉金丶
父母申金×	兄弟亥水丶應
妻財午火丶丶應	妻財午火丶丶
官鬼辰土丶	官鬼辰土丶
子孫寅木丶丶	子孫寅木丶丶世

我看了卦後，對他夫妻講：「不用急，不用去報案，錢不是外人偷，是你家中小孩拿的。在兄弟姐妹中排行老二，在男孩中是老大，好

好和孩子說清楚就行了。」第二天理事高興地告知：果如所測，一點不錯。

錢不是外人偷，戌鬼臨月日之建，無偷。財內卦又化財在內卦，物在家中，也是自己人所為。初爻子孫寅木為女，是甲木，是老大，子孫為福神，不盜。坎為中男，為盜；互為震，震為長男，故在男孩中是老大無疑。

又例：1986年4月16日下午，我公司張洪保說，他家於今年陰曆二月十八日（卯月庚午日）申時被盜，看能破案否？東西能追回否？得《剝》之《蒙》卦：

山地剝	山水蒙
妻財寅木、	妻財寅木、
子孫子水、、世	子孫子水、、
父母戌土、、	父母戌土、、世
妻財卯木、、	官鬼午火、、
官鬼巳火×應	父母辰土、
父母未土、、	妻財寅木、、應

我把預測的結果告訴老張，第一，你家值錢的東西放在最高處，被盜。第二，公安處對此案一無綫索，二無目標。老張說：「這兩條全對了」。我又說，第三，小偷是東南方向來的，偷完東西又去東南方向。第四，小偷共三個人，兩男的，一女的，今年陰曆三月能破案，東西可追回一部分。

事後老張告知說：八卦太神了，三月破了案，其他和你算的一樣，但他們只承認兩個男的，沒有女的。

值錢的東西放在高處，上九寅木財爻，世爻福神生之；公安處無綫索，因子孫為捕盜之人，臨日破無力；去東南，巳火化辰土；三月破案，辰土臨月建沖起戌土，戌為火庫，小偷被關；物能追回一部分，子

孫持世物不失，今子孫遇日破無力，故不能全回。

　　又例：1988年11月10日我在南京講學時，南京日報記者蔡勇先生拿來一盜竊案例，說是江蘇公安廳叫我測的。案發時間是88年10月28日上午10點（陰曆九月十八日巳時）。我起得《師》之《坤》卦。測得結果是：

　　①、案發後公安局出動有興師動眾之勢；②、在十天之內破案，盜賊在11月3日左右即可捉拿；③、盜賊至少二人，個子不很高（約1.60—1.66米左右），其中一個臉帶黑色；④、負責偵破此案者，組織指揮能力很強。

　　公安廳看了我的測卦分析結果甚為驚奇，當即在我的測卦結果下面寫上破案的結論：「全分局出動；破案快，在10月29日破；盜賊二人（女）一人為1.6米，一人為1.62米，有一人臉上帶黑斑。」下署南京港務公安分局李××，1988.11.10。蔡勇又告知，此人破案有功，曾三次立功受獎。

第二十二章　病、傷

世間萬物，都受陰陽五行生克制化，人也不例外。故《黃帝內經·陰陽應象大論篇》有云：「陰陽者，天地之道也，萬物之綱紀，變化之父母，生殺之本始。」「天地之合，不離五。」就是說，陰陽五行生克是主宰萬物生化之權的。

《周易·繫辭》云：「原始及終，故知死生之說。」「陰陽交合，物之始，陰陽分離，物之終。合則生，離則死。」內經《玉版記要篇》：「重陽死，重陰死。」現代醫學也認識到，人之所以生病，以至死亡，或發生其他傷事，凶災之事，都是陰陽五行生克制化起決定作用。八卦就是根據陰陽五行生克變化的規律，預測人的疾病和人的死亡時間。

第一節　預測疾病之一

宇宙是一個大天體，人是一個小天體。這小天體和大天體一樣在不停地運動着，不過它的運動是受大天體影響而進行的。《咸》卦把大天體對小天體的影響總結為：「天地二氣相感。」大量歷史事實也證明，這種天人感應是存在的。

長期以來，陰陽五行一直被人們認為是一個抽象的哲學名詞，實際上，陰陽五行之氣，同樣是物質，是有質量的。雖然現代科學還無法對它進行測試，但現代醫學承認它是一種非常精微的物質，決定着人的生死存亡。

這種精微的物質，人們雖然看不見，摸不着，但用八卦天干地支對人體進行排列和標記，就很容易看出人體陰陽五行衰變和發生生克制化

的信息。所以八卦就根據陰陽變化的原理，五行生克的法則，進行預測疾病。爲了證明這個問題，我們再看一看八卦五行在人體中的有關標誌。

外五行：乾爲首，兌爲口，離爲目，震爲足，巽爲股，坎爲耳，艮爲手，坤爲腹。

內五行：乾兌爲肺，離爲心，震爲肝，巽爲膽，艮爲脾，坤爲胃，坎爲腎。

五行：水爲腎，木爲肝，火爲心，土爲脾胃，金爲肺。

鬼爲病患，爲病症：鬼爻爲水是腎經有病，其症必惡寒，盜汗遺精；鬼爻爲木是肝經有病，其症必感風寒酸痛，或四肢不協；鬼爻爲火，是心經有病，其症必發熱，口乾舌燥，或瘡毒；鬼爻爲土，是神經有病，其症必虛黃浮腫，瘟疫之毒；鬼爻爲金，是脾經有病，其症必咳嗽虛怯，或氣喘痰多，牙痛之疾。

鬼在坎宮便不通：坎宮水鬼化土回頭之克，如是本宮初爻，是小便不通，陰爻大便不通。陽宮陰象，陰宮陽象，大小便俱不通。若白虎臨陽爻，便是尿血；陰爻瀉血。代刑是痔痛之症。

兌鬼殺伐須小心：凡病遇金鬼旺相而克世，必有刀傷破損之血災，輕者爲牙痛之症。

鬼在震宮，防折傷之苦：鬼在震宮，主病在足；臨螣蛇，足必腫；臨白虎有折傷破損之災；木鬼酸痛麻木，土鬼化木是腳氣，水鬼風濕之症，火鬼瘡毒，金鬼骨折骨傷刀傷。

鬼在離宮有目疾：火鬼炎上離爲目，故目有疾。離爲心，又防心臟、高血壓之症；火鬼化回頭之克，不氣喘，則有昏迷之危。

鬼在乾宮防頭疾：：乾爲首，故乾宮之鬼化木，必是頭痛頭暈，木動變鬼亦如此。

鬼在艮宮，必生瘡疽：艮之火鬼，定生毒瘡，若變土鬼，爲浮腫蠱

脹之症。

鬼在巽宮，肱股之疾：巽爲陰木，若木鬼變金回頭之克，防傷股，防眼病。

鬼在坤宮病在腹：火鬼患腹痛，水鬼有腹痛瀉痢之患，土鬼食積膨脹，木鬼腸之絞痛，金鬼筋肋胸痛腰酸之症。

八卦六爻在人體的排列，《卜筮元龜》有論述：「初爻而是傷，二爻雙腳患非常，三爻腰背常輕軟，四爻必腹及肚腸，五爻腎弱多氣脹，六爻頭上患爲殃。」

六神主病：青龍臨鬼，主酒色房事過度而虛弱無力之症；朱雀臨鬼主身熱面赤，狂言亂語；勾陳臨鬼，胸滿腫脹，脾胃不和；螣蛇臨鬼，主心驚，坐臥不安之狀；白虎臨鬼，跌打損傷，骨折氣悶，女人血崩、血暈、產後虛症；玄武臨鬼，色慾過度，憂悶在心，陰虛等症，因玄武主暗昧之故。

第二節　預測疾病之二

六親測病各有法：

自己測病者，以世爲用神，要世爻旺相，或日月動爻生世合世，或子孫持世，或子孫爻動於卦中，不管久病近病，服藥則癒。

測父母病，以父母爻爲用神，臨日月動爻生扶，有病無妨。凡測病，鬼爲凶神，唯父母爻有別：鬼爲父母爻之原神，病輕宜鬼興隆，父化鬼，謂之化回頭生，病則癒。久病重病者，鬼化父，父化鬼，亦爲凶危之象。兄爲泄父母之氣，不宜動，動則病難愈。若遇子孫旺，財爻發動，用又衰弱，必入黃泉。

測子孫病，以子孫爻爲用神，旺而臨日月動爻生合子孫爻，子孫爻化回頭生者，不論近病久病，服藥而癒。如果卦中兄弟生旺，子孫發

動，死而復生。但忌財動泄氣，病纏綿。若久病，鬼爻發動，命就難保了。

測兄弟病，以兄弟爻爲用神，旺相臨日月動爻，或遇動爻生扶，兄動化回頭之生，有病易安。若得旺父動來生之，臨危有救；遇財鬼動，黃泉之客。子孫雖克鬼，但有耗氣之慮。

測妻病，以財爻爲用神，臨日月動爻生扶，財動化子，化帝旺，病而無妨。若財旺鬼靜亦放心，父動難痊，兄子交重，或財動化兄，命歸黃泉。

測夫病，以官鬼爲用神，宜旺臨日月動爻生助，子靜財動，以生身爲福；父動傷氣，最忌入墓化墓，遇墓必凶。

凡測病情者，不論是自測，還是爲親人測病，病者，用神旬空（自測世爲用），或動而化空，卦逢六沖變六沖，則服藥而癒。久病者，用神值旬空月破，動而化空化破，化回頭之克，遇日月動爻之克，用神化鬼，鬼化用神，卦逢六沖變六沖，或大象化回頭之克，急急治療，許之有救。

凡測病遇鬼爻持世不利，主病難安、難癒、危險，如是化墓，凶上加凶。又有男怕臨長生日病，女怕臨沐浴日病；老怕臨帝旺之日病，少怕臨休囚死墓之日得病。其法從世上起長生，如木長生在亥，所臨之日爲忌。

病輕病重看鬼位：鬼爻在內卦，有病必夜重。鬼在外卦，病而日重。卦有兩鬼，一旺一空，或一動一靜，定是日輕夜重。

又動爻生扶用爻，而鬼爻刑克用爻者，必是朝涼暮熱，日輕夜重。

火鬼克財必嘔吐：財爻爲祿，爲飲食，若火鬼動而克財，病人定會嘔吐，重則不食。

鬼不現，看伏神：鬼伏財下，必是因食傷，或因財而起病，因房事而病；鬼伏兄下，因爭財而口舌，停食致病；鬼伏父下，因勞心辛苦而

憂慮傷神得病；鬼伏子下，不是酒醉，便是房事太過而傷風，或服補藥過量而引起疾病。

鬼變鬼，新舊兩病：卦中有鬼，又變出鬼爻，是新舊兩病也。鬼化進，病則重；化退，病則減。

內外有鬼兩處染：兩鬼俱動俱靜，一起染病；二鬼自沖，易感而易癒。

本宮在家外染災：鬼在本宮，在家得病，內傷之症；鬼在外卦，別處染災；內外有鬼，內傷而外感。

鬼爻持世，原有舊疾：鬼持世，多為原有病根；傷用必是舊病復發，否則難癒。

三爻值空，腰疾在身：三爻值空，旺相而空為腰軟，不空而遇動爻，鬼臨日辰，或鬼沖克世者，為閃腰之疾。動空和鬼在此，亦然。

上六受刑，主頭痛之疾：六爻為頭，如鬼克傷第六爻，必然患頭痛疾，還要防傷頭之災。

間爻有鬼，胸膈腫痛：間爻為胸膈之地，鬼爻居之，閉塞不通。金鬼胸骨痛，土鬼脹悶，木鬼癢嘈雜，水鬼痰飲塡塞，火鬼心痛。若財鬼，必是宿食未消致病。

內外有財，又吐又瀉：財臨外卦主吐，動而臨下卦主瀉，內外有財而動者，又吐又瀉。財被合住，吐而不吐，瀉而不瀉之象。

卦中無財，茶飯不思：財主飲食，如遇空亡，飲食不納，如無財而茶飯不思。

兄弟持世，因食而疾：兄弟爻持世，飲食必然減，或者因多食而生病。

應鬼合用，他人傳染：應爻臨官鬼或刑、或克或合用神，必是探親訪友而染疾病。鬼爻屬寐行疫症，用臨應，臥病他家。

用化他爻，得病有因：用神化父母，在建築之處，或勞累而傷。若

在五爻受水，則在途遇雨而病。用化兄弟，不因口舌嘔氣，就是傷食。若在三爻，脫衣受涼。用化子孫，因酒食、游玩、因妻事等而得病。

子孫持世，臨危而喜：子孫爲福德制鬼之神，持世或動之卦中，病雖危，必然有起死回生之喜。子孫臨空破者，實破之日病癒。

子孫持世，防父動傷之：子孫爻爲解憂之神，世用臨之，或發動爲大吉之象，但不利父母爻動來克傷，如父有制無妨。

絕處逢生，凶中有救：用神逢絕地，若得卦中動爻來生扶，雖危有救。

福神臨日，不藥而癒：卦中子孫爻臨日辰，生扶用神，必是不藥而癒之象。

鬼臨月破，凶而不死：測病宜鬼爻安靜，不宜鬼發動，動則有變。若鬼爻得日辰動爻沖散，爲大吉。

子動化克癒再病：子孫動而制官鬼，病則癒，若子孫動化父母回頭之克，病好而反覆。

用值旬空，近病何憂：用神動，靜逢空、化空，若無日辰動化沖克，待沖空實氣之日癒。若逢沖克，雖重而不死。若值月破，看用神之衰，沖日則實破而病好，衰則受克而病危。

忌神動克，原神動有救：卦逢忌神動來克用神，即危；若得原神發動，則爲有救。

世鬼入墓定爲凶：凡測病，鬼爻臨世，墓於日辰，或化入墓，非吉之象，鬼持世發動而入墓，凶也。

鬼化長生，病情加重：鬼爻發動，病情必重。若鬼化長生之地，病情日復一日重。

用臨鬼殺，立見凶危：用神衰弱，又化回頭之克，倘無日月動爻解救者，定難有生存之日。

散破無助，吉少凶多：用神臨破散之地，又全無生扶之旺，定多見

凶危。

鬼伏空亡，早防不測：此專指父母、丈夫病重，而鬼伏空亡時，須防不測之災。

兩鬼夾用，不死也昏：測病，凡遇兩鬼爻夾用或夾世，都是不吉之兆；若是鬼動克用，凶之又凶。

鬼墓夾世，命入酆都：卦逢官鬼入墓，世墓，用墓，不死也主危困。若世爻用神被鬼爻兩頭夾之，或兩重鬼墓夾之，必死無疑。倘日辰動爻沖破墓庫，實為凶中有救。

用動化墓，皆主昏迷：測病，用神動而化墓，不論久病近病，皆主昏迷之象。用神旺，沖開墓庫之日安，用休囚，又逢刑克害，難癒，逢空近病難癒，久病必凶。

世空墓絕，有救無妨，無救則死。

用神變鬼，化回頭之克，而無日月動爻解之，其病必死。

久病用神值空月破，用神旺相，一時難治。近病值旬空，若逢三合六合，絕成久病。

忌化用，用化忌，有病最難治；用化鬼，鬼化用，防不測。

世臨鬼爻遇長生，不死也得遠久之殘疾。

用臨日月建生扶，再遇動爻生扶，謂之太過，剛而易折，最怕用逢凶月。

測病，以世爻入墓，便知凶吉。

久病逢沖則死，近病逢沖則癒，近病逢合則死。新病遇卦變死絕，主危之。

六沖卦變六沖，實為化回頭之克，如震變乾之類，不問用神衰亡，立見危亡。比和，化克去，化相生吉。

用神遇三刑，死而無疑：用神與日月動爻或動而構成三刑，而刑用神，是有死無生；如遇日月動爻其一者合去一支，則為有救。

木臨鬼蛇，主凶死之象：鬼爻屬木，臨螣蛇而克世者，必自縊而死。

世爻旺相，有日月動爻生扶，動而化吉者，年老無病而終。

世爻旺相，受克制刑沖，疾病而終。

世爻旺相受克制，又六神克世，橫禍而亡。

世爻旺相，永享長年；用神休囚，須防夭折。世為根基，臨日月動爻生扶，動而化吉、化旺，化回頭之生，乃是長壽之徵。

子孫為醫生、為藥物，宜旺相，不宜休囚死絕。旺者醫術高，手到病除，用藥立見艮效，衰者不利。

以下舉例說明本節所述的若干預測法，須用心領會方能掌握：

例一：申月庚寅日，測子近病，得《恒》之《解》卦：

雷風恒	雷水解
妻財戌土、、應	妻財戌土、、
官鬼申金、、	官鬼申金、、應
子孫午火、	子孫午火、
官鬼酉金○世	子孫午火、、
父母亥水、	妻財辰土、世
妻財丑土、、	兄弟寅木、、

子孫為用神，日建生之，病癒之象。但鬼爻持世，又化子孫，是夭折之兆。幸得子孫旬空，故：「近病逢空，出空即癒。」果於出空之日好。

用神遇墓絕之地，及動而化墓、化絕，須看衰旺，用神旺者，無慮。用神衰，忌日月動爻克。克去忌神之日，病癒；衰者，生助忌神之日而凶危。

例二：辰月丙申日，測弟病危，得《既濟》之《革》卦：

水火既濟　　　澤火革

兄弟子水、、應	官鬼未土、、
官鬼戌土、	父母酉金、
父母申金×	兄弟亥水、世
兄弟亥水、世	兄弟亥水、
官鬼丑土、、	官鬼丑土、、
子孫卯木、	子孫卯木、應

兄弟亥水爲用神，月克日生，又動爻生之，爲克處逢生，臨危有救。果於本日酉時，得名醫救活。

例三：申月戊辰日，測夫近病，得《同人》之《離》卦：

天火同人	**離爲火**
子孫戌土、應	兄弟巳火、世
妻財申金○	子孫未土、、
兄弟午火、	妻財酉金、
官鬼亥水、世	官鬼亥水、應
子孫丑土、、	子孫丑土、、
父母卯木、	父母卯木、

官鬼爲用神而持世，鬼化鬼，又墓於日建，按世持鬼化鬼而入墓，百無一活。但幸子孫戌土暗動沖墓而生原神，爲墓之破也。又得卦中原神臨月建，化出未土生助原神，原神生世，實爲夫星根深蒂固。再之，月生日克無妨，都是大吉之象。所嫌亥水旬空，不受其生，必得巳日沖起亥水，病即好。果於巳日病好。

例四：丑月己卯日測父病，得《乾》之《賁》卦：

乾爲天	**山火賁**
父母戌土、世	妻財寅木、
兄弟申金○	子孫子水、、
官鬼午火○	父母戌土、、應

父母辰土、應　　　子孫亥水、

妻財寅木○　　　　父母丑土、、

子孫子水、　　　　妻財卯木、世

世爻戌土父母爲用神，近病逢合則凶。但幸寅午戌合成火局而生用神，待明日辰土沖起戌土，病癒。應合處逢沖之驗。

例五：未月丁巳日，測嫂病吉凶，得《剝》之《坤》卦：

山地剝　　　　坤爲地

妻財寅木○　　　兄弟酉金、、世

子孫子水、、世　　子孫亥水、、

父母戌土、、　　　父母丑土、、

妻財卯木、、　　　妻財卯木、、應

官鬼巳火、、應　　官鬼巳火、、

父母未土、、　　　父母未土、、

妻財寅木爲用，動而化回頭克，又墓於月建，日建刑之。用神變克，乃爲反吟之卦，是舊病復發。此病防於申日，危於申日。應申日者，合成三刑之故。

例四：酉月壬辰日，測子病，得《大過》卦：

澤風大過

妻財未土、、

官鬼酉金、

子午：父母亥水、世

官鬼酉金、

父母亥水、

妻財丑土、、應

午火子孫伏於亥水之下，死於月建。而亥水臨月建之生克用，目下用神旬空，不受其克，出空之日，定受其克，難過午日之關。果死於午

日。

例五：1985年巳月壬戌日，見病者老朱吐血，測其吉凶，得《噬嗑》
之《睽》卦：

火雷噬嗑	火澤睽
子孫巳火、	子孫巳火、
妻財未土、、世	妻財未土、、
官鬼酉金、	官鬼酉金、世
妻財辰土、、	妻財丑土、、
兄弟寅木×應	兄弟卯木、
父母子水、	子孫巳火、應

原神巳火臨於月建，本是吉象，但巳火墓於日辰，無力主之。更嫌
忌神兄弟寅木動，化進神克世，丙寅日爲忌神旺地，故老朱難過寅日酉
時，後果死於寅日酉時。此爲忌神動而化進，臨旺而克世，必死。

例六：1987年未月未日，我單位釋常蘭接到其公公病重逝世的電
報，測逝世否？得《謙》之《明夷》卦：

地山謙	地火明夷
兄弟酉金、、	兄弟酉金、、
子孫亥水、、世	子孫亥水、、
父母丑土、、	父母丑土、、世
兄弟申金、	子孫亥水、
官鬼午火、、應	父母丑土、、
父母辰土×	妻財卯木、應

父母辰土爲用，雖化忌神卯木回頭之克，但木墓日月之建，無力克
之，有危不死之象。又丑土父臨日建沖之，近病逢沖也是不死之象。釋
說：「電報上明明說是死了，怎麼會沒死？」「等回家看了再說吧」。
後回去，果病危而復生。

例七：1987年7月22日（未月戊寅日）我公司丁英女士，問其夫病能好否？得《壯》之《恒》卦：

雷天大壯	雷風恒
兄弟戌土、、	兄弟戌土、、應
子孫申金、、	子孫申金、、
父母午火、世	父母午火、
兄弟辰土、	子孫酉金、世
官鬼寅木、	妻財亥水、
妻財子水○應	兄弟丑土、、

寅木官星爲用，雖有子水原神動於卦中，變合而不生。用神又墓於月建，是凶兆。更嫌卦逢六沖，久病逢沖則死。辰日爲水之墓庫，原神入墓，無生必死。趙醫生問我：如何？我答：最晚過不了陰曆七月，快者三天之內死。後果死於庚辰日，到底未出三日。

第三節　預測傷災

關於預測人的工傷和意外事故造成的傷災，古代有專門論述，但無具體預測方法。我在預測中，只是根據《周易》的有關卦象，如夬、咸、豐、小過等卦，有人體受傷的卦辭和爻辭。又根據古代卜書上有「兄化兄，鬼化鬼，兄化鬼，鬼化兄」，以及測病中有關傷的論述，經研究試驗，取得了一些寶貴經驗。現因正在整理過程中，爲說明問題，舉例如下：

㈠1983年，我公司老張，要我爲其女測運，我根據其1960年8月16日戌時生，起得《明夷》之《謙》卦：

地火明夷	地山謙
父母酉金、、	父母酉金、、

兄弟亥水、、	兄弟亥水、、世
官鬼丑土、、世	官鬼丑土、、
兄弟亥水、	父母申金、
官鬼丑土、、	妻財午火、、應
子孫卯木、應	官鬼辰土、、

上卦兄化兄，鬼化鬼，明現有手足之傷。卦中丑土持世三疊，若遇丑年，四丑土相遇，為太過，太過者必折。又外卦伏吟為呻吟之狀。故告知1985年防手腳之災。後果於1985乙丑年，腳被汽車壓傷。

㈡1985年7月，我廠許師傅的父親從家來，要我為其測運，按其出生時起得《損》之《睽》卦：

山澤損	火澤睽
官鬼寅木、應	父母巳火、
妻財子水、、	兄弟未土、、
兄弟戌土×	子孫酉金、世
兄弟丑土、、世	兄弟丑土、、
官鬼卯木、	官鬼卯木、
父母巳火、	父母巳火、應

此卦兄弟官鬼重疊，世臨兄化兄，又有鬼化鬼，必有手腳之傷。因此我斷他1975乙卯年受過手腳之傷。許和其父大為震驚：「很準，1975年腳跌斷。」應1975年者，官鬼卯木臨太歲克世之故。

㈢1986年辰月巳亥日，我廠老馬測運，得《無妄》之《隨》卦

天雷無妄	澤雷隨
妻財戌土○	妻財未土、、應
官鬼申金、	官鬼酉金、
子孫午火、世	父母亥水、
妻財辰土、、	妻財辰土、、世

　　兄弟寅木ヽヽ　　　　兄弟寅木ヽヽ

　　父母子水ヽ應　　　　父母子水ヽ

　　內卦兄化兄，外卦鬼化鬼，是受傷之兆。世午火化亥水回頭之克，戌墓動開。因此，我告知今年九月要防傷災。後果九月騎摩托而跌傷住院。

　　前面都是講怎樣運用八卦預測人的吉凶禍福的信息及其方法。但是，測出凶事信息，能否避免，我在本書《附錄一》中不僅論述可以避免，而且列舉一些事例。

　　我們學習和掌握運用八卦預測信息的方法，其中一個目的，就是為了使人們事先知凶事信息，以達到防止各種凶災事故的目的，給人們以避凶之法。避凶的關鍵是，凡事要事先預測。當測出凶災，說不能幹，就不要幹；說不能出門，就不要出門。千萬不要抱有僥倖的心理，懷疑心理而去碰運氣，那樣是要吃虧的。另外，對於凶的信息，寧可信其有，不可信其無，這一點也很重要，可以達到有備無患，有益無害的目的。

附錄一　用八卦預測信息的必要性與事例

編者按：一九八七年十二月，國際《周易》學術研討會在中國山東省濟南市召開。邵偉華在會上交流其論文《八卦與信息》，引起國際易學家極大興趣，獲高度評價。《八卦與信息》一文是邵氏研究《周易》實用預測學多年的心血結晶，學術性很強，原文較長。現由邵氏親自將原文濃縮，並用淺顯易明的文字改寫成本文，輯爲本書附錄之一。希望這樣做能爲讀者們提供一點方便。

一、化消極因素爲積極因素

世上任何一門科學，都有積極因素和消極因素。如電能爲人類造福，這是積極的一面，但是電又有能打死人和造成火災的消極因素。農藥有殺蟲保豐收的一面，但它又有破壞生態平衡等消極因素的一面，如此等等。但我們總不能因爲電能打死人，農藥有破壞生態平衡的消極因素，而禁止發電和生產農藥。

運用八卦預測各種信息，特別是預測人的吉凶信息，同樣有積極因素和消極因素。實踐證明，它的積極因素大於消極因素，多於消極因素。可是有的人，往往把消極因素放在首位，當成主要矛盾，給予全盤否定，並扣上甚麼「卦建迷信」、「唯心主義」的帽子，這是不公正的，也不是一分爲二的。這個問題不解決，將會嚴重地阻礙《周易》的研究與運用。

「聖人立卦，以明吉凶」就是要知道前進道路上有哪些有利條件，有哪些不利條件。只有這樣才能有效地預防各種凶事的發生，以減少損失和避免損失。宋朝的天文學家、易學家邵康節講過：一個人算出他要坐牢，只要不犯刑律，就不會坐牢；算出他要死在水裏的，他不到水邊去，就可避免。清朝易學家陳夢雷講：「不能為人趨吉避凶，聖人作易何用。」這就充分說明，只要預測出凶災的信息，加以防範，就可以避免。好事加以努力，就提前到來。類似這樣的事例不勝枚舉。

1、我廠黃先生，在1984年8月我為他預測時，測出他在84年10月有一場大的官司口舌之災，是男女關係引起的，我就對他說，如果處理得好，平安無事，處理不好，要坐牢，勸他遇事時不要妄動。他當時根本不信，我就把這事寫在本子上，對他和大家說，到時候再看吧。

當年十月他果因男女關係事，挨了對方的打，想不通，產生要把對方全家殺盡以報心頭之恨的惡念。但在準備的過程中，想起了我的「不要妄動，否則要坐牢」的話，報仇的惡念消了一半，因而未造成慘案。

2、1985年4月份，我廠李西珍師傅為其子測運氣，我測出他兒子在5月份有一場凶災，要他兒子不要外出遠門，其災可化可免。他妻子剛從農村來探親，聽後很急，說兒子在外作臨時工，又是出力氣的工作，怕出事。我告知他倆，趕快給孩子寫信，叫他回來，晚上也不要出門，就在家中。

老李按我的要求，把孩子叫回來了。5月份一的天晚上，隣村演電影，因叫他晚上不要出遠門，他沒有去看電影。可就在這天晚上，他突然天昏地轉，昏倒在地，幸而發現早，沒造成惡果。事後李西珍夫婦感激地說：「要不是你提前測出，那後果不可想像。」

3、我廠有一個職工子弟要考研究生，1986年沒有考上，準備第二年再考，但是心中無數，所以他父母求我預測。經測後，我說，你第一天和第三天都能考好，就是第二天的課，那幾個小時的考試要注意，加

强這一天要考的課，努力複習，明年一定考上研究生。他兒子聽了，高興的說：「對，這一天考的是英語，今年就是英語拉了分。」後來他加强英語學習，1987年果然考上了研究生。

八卦有神奇的運算功能，科學道理很深奧。至於八卦能測出各種信息，那是據陰陽五行生克制化的理論而進行預測的。但是，預測的結果，為甚麼能如期應驗，這是一個至今未揭開的千古之「謎」。由於這個「謎」沒有被揭開，利用八卦為人預測吉凶就被禁錮，打入了冷宮。

八卦預測各種信息，既有很深的科學理論，又是技術性强的工作，所以預測時同樣存在着技術高低的問題。就像醫學一樣，醫生技術高，診斷就準確。八卦在預測中也是如此。八卦技術高超者，不僅預測的範圍多，面廣，而且預測的事情在時間上能夠精確到某年某月，以至哪一天的幾點幾分。這種高人，大多數隱居於民間，流落社會，應該發揮他們的作用，為人類服務。八卦對於臨時問事的信息預測，只要本領過硬，那是百發百中的，其準確性是很驚人的。

幾年來，我在學《周易》時，其重點是放在八卦的實用上。下面列舉的僅是我所作預測的一部分實例，其餘可參見拙著《周易與預測學》第十四至二十二章。

二、預測事例

㈠預測天氣

我對測天氣預報，既無氣象知識，又是門外漢。運用八卦試測西安的天氣時，開始一次預測3天，後來一次測5天、10天、15天。最後就提前10天，把下一個月的天氣預報全測出來了，每晚在電視上與中央台和陝西台進行校對，一個月總結一次。

1983年8月4日晚上，陝西省電視台和西安市電視台連續四次通知，

說8月5日有大暴雨，要求各單位做好防洪的準備工作。我當時根據我四天前測的預報，8月5日是無雨，陰天有風。第二天果然是陰天有風，滴雨未下。

我在預測西安地區天氣預報的基礎上，於1983年9月開始預測北京、瀋陽、上海、台灣、廣州、香港、成都、烏魯木齊八城市的天氣預報。

1984年9月17日，我預測北京的10月1日至10日的天氣預報，提前寄到北京的《自學》雜誌社，結果對了7天。

西安地區天氣預測結果表

月 數 ＼ 結 果	中 央 台	陝 西 台	八 卦
4 6	6 5 . 9 2 ％	7 1 . 0 5 ％	6 8 . 1 6 ％

用八卦預測部分城市天氣結果表

月數	北京	上海	瀋陽	廣州	成都
8	78.09％	66.73％	79.00％	66.99％	69.63％

月數	台灣	香港	烏魯木齊		
8	62.63％	65.76％	75.23％		

中央、陝西氣象台都是在前一天報第二天的氣象，我則是在前一個月就測出下一個月的天氣預報。

㈡工傷、意外事故的預測

我國和世界各國，對於造成人體受傷和意外傷亡事故的原因，就目前來說，從主、客觀原因講得多，從宏觀原因講得多，但是，根本沒有

找到一個人為甚麼會受傷、甚至造成傷亡的真正原因。所以事故仍然有增無減。

關於人體受傷的原因，《周易》中的《夬》、《咸》、《豐》、《小過》等專門論述人體受傷的卦象，不僅說明我們的祖先早就開始了研究，而且還總結出了預測受傷的寶貴經驗。如卦中遇有「鬼化鬼，兄化兄，鬼化兄，兄化鬼，必有手脚之傷」等。幾年來，我通過預測實踐證明，有的人發生各式各樣的傷，甚至因傷死去，原來在出生時，已經儲存着受傷的標誌和信息。這些信息，從出生時間、卦象、手紋上都可以提前預測出來，而預測出來後，又可以預防。

1、1983年6月，我給我廠張建華預測時，發現她的大兒子史乃康將在9月上旬左右有一大傷災。史乃康是陝西日報的記者，他不相信，結果83年9月12日，因騎摩托車撞在拖拉機上，將面部撞傷，差一點送命。

2、1984年12月22日，我廠老徐說他兒子是1960年正月二十日卯時生的，要我用八卦預測今後吉凶如何。其卦象是《雷地豫》卦：

主卦：雷地豫	動卦：雷水解	六神
妻財戌土 ▬▬	妻財戌土 ▬▬	玄武
官鬼申金 ▬▬	官鬼申金 ▬▬ 應	白虎
子孫午火 ▬▬ 應	子孫午火 ▬▬	螣蛇
兄弟卯木 ▬▬	子孫午火 ▬▬	勾陳
子孫巳火 ▬▬ 動	妻財辰土 ▬▬ 世	朱雀
妻財未土 ▬▬ 世	兄弟寅木 ▬▬	青龍

我根據卦爻中鬼化鬼，斷他兒子必有傷災之事。又根據世爻未土化寅木回頭克，而又臨青龍克世，世爻未土與流年子相害，又逢乙丑年（12月15日立春）丑土之沖世，寅月建之克，告知其年前年後注意。他說年前只有八天，我說，就是剩下八秒鐘也要注意。結果臘月二十八日打

掃衛生時，從樓上跌下，受傷而住院。

下面是我幾年來預測工傷事故中僅存的73例，皆測準，詳見下表：

人數	頭	手	腰	腿	足	狗咬傷者	蛇咬傷者	死亡
73	19	20	8	17	4	3	1	1

㈢牢役之災的預測

當今世界較發達的國家，都十分重視對產生犯罪的原因研究。不少國家有龐大的專門研究機構，並把研究犯罪的學問稱爲《犯罪心理學》。儘管各國及我國的法學家著書立說，談了不少產生犯罪的種種原因，如家庭教育、社會環境的影響、經濟條件、人的個性等等，但這些原因，只是現象，表面的、宏觀的，是外因，犯罪的眞正內因至今沒有找出。我所說的內因，就是人的出生年、月、日、時之卦象上，都有犯罪的特定「標誌」，這種「標誌」到了一定的時間，就起作用，就發生犯罪。

從《周易》中的《困》、《革》、《壯》、《解》、《噬嗑》、《無妄》、《坎》、《訟》等卦象的論述，我國早在幾千年前就很重視對法律和犯罪原因的研究，也爲我國的法學研究，打下堅實的基礎。所以《周易》不僅是法學研究的教科書，也是對人們進行法制教育的好教材。

1、1984年9月，某婦人報出其子的出生時間，其卦是《澤火革》卦，五爻動。

主卦：澤火革	動卦：雷火豐	六神
官鬼未土 ▬▬	官鬼戌土 ▬▬	青龍
父母酉金 ▬ 動	父母申金 ▬▬ 世	玄武
兄弟亥水 ▬ 世	妻財午火 ▬	白虎

```
午財兄弟亥水 ━         兄弟亥水 ━              騰蛇
  官鬼丑土 ▬▬        官鬼丑土 ▬▬ 應         勾陳
  子孫卯木 ━ 應       子孫卯木 ━              朱省
```

我根據卦中的牢役標誌和五爻辭：「未占有孚」，斷其子在一九八三年因男女關係和盜竊而坐牢了，判刑十年左右，對方驚奇地說：「對，判刑十一年。」

1983年陰曆五、六月間，我在預測時發現不少青年人在以後的時間裏有牢役之災，就耐心地教育他們要遵紀守法，不要幹壞事，否則難逃牢役之苦。大部分青年人都聽了我的勸導，只是三個人不聽，結果都在我預測時間內被捕了，連判刑的刑期都和我預測的一致。

2、用排四柱的方法進行預測

把人的出生時間，年月日時，配上天干地支，就叫排四柱，也就是古人說的「八字」。這個方法，我通過研究，發現也能夠預測出牢役之災的秘密，就把它與八卦配合起來進行預測，其準確度更高。如有的人找我預測時，當他報出某人的出生時間，只要四柱中有牢役標誌，就斷出他以前甚麼時間坐過牢，常常把來人驚得目瞪口呆，生時中有的還有父、兄、弟、兒子的牢役標誌。

在預測的過程中，常常因有的人只記得出生的年、月、日而不知甚麼時辰或幾點鐘生的，所以八卦就無法起卦，也就無法進行預測人的吉凶。為解此難，我就採用排四柱的方法，力圖從中摸出規律。

為了從四柱中摸索預測犯罪的時間、規律，1985年6月，我向在家鄉檢察院工作的朋友求授，要他給我提供一些犯人的出生時間，好做些研究。他後來給我寄來十七例，但都只有出生的年月日，而沒有時辰，這十七人中，最大的六十多歲，最小的有三十多歲，經過預測，十七人的補捕時間，算對了十三人，有的連補捕的月份也測對了。

今年2月，陝西有關部門給我寄來了十個犯人的出生年月日的資

料，也沒有時辰，經過測算，其結果是：七人盜竊，二人搶劫，一人強姦，後經校對，完全一致，有的連刑期長短都測對了。

從1983年以來，在八十七例的牢役之災的預測中，錯了四例。八十三例中，雖然類型不同，但都有不同的牢役標誌。

牢役之災的特定「標誌」的發現，對今後研究犯罪的原因，無疑是一個創舉。希望能引起有關部門和法學界的重視。

㈣預測行人的去向

要知道行人去甚麼方向？在甚麼地方？是吉是凶？甚麼時間會回來？這些信息單靠登報、電視廣播甚至就是利用人造衛星、宇宙飛船也無法預測到。然而《周易》中，不但論述行人去向的卦象很多，而且可不費力，又快又準地預測到行人的去向、在甚麼地方、吉與凶、甚麼時間回來的信息。幾年來，我共預測了30例，只有兩例多測了一天，其他的都和我預測的一樣，所以不少人說：八卦太神奇了。

1、1983年10月19日申時，我廠32車間老孟說他妻子出外做生意，一月多無音信，要求預測。當時的卦象是：☰☱《天澤履》。我對他講：「你太太去西南方向，在外遇口舌，但平安無事，如果第五天不回來，就有信來，沒信來就是回來了。」

第五天下午兩點多鐘，老孟又來找我，說妻子未回，又未見信。我說你不用急，回去等消息吧。下午3點多鐘，他接到妻子從成都發來的電報，叫他第二天去火車站接她。妻子回來說，因和派出所發生口舌，晚回來了一天。

2、1985年7月24日上午，我廠61車間的趙建新說他大哥因病走失，一個多月無影無蹤，在陝西日報、西安晚報、電視台上都登過尋人啟事，至今無消息。老母親急得死去活來，茶飯不思。我預測後告知他：你大哥沒有死，在外有人幫忙，本月30日前一定回來，決不會超過30日，結果在30日下午被人送回來了。

3、1986年四月初九未時，有6個學生因受了老師的批評，集體逃走了。一連三天，家長和校方到處找，都未找着，急得家長、特別是孩子的爺爺奶奶哭哭啼啼，所以，有的家長只好來找我預測孩子們的信息。

當時預測的是坤卦：☷☷。我對孩子的家長講，當天為甚麼沒有來找我預測，孩子們當天沒有離開工廠，只在東北方向活動，第二天才走的，去西南方向了。在外平安無事，有人幫助，餓不着。今天下午3點至7點，孩子們不回來，就有消息來。在陰曆五月二十一、二十二、二十三日這三天以前一定會回來。

當天下午6點多鐘，有人來家告知，說在西安市鐘樓看到他們的孩子，但不知是出走的。20號（五月）6個孩子都回來了，一問，當天就是沒有走，正是在東北方向活動。現列卦象如下：

主卦：坤為地　　　　**動卦：山地剝**

子孫酉金 **--** 世、動　　官鬼寅木 **—**

妻財亥水 **--**　　　　妻財子水 **--** 世

兄弟丑土 **--**　　　　兄弟戌土 **--**

官鬼卯木 **--** 應　　　官鬼卯木 **--**

父母巳火 **--**　　　　父母巳火 **--** 應

兄弟未土 **--**　　　　兄弟未土 **--**

用八卦預測行人的信息，有的準確到幾天，就幾天回來，說他幾個小時回來就幾個小時回來，有的說他死在外地，果死在外地。

預測行人去向的信息，可以用來預測犯人逃跑的方向，這有利於捉拿犯人，使其早日歸案。

㈤失物的預測

從1983年12月以來，我共預測了18例失物，9例能找到，9例找不到，都應驗了。

1、1983年十二月十三日未時，我廠冉德田來說，剛在自由市場丟

了自行車，要求預測，問能否找到。

我根據丟車時的坎卦 ䷜，是比和之卦，再內外卦相同，有兩車相混，錯騎的可能性大。《周易》又有失車勿追、七日回的斷辭。就安慰他說，車子丟不了，今晚9點鐘以前，一定能找到。他當時想，現在派出所、保衞部都放假了，小偷既偷走，就不會送回。後果當晚9點前，騎錯車的人將車送回來了。

又有一次趙世蘭也說自行車被偷了，我測後說，不用急，明日下午5點鐘以前能找回，果然如此。

2、1985年陰曆七月十九日戌時，我廠小張來說，今日下午申時放在家裏的錢突然不見了，懷疑來家裏玩的人偷走了。其卦象是「雷風恒」䷟：

> **主卦：雷風恒**
>
> 妻財戌土 ▅▅ 應
>
> 官鬼申金 ▅▅
>
> 子孫午火 ▅▅▅
>
> 官鬼酉金 ▅▅▅ 世
>
> 父母亥水 ▅▅▅
>
> 妻財丑土 ▅▅ 動

我看了卦說：「你的錢在80元以上，100元之內。」「對，90元。」我又說：「你今日是進財之日，不會丟錢，錢也沒有丟，回去再細找。」她說：「這90元是賣西瓜錢，我在家找了好幾個小時都沒有找到，確實不見了。」說完她就走了。第二天她碰到我高興地說：「邵師傅，錢放在鋪底下，當時忘記了，昨晚找到了，八卦測得真準。」

3、1986年六月初一晚上10點多鐘，老員十分着急的對我說，早上6點多鐘，把價值上萬元的圖紙放在摩托後，不知甚麼時間丟了。今日單位派人來找，又是廣播，又是貼失物啓事，折騰了一天，毫無結果。求

求我預測。

主卦：澤水困	動卦：澤地萃	六神
父母未土 ▬▬	父母未土 ▬▬	白虎
兄弟酉金 ▬▬▬	兄弟酉金 ▬▬▬ 應	螣蛇
子孫亥水 ▬▬▬ 應	子孫亥水 ▬▬▬	勾陳
官鬼午火 ▬▬	妻財卯木 ▬▬ 世	朱雀
父母辰土 ▬▬▬ 動	官鬼巳火 ▬▬ 世	青龍
妻財寅木 ▬▬ 世	父母未土 ▬▬	玄武

我說，你是在西南方向丟的。「對」。我又說，不用急，能找到，但要賒點小財。初三的這一天找不到，初四定會找着。

六月初四那天，一農民按失物啓事所說地址送來了圖紙。老員送了他50元的謝金。

㈥預測疾病

人為甚麼會生病，醫學上講，是細菌的侵蝕與作用。按陰陽五行學說講，是陰陽二氣不平衡所致。用八卦預測人生病的信息，《周易》不但有大量的論述，而且後代易學家著有斷病的經驗總結。

運用八卦來預測人的疾病，我雖未作專題的研究，但在九年的實踐中遇到不少。雖然一時不知道得甚麼病，可知道一個人會在甚麼時間有病，或者有病後會死或不死。如有的病人知道自己已經不行了，趕寫遺書；有的醫生說不行了，快準備後事，弄得親屬們很緊張，有的經預測後我說死不了就死不了，有的我說六十天之內、五十天之後死，果然在這個時間內死。有的我說，你注意，某月你有病，果然住醫院。

一、丁開學眞的住醫院了。

我廠丁開學不相信八卦能預測人的吉凶。1983年6月他找我要試一試。我把以前所經歷的事測準了，他很驚奇。我對他說，你7月份有一場大病，雖有危險，但近兩年內死不了。他聽後半信半疑。結果7月眞

的住進了醫院。十月因喉癌而開刀。1986年春去世了。

二、胡錫風女士1985年春節到我家拜年，定要我爲她測運氣。當時我只講了兩條。第一，你丈夫今年4月份以前（包括四月），不要到東南方去，如去，不遇凶事，定得重病；第二，你母親在9月份去世。

當年4月29日，她丈夫早八點半去東南方，離家不到一里地，兩眼一黑，蹲下起不來了，送到醫院搶救一星期才脫險，後脚手不便，達半年之久。事後她對我說，當時認爲已經29日了，問題不大，結果出了大事。並說她母親果於9月去世。

三、1985年6月與我同病房的老施（我廠職工）向醫生請求出院。我對他說，你不但不要出院，而且在星期天那天，要老老實實上牀休息，哪里也不要去。他問我爲甚麼。我說：「如果你相信我，就照辦。」那天他沒有出去，下午四點多，就被抬進了搶救室。

當時正在搶救他，羅醫生問我：「你怎麼知道他要病變？」「我預測出來的。」羅醫生又問我：「他患甚麼病連本人都不知，你能測出來嗎？」我當場測後說：「病在血上。」醫生驚奇地打手勢，意思要保密。我又向醫生建議要注意哪幾天，過了哪幾天，就平安無事。後果然如此。

四、1985年4月22日晚，蘇宇智和其妻李雅琴一進門對我說：「下午四點五十分收到一封電報，你看何事？」當時起的卦象是《雷風恒》卦。我看是比和之卦，故斷老母有事，但無凶事。他說對了，電報說母親病危，速回。李雅琴說：「看我母親甚麼時間去世，回家能見老人一眼嗎？」說着流淚了，並準備第二天就走。

我笑着對他倆講，小李，你不要急，你母親根本無病，不是和你哥吵架，就是和你弟弟吵嘴，你回去就知道。待回去後，果因母親和弟弟吵架，就把母親接到西安來，至今健在。當時的卦象如下：

主卦：雷風恒　　　動卦：雷天大壯

妻財戌土 ▬ ▬ 應	妻財戌土 ▬ ▬
官鬼申金 ▬ ▬	官鬼申金 ▬ ▬
子孫午火 ▬	子孫午火 ▬ 世
官鬼酉金 ▬ 世	妻財辰土 ▬
父母亥水 ▬	兄弟寅木 ▬
妻財丑土 ▬ ▬ 動	父母子水 ▬ 應

1986年正月，涂少文接到電報，說岳母病危，我測後說，不會病逝。後果然病癒。

(七)預測人的死亡時間

對於人的死亡，不管是病死，還是凶死，運用八卦可以提前測出死亡時間的信息。對於凶死，一經測出，加以注意，完全可以避免。近幾年來，我在預測中積纍了一些經驗和部分事例。下面專講預測蘇聯的契爾年科的死亡時間的事例。

蘇聯的主要領導人契爾年科在1984年冬生病住院治療。當時世界各國對於契爾年科的生與死十分關心，都在千方百計地要搞到這方面的情報，可是由於蘇方保安部門控制十分嚴密，各國情報、特工人員，只是望洋興歎，無能爲力。至於人造衞星和宇宙飛船，在這種情況下，也無法施其本領。我國對於契爾年科生死的情報工作，同樣也是關注着。1985年2月2日（陰曆甲子年十二月十三日），中央國防科委張震寰主任在西安接見我後說：「蘇聯的黨中央書記，契爾年科有病，只知道他今年70歲多，更不知道他的出生年月日時，用八卦能不能測出他的病甚麼時間好？或者甚麼時間會去世？」我說，不知出生時間，可以用其他方法測。當時我根據張主任在甲子年十二月十三日申時問卦的時間，起的是《澤火革》卦▦▦。

主卦：澤火革　　　動卦：雷火豐　　　六神

官鬼未土 ▬ ▬　　　官鬼戌土 ▬ ▬　　　白虎

父母酉金 ▅ 動	父母申金 ▅▅ 世	螣蛇
兄弟亥水 ▅ 世	妻財午火 ▅	勾陳
兄弟亥水 ▅	兄弟亥水 ▅	朱雀
官鬼丑土 ▅▅ 應	官鬼丑土 ▅▅ 應	青龍
子孫卯木 ▅	子孫卯木 ▅	玄武

1、上卦爲澤爲水爲用，下卦爲離火爲體，是用克體，凶兆。又用臨旺相，體處死絕之地而受克，是凶上加凶。《周易古經注》中有：「水在火上，水勢大於火勢，則水滅火。」體滅，則死也。

2、世爻亥水，受丑土月建之克，又官鬼丑土臨月建，旺而克亥水世爻。但五爻酉金臨於日建，又動來生世，不至於馬上死。

3、八五年陰曆正月建寅，原神酉金處死絕之地又入墓無法生亥水世爻。又水怕坤艮二宮，正月正臨艮宮，亥水受克無生。

根據預測的結果，我斷定契爾年科病逝在1985年正月無疑。張主任聽後說，我把結果帶回北京，等候驗證。後契爾年科果然於1985年正月十九日死，正應主、互、動卦之全數36。也就從預測到死的時間，正好36天，所以有的科學家來信向我表示祝賀。

幾年來，類似的事我共預測了17例，只有1例測錯，其餘16例都對了。

㈧預測離婚

在實踐中，只要有過硬的卦術本領，來人報準出生時間，八卦都能準確地測出他離過婚，還是沒離，或者婚不利，配偶已死了，或者以後甚麼時間離婚等。

1、我廠小何在預測後對我說：「邵師傅，其他的你預測對了，但說我和對象的事不成，絕對錯了，我們五一節就結婚。」我說，你就是4月30日（預測時爲元月）領了結婚證，五一也結不成婚。後果因男的得病，於4月份死了。

　　有的在結婚前，我叫她不要結婚，等以後再說，她不信，結果結婚不久就離婚。

　　2.我廠有位女士1984年10月經我給預測，我說，你在1985年春節時，要和愛人鬧一場大矛盾，弄得不好，必離婚。她很不服氣地說：「我們結婚20多年，從未紅過臉，怎麼會離婚？不可能！」1985年春節期間果然鬧起離婚，後來拖了2年多，還是離了。

　　3.我廠有位女士要我預測她今後的運氣時，根據她出生年月日時，起得《天澤履》卦▅▅，其爻象如下：

主卦：天澤履

兄弟戌土 ▅ 動

子孫申金 ▅ 世

父母午火 ▅

兄弟丑土 ▅▅

官鬼卯木 ▅ 應

父母巳火 ▅

　　我看卦象是，用卦為乾，為老男，體卦為澤為少女，是男老女少不相配。又卦爻中子孫持世，克應爻官鬼，官鬼即夫。我說：「怎麼？你離過婚？你男人比你大得多，是嗎？」她擔心又驚奇的說：「你看甚麼時間離的？」「1985年。」「一點兒不錯，但希望你為我保密，我們廠的人，誰也不知此事。」

　　又我廠老李，經熟人領來預測今後運氣，按他出生時間起的卦象是《火水未濟》▅▅。

主卦：火水未濟　　　　**動卦：雷水解**

兄弟巳火 ▅ 應　　　　子孫戌土 ▅▅

子孫未土 ▅▅　　　　妻財申金 ▅▅ 應

妻財酉金 ▅　　　　兄弟午火 ▅

兄弟午火 -- 世 　　　兄弟午火 --

子孫辰土 — 　　　　子孫辰土 — 世

父母寅木 -- 　　　　父母寅木 --

此人七月生，體坎處長生之地，用卦爲妻，午火處病地，有水克火之義。又火水未濟卦，主事未成，故婚上不順。再看爻象，兄弟持世，世應都是火，妻財又化午火回頭克之，其妻不離則死。卦中寅木午火，是因爲父母挑動而離婚，時間是1965年，應第六爻巳火動克妻爻酉金。對方說，正是如此。

幾年來，在預測婚姻吉凶方面的信息較多，但開始沒有注意積纍數據，現將僅存有紀錄的事例，列統汁表如下：

離婚、死亡統計表

人數	財旺兄衰		兄弟持世	子孫持世	官星（女）重疊	官處（女）死地	財官（女）刑世	其中死亡者
	男	女						
50	10	2	12	11	6	7	2	8

4.配偶的原籍方位方向是固定的。在預測婚姻的實踐中，我發現配偶的方向在八卦上是在固定的方向上。如某人出生在西安，他的配偶應在西安的東邊，或者是西邊，但決不會在其他方向上。愛人方向不對，不但不易談成，而成之也不利。這個問題的解決，爲青年人談戀愛，在方向上提供捷徑，也爲婚姻介紹所提供了方便。詳見下表：

人數	方向對	方向不對	
		死	離
100	94	4	2

㈨預測自然災害及其他

八卦不是專門用來預測人的吉凶，預測人的問題，這只是八卦的任務之一。八卦還可用來預測大自然變化和其他問題的信息，其中主要是預測大自然中出現的異常現象，或者人爲的較大事件。如不應打雷而打雷，或打雷異常、火災、太陽、月亮出現異常現象等，都可以用出現異常現象的時間進行起卦，或者搖卦的方法進行預測未來的事情。至於預測出來的自然災害信息，只要採取預防措施，可以做到減少損失，或者避免損失。下面舉幾例說明。

1、預測雷驚天地：

一九八六年八月二十四日戌時（陽曆9月27日），正值仲秋之末，突然颱風下雨，雷聲驚天動地，響個不停，此爲北方之少見，屬異常現象，故起卦測之，看有何徵兆。丙寅年八月二十四日戌時：

主卦：火水未濟	動卦：山水蒙	六神
兄弟巳火 ▬ 應	父母寅木 ▬	玄武
子孫未土 ▬▬	官鬼子水 ▬▬	白虎
妻財酉金 ▬ 動	子孫戌土 ▬▬ 世	螣蛇
兄弟午火 ▬▬ 世	兄弟午火 ▬▬	勾陳
子孫辰土 ▬	子孫辰土 ▬	朱雀
父母寅木 ▬▬	父母寅木 ▬▬ 應	青龍

此因雷驚天地，故預測國家和西安地區之事。

①兄弟午火持世，兄弟巳火又是應爻，此兄弟二爻，死於月建，墓於日辰。三爻人位，六爻天位，兄弟倆，又三爻應陽而陰，六爻應陰而陽，爲不得位，所以國家在陰曆九月份要死兩位領導人，但不是在位者。結果九月份，劉伯承和葉劍英兩元帥逝世；

②兄弟午火持世，兄弟巳火又是應爻，兄弟持世爲劫財之神，國家

有耗財之患；

③巳火爲東南，午火爲南，故陰曆十一月在北京南面和東南有不順之事。後果然武漢上海等地少數大學生於十一月份鬧事；

④五君爻暫時平安……

⑤此卦也包括西安地區：

(1)巳、午二爻爲我廠東南方，是死於月建，墓於日辰，是死人之兆。十一月子水沖克巳午二火，故我廠南面或東南面有死人事故發生，國家受重大損失。

(2)巳午二火。一陰一陽，十一月又受月建之克，故太陽或月亮要出甚麼問題。

以上兩條的結果是：十一月初七（公曆12月8日），西安的火車與公共汽車相撞，損失巨大。十一月十八日（公曆12月19日），西安地區出現了5個太陽。

此卦預測出來的信息，當時不僅有幾個同事事先看了，而且，事先也寄給北京有關領導部門。

2、預測五個太陽：1986年12月19日上午9點30分，西安市東南上空，出現了五個太陽，故按陰曆十一月十八日巳時起卦：䷆《地水師》

丙寅、庚子、丁酉、乙巳時

主卦：地水師	動卦：坤爲地	六神
父母酉金 ▬▬ 應	父母酉金 ▬▬ 世	青龍
兄弟亥水 ▬▬	兄弟亥水 ▬▬	玄武
官鬼丑土 ▬▬	官鬼丑土 ▬▬	白虎
妻財午火 ▬▬ 世	子孫卯木 ▬▬ 應	螣蛇
官鬼辰土 ▬▬▬ 動	妻財巳火 ▬▬	勾陳
子孫寅木 ▬▬	官鬼未土 ▬▬	朱雀

①，地水師卦，「以一陽統於五陰，有大將師師之象」（《周易淺述》），因此，1987年國家仍有國土相爭之患。坤爲西南爲外境，故戰爭仍在西南方向和西南有新的戰火升起。

②，五爻爲君位，兄弟亥水居之，又化劫財，故1987年國家有耗財之患，耗財時間在1987年四、五月可見。

③，二爻官鬼，一年多災，1987年國家自然災害和其他災害多。

④，玄武臨兄，1987年刑事犯罪有增無減，特別是賊盜猖狂。

⑤，五陽爲火，陽氣過盛，從天時上講，恐今後有天旱之患，或火起火賁之憂。

⑥，坤卦爲陰，爲小人，爲西南，四柱又劫梟相生，故1987年西南方恐有騷亂之事生起，或巨大事件造成血司。

從目前情況，以上預測之事都已應驗。我們不僅和越南打仗，印度內部新起戰火。87年自然災害和其他各事故給國家造成了重大損失，特別是四、五月的東北森林大火，損失驚人。旱災的面積大，時間長。十月一日，西藏極少人上街鬧事，分裂祖國，造成流血事件，正如事先預測的一樣。

(2)預測東北林之火何日滅：1987年5月17日酉時，朱統恩、汪素二位問東北森林之火何時能滅，要我預測。當時我搖了一卦，是《地澤臨》卦 ䷒。

主卦：地澤臨	動卦：地雷復	六神
子孫酉金 --	子孫酉金 --	青龍
妻財亥水 -- 應	妻財亥水 --	玄武
兄弟丑土 --	兄弟丑土 --	白虎
兄弟丑土 --	兄弟辰土 --	螣蛇
官鬼卯木 — 世	官鬼寅木 --	勾陳
父母巳火 —	妻財子水 -- 世	朱雀

①臨卦是有利之占，「保民無疆」，現軍民救火，正是爲了保國保民；

②坤爲土爲體，兌爲金爲用，現體生用，國家有耗損之患；

③巳火爻臨月建爲用神，又得動爻卯木之生助，故5月18日火勢大增，20日21日火勢還旺，後果如此。

④甲子旬中戌亥空，今五爻水處空地，火一時難撲滅。等甲戌旬時，亥水出空，其火即滅，故在5月26日乙亥日，火勢將滅。5月26日，東北森林之火，果被撲滅。

㈩預測排球賽的勝負

近幾年來，世界各國人民對女子排球賽極感興趣；我國人民更是關心女排的每一場球賽的勝負。所以，每一次比賽前，一些球迷都要圍繞着誰勝誰負的問題，進行一場激烈的爭論，直到比賽決出雌雄，這種爭論才算結束。我爲了總結這方面的預測經驗，對於我女排在世界上的每次重大比賽，都提前幾個小時，幾天，甚至兩個多月前預測出我女排奪魁的信息。

1985年12月28日，我國女排在北京與世界明星隊的比賽就是在當天下午3點35分預測的，其卦象是《水山蹇》卦：

主卦：水山蹇　　　動卦：水地比

子孫子水 ▅▅　　　子孫子水 ▅▅ 應

父母戌土 ▅▅▅　　　父母戌土 ▅▅▅

兄弟申金 ▅▅ 世　　兄弟申金 ▅▅

兄弟申金 ▅▅▅ 動　妻財卯木 ▅▅ 世

官鬼午火 ▅▅　　　官鬼巳火 ▅▅

父母辰土 ▅▅ 應　　父母未土 ▅▅

①上卦爲坎，爲水，爲體，爲我女排；下卦爲艮，爲土，爲用，爲世界明星聯隊。雖有土克水，不利我女排，但冬天是水旺之季，我坎卦

臨月建，故身強而旺。明星隊雖居上位。但土遇冬，是休囚之地，無力克旺相之水，我女排是勝。

②從爻看，世爻為我女排，應爻為明星聯隊。我世不空，又得五爻戌土生之，應爻不僅休囚之地，而且是旬空。空，無所得也，故明星聯隊必敗，後果然如此。

又一九八五年二月二日，張震寰主任對我說「我女排今年四月二日在日本進行世界性的比賽，你預測一下能勝否？」經預測後我告知他，我女排定會再奪世界冠軍。結果勝利而歸。

附錄二　八卦預測地震初探

編者按：地震是一種破壞性極巨的自然災害，目前世界各國的地震學家都在致力於地震預測預報之研究，但可惜成績未如人意。邵偉華若干年前已將利用八卦預測地震列入其科研項目，並作爲重點，且積纍了一些成功的經驗。本文無論對地震學家、地震預報工作者還是對廣大讀者來說，都是珍貴的研究參考資料，故輯爲本書附文。

冠居羣經之首的《周易》，之所以成爲古今中外影響極巨和極受崇拜的經典著作，是因它是一部囊括天、地、生的大百科全書。它是中華民族聰明智慧的結晶，是科學皇冠上一顆燦爛的明珠！

《周易》是我國預測學、信息科學的起源和基礎。「八卦中的六十四卦的卦名，本身就是信息的標誌。三百八十四爻儲存着過去、現在、未來的各方面的大量信息。可以說，六十四卦，是一個儲存量很大的信息庫。」（邵偉華《八卦與信息》第四頁）八卦陰陽符號，不僅是宇宙間萬物萬事的代號，而且六十四卦的卦象、爻象是一部萬能的預測密碼。因此，它具有獨特的、神奇的超前預測、超前反映的功能。它既能上測天、下測地，又能中測人事；它既能預測宏觀方面的信息，又能預測微觀方面的信息；在時間上，既能測短期、中期，又能測長期的。可以說，宇宙間之事，它無所不包，無不可測。它獨特、神奇的超前預測、超前反映，其速度快、準確率高、省人省事、省財省物的優點，是現代任何科學儀器無法相比的。

國際易經學會主席成中英先生，在一九八七年冬濟南國際《周易》學術討論會上講：「《周易》是預測科學，決策科學。」幾千年的歷史

事實完全證明了這一論斷。人類如果沒有對各種信息預測方法，人類就無法生存和發展。因此，掌握信息預測科學，是改造世界，戰勝各種困難，推動社會前進的重要保證。

用八卦來預測天、地、生的信息，其驚人的準確性，這在《左傳》、《國語》、《論語》、《殷墟契前編》、《周易輯聞附筮宗》、《論衡・卜占篇》、《增删卜易》等大量的歷史資料和出土的大量甲骨文中都有詳細的記載。

八十年代以來，社會進入了信息時代，《周易》作為預測學、決策科學，引起各國科學界的重視，這是當今國內外《周易》熱的主要原因之一。近年來，我國不少的易學專家、預測學家，如張延生、李燕、奕巨慶先生等，在用八卦預測信息上，就有重大的建樹。

我學易時間雖然不長，但由於堅持實踐第一的觀點，在用八卦進行信息預測上，積纍了一些寶貴的經驗。一九八七年十二月出席了在山東濟南舉行的周易學術討論會；一九八八年，出席了在貴陽舉行的全國《易經》多學科學術研究會，著有《八卦與信息》、《知象則理在其中》等論文和專著《周易與預測學》。一九八九年至今年三月份，全國有九家報紙、七種雜誌報導和介紹了我預測的事實。特別引起公衆注意的是一九八九年三月，廣州市《南風報》，在一百三十四天前，在在報上公布了我預測我國足球隊與伊朗足球隊的比賽，兩場合起來，「我隊一定轉敗為勝」。一百三十四天後，比賽結果，正如我測，我隊轉敗為勝，以四比三勝伊朗隊。

古今大量事實證明，八卦預測信息的科學性，古人早有定論。當今研易、用易，不是來評論它有沒有科學性，而是應該研究怎樣把它用於社會，怎樣把它與現代科學結合起來，造福於人類。至於有人企圖否定八卦預測的科學性，甚至把它當做「封建迷信」、「唯心主義」，那完全是一種偏見，或出於某種需要，或者是愚昧無知的易盲。現就用八卦

來預測地震，談談自己粗淺的、不成熟的看法，供研究時參考。

地震這種自然災害，有巨大的破壞性，嚴重地威脅着人類生命財產的安全。因此，世界各國對地震災害預測研究極重視，相繼建立了龐大的專門研究機構，投入了大量的財力物力人力。但是，由於地氣運動複雜多變，致使現代科學儀器，還不能完全測準地震的爆發時間。所以，地震不僅給人類的生命財產造成難以估計的損失，而且在人類的心理上造成極大的恐懼和不安。

《周易》中，雖沒有明確提出地震預測的論述，歷史資料上，我還沒有看到用八卦預測地震的實例記載，但我認為，《周易》中的《復》卦的卦象，確實是古人對地震的最好寫照，是地震最明顯的徵兆。

《復》卦是下震上坤，震為雷為動，坤為土為靜。《象》曰：「雷在地中，復。」雷在地中動，必震，故為地震。對這個「復」字，儘管各朝代的經學家有不同的解釋，但在地震之災中，「復」字確有翻天覆地之義。

「地震者，陽伏而不能出，陰迫而不能蒸，陰陽相擊故震。」（見《武備志》卷168），這就是古代記載地震的原因。《復》卦，正是一陽在五陰之下，也就是雷在地下，雷為燥陽之氣，坤為陰柔之氣，實為陽伏而不能出，陰盛而必反。再者，震下坤上，震為木，坤為土，是木克土。土受木克，必有震動之象，正是地震之引起翻天覆地的變化的生克反應。

「蛇鬼在坤宮動者，主有地震，逢金則有聲，帶刑則崩裂。」（《黃金策》）這說明我國古代早就有人提出可用八卦來預測地震的論點。

近幾年來，我國的西南、西北地區，正處在地震的活動期，故西安地區常颳地震之風，搞得人們心神不安。我為了探索預測地震的規律，積纍這方面的經驗，從一九八七年起，就開始用八卦來作預測地震的實

驗。現將我預測地震的初步情況，匯報如下，希望得到有關專家、學者的重視，並共同探討。

我預測地震起卦的依據：一個是有關人員來問近期有無地震之事；一個是聽到社會上颳起地震之風；一個是看到與地震有關的異常現象時，就立即進行起卦預測。

實例一：

一九八七年9月23日辰時，見天空由南至北出現地震雲，當即搖得《大壯》之《恒》卦，預測近期有地震否？

農曆八七年八月初一辰時

丁卯、己酉、乙亥、庚辰

主卦：《大壯》	變卦：《恒》	六神
兄弟戌土 ▬ ▬	兄弟戌土 ▬ ▬ 應	玄武
子孫申金 ▬ ▬	子孫申金 ▬ ▬	白虎
父母午火 ▬ 世	父母午火 ▬	螣蛇
兄弟辰土 ▬	子孫酉金 ▬ 世	勾陳
官鬼寅木 ▬	妻財亥水 ▬	朱雀
妻財子水 ▬ 應	兄弟丑土 ▬ ▬	青龍

《大壯》是坤宮之卦，按古法講「蛇鬼在坤宮動有地震」。今卦中蛇鬼都安靜，應無地震。但我認為；龍為大蛇也，大蛇動力更大，卦臨青龍動，必有地震。

1、地震方位：一在西安的東，或我國的東部；一是在西安的西南部；

2、震級：兩處震級，一個在五級以上；一個在六級以上，七級以下；

3、時間：在15天之內。近期要注意9月26日，10月2日、3日。

我根據預測出地震的情況，當即到我單位的地震辦公室，向正在值

班的楊洪斌先生作了匯報，詳細的講了地震的方位、震級、時間。並告他，西安的西南方，除了地震之外，還有其他事件發生。楊先生不僅當場作筆錄，而且當即用電話向西安市地震辦公室羅處長作了匯報。

應驗情況：一九八七年九月二十六日，我國的西藏地區發生了五點三級地震。八七年十月二日、三日，美國夏威夷島發生了六點二級地震。十月二、三日，西藏少數人上街鬧事。

斷卦：(1)、《大壯》之卦，內乾金臨月建旺地而動克震木，震木受克而動，動而必震，是青龍臨坤宮所致。

(2)、九月二十六日是戊寅日，是震木臨日建，青龍得子水動而生之，故木旺而力強必土受克，必有震動，即地震。十月二日、三日，是申、酉金之日，正是乾金臨月建日令旺地，而克震木，故震在東方。

(3)、關於震級是：震為四，乾為一，共五數，加動爻一，等於六。故震級不小於五，不會超過七級。

實例二：

八七年，十二月、初五，亥時，我公司吳漢秋先生聽人講，年前有地震，請我測一下，我當時用按時間起卦和搖卦的方法同時進行預測。

<table>
<tr><td></td><td>丁卯</td><td>癸丑</td><td>丁丑</td><td>辛亥</td></tr>
<tr><td>**起得《小畜》**</td><td>**六神**</td><td colspan="2">**搖得《小過》**</td></tr>
<tr><td>兄弟卯木 —</td><td>青龍</td><td colspan="2">父母戌土 ▬▬</td></tr>
<tr><td>子孫巳火 —</td><td>玄武</td><td colspan="2">兄弟申金 ▬▬</td></tr>
<tr><td>妻財未土 ▬▬ 應</td><td>白虎</td><td colspan="2">官鬼午火 — 世</td></tr>
<tr><td>妻財辰土 — 動</td><td>螣蛇</td><td colspan="2">兄弟申金 —</td></tr>
<tr><td>兄弟寅木 —</td><td>勾陳</td><td colspan="2">官鬼午火 ▬▬</td></tr>
<tr><td>父母子水 — 世</td><td>朱雀</td><td colspan="2">父母辰土 ▬▬ 應動</td></tr>
</table>

此兩卦，都不屬於坤宮之卦，雖《小畜》蛇動，但無地震。《小畜》、《小過》兩卦辰土都動，辰為八八年的年支。因此，我對他講：「年前

決無地震，八八年是戊辰，將有地震之災。」後果年前無震。測無震的卦應驗較多，就不一一例舉。

實例三：

八八年，六月、十九日。

戊辰，己未，壬戌。

當時社會上又颳起了西安要地震之風，故搖得《復》之《明夷》卦：

主卦：《復》	變卦：《明夷》	六神
子孫酉金 --	子孫酉金 --	白虎
妻財亥水 --	妻財亥水 --	螣蛇
兄弟丑土 -- 應	兄弟丑土 -- 世	勾陳
兄弟辰土 -- 動	妻財亥水 —	朱雀
官鬼寅木 --	兄弟丑土 --	青龍
妻財子水 — 世	官鬼卯木 — 應	玄武

斷卦：

(1)、有地震：《復》爲坤宮之卦，震下坤上，震爲木，坤爲土，震爲雷又臨動爻，是雷動地下，是地震之兆無疑，這是其一。其二，卦中雖蛇鬼爻都安靜，本沒有地震，但三爻辰土臨太歲，太歲宜靜不宜動，動即有震動之災。辰屬龍，龍爲大蛇，實爲龍動坤宮而臨震卦，實爲地震之災；

(2)、地震方位：坤土爲體，震木爲用，是木克土，用克體。坤爲西南，故地震在西安的西南方；

(3)、震級：卦臨月日旺地，震級必大，全卦數34，但決不是34級，坤爲8，故取坤之數，因此，地震在8級左右；

(4)、地震時間：辰土爲太歲之爻，動而沖日建戌土，戌爲九月之建，故地震時間在八八年陰曆九月。所以，我在預測記錄上九月地震的幾個可能的時間是：九月初五，初六，十七，十八，二十三，二十八，

二十九。

應驗情況：八八年十一月七日、八日，正是農曆九月二十八、二十九日，雲南省發生七級以上地震。九月二十八日末時交十月令，而地震是九月二十八日辰時發生，正應九月辰戌相沖。應二十八，二十九日者，正是震木逢寅卯日令旺地是也。

實例四：

八八年國家地震之災和其他自然災害較多，因此，人們十分關心八九年的地震之災，故於八九年二月四日（陰曆十二月二十八日）起得《觀》之《比》卦，測八九年有地震否？

主卦：《觀》	變卦：《比》	六神
妻財卯木 ▬ 動	子孫子水 ▬▬ 應	玄武
官鬼巳火 ▬	父母戌土 ▬	白虎
父母未土 ▬▬ 世	兄弟申金 ▬▬	螣蛇
妻財卯木 ▬▬	妻財卯木 ▬▬ 世	勾陳
官鬼巳火 ▬▬	官鬼巳火 ▬▬	朱雀
父母未土 ▬▬ 應	父母未土 ▬▬	青龍

斷卦：

1、有地震：《觀》爲乾宮之卦、蛇鬼青龍都安靜，本無地震。但《觀》是上巽下坤，巽爲木爲用，坤爲土爲爲體，巽木臨動而克坤土，是有地震之象，因此，八九年國家有地震之災；

2、地震方位：坤地受克，故八九年的地震在北京或西安的西南方向；

3、震級：《觀》乾宮之金卦，時進春令，卦處死地，雖巽木得令而地上，但克土之力，遠不如震木。故震級在五級以上，六級左右，不會超過七級；

4、地震時間：八九年第一次地震時間應在二月、三月。二月巽木

遇旺地，克土之危。三月者，《梅花易數》有「巽取辰」之論，即巽木可應在辰年月日時。此次地震在五級以上，六級以下，此取巽卦之數。

第二次地震，仍在北京或西安的西南方向。時間是陰曆九月。應九月者，一是巽木取辰，仍有辰戌相沖之患；二是《觀》之九五巳火與《比》卦九五之戌土有相害之忌，而且巽木化坎水回頭生，故有第二次地震。此次地震震級比二月或三月份大，即在六級左右，不會超過七級。

應驗情況：1、八九年三月（陰曆）四川省的西南地區連續兩次五級以上地震。2、八九年陰曆九月中旬，北京的西南方向的山西省發生六級以上、七級以下的地震。當時我正在上海交通大學講學。當報紙上公布山西地震消息時，我當即就拿出帶去的預測地震的記錄本，給學習班的負責人和有關學員看。他們看到我記錄上寫的九月份北京的西南方向有地震和震級的記錄，對八卦能預測地震，而且如此準確，無不感到驚奇不已。

八九年十月四川省重慶市發生了五級以上、六級以下的地震，《觀》之《比》卦中已有此次地震的信息，但我並沒有測出。此次地震的發生原因，是巽木化坎水回頭之生。十月是亥水之月，正是木長生在亥，木旺必克土，故有此次地震。

根據《觀》卦中巽木化坎水回頭生的原理，坎為子水正位，也是木旺之地。因此，我在十二月七日在西北大學講課時，對全體學員講，今年陰曆十一月還有一次地震，震級不是很大。結果陰曆十一月二十九日（陽曆十二月二十六日）寧夏石炭井地區下午一點四十四分發生地震，因震級沒有超過五級，故中央電台未報。

此次《觀》之《比》卦，不僅準確地測出了八九年的地震之災，其他災害，也在卦象之中。

用八卦預測地震，特別是在斷卦時，一是要遵循「義理」，即理論聯繫實際，具體情況，一定要具體對待。若按古論：「蛇鬼在坤宮動有

地震。」上所測之卦，蛇鬼都安靜，應無地震，那就錯了。卦中蛇鬼雖然都未動，但是震木、巽木克坤，太歲臨辰土動，又辰為龍，比蛇更大，因此，也主地震。但是，從地震點到測卦點的距離到底有多遠，正在研究之中。

預測地震，是我的重大科研項目之一。雖然目前取證不多，上述事例甚至不足為據，不是最后的可靠結論，但有一點可以肯定：八卦可以用作預測地震，是不容置疑的。我想，若把科學的古代八卦和現代科學儀器結合起來，那麼預測地震的準確度，就會更高更準。

我們的祖先發明八卦，那是功蓋日月的。而秦始皇知《易》為寶而不焚，更是可歌可頌的。我們炎黃子孫，一定要繼承、發揚祖國的優秀文化遺產，在《周易》和現代科學應用上，為人類作出更大貢獻。

邵偉華

一九九〇年三月於西安

注：此文於一九九〇年元月發表在香港《古學今揚》雜誌上。本人在這次寫作中，在內容上有所增加。

附錄三　占卜者　　　　　·韓起·

「易」，筮書之通名也。周代之筮書，謂之《周易》。《周禮·大卜》：「大卜掌三易之法，一曰《連山》，二曰《歸藏》，三曰《周易》。」筮者，占卜也；今人謂之預測，其義一也。我此文將要敍述的，便是位專攻《周易》的奇人。

一　預測三例

許多人都說他神。

說他神的，都經過親身的驗證。

1986年四月初九未時（農曆），邵偉華所在的工廠子弟學校發生了一件事。六個孩子因為受了老師的批評，集體逃走了。三天沒有找到，六家被悲愁壓倒了。兩位家長叩響了邵偉華的大門。

「邵師傅，我們的孩子丟了！想找你看看。」

「啥時候？」

「大前天。」

「幾點鐘？」

「兩三點吧。」

「為了甚麼？」

「就老師說了兩句，就跑了。學校也找，我們也找，連影兒也沒有。」

「別急，我來看看。」

邵偉華取出一應行當，鋪紙提筆，劃了一個坤卦。稍加思索，又在紙上寫下了兩排字：主卦：坤；動卦：剝。並沿着坤、剝兩字寫了一大

串的文字，這才聚精會神俯桌演算了一陣，摘下老花鏡，輕舒口氣，笑笑惋惜道：

「唉，晚了。」

「晚了？難道出甚麼事了？」

「不是的。我是說你們要當天來找我就好了。那天孩子們還沒離開咱們廠，就在咱們廠東北方向活動。第二天他們離廠往西南去了……」

「甚麼地方？」

「甚麼地方我不知道。放心吧，沒事兒。孩子在外面平安無事，有人幫助，凍不着，餓不着。今天下午3點到7點，孩子們若不回來，就有消息來。陰曆五月二十一，二十二，二十三，這三天以前一定會回家。他們自己會回來的。」

家長半信半疑。但邵偉華的一席話畢竟是一劑寬心丸。下午，六家人靜靜地等候消息。6點，工廠下班了，有人剛從市裏回來，說在鐘樓看到廠裏幾個孩子。當他知道孩子們是偷跑的時候，悔之不及。若早知這個情況他一定會把孩子們帶回來的。次日家長再往鐘樓找時，毫無踪影。陰曆五月二十日，六個孩子果然回到家中了。

這次預測是準確的。孩子們說，離家的第一天確實在工廠的東北方度過的。第二天才去了西安城裏。

1985年4月22日晚，本廠職工蘇宇智和妻子李雅琴叩響了邵偉華的家門。門乍開，李雅琴便問：

「邵師傅，今天下午家裏打來個電報，你看看好不好？」

「屋裏坐，我試着看看。」邵偉華說，「電報幾點來的？」

「4點50。」

坐定之後，邵偉華按《周易》起卦，寫道：主卦：恒；動卦：壯。然後在恒、壯二字下寫了一串字。

邵偉華將卦象看了一陣兒，抬頭問：

「是你媽出甚麼事了？」

「是。」李雅琴悽然了。

「我看不是甚麼凶事……」

「是凶事。我媽媽病危叫我回去。」

「病危？」邵偉華又俯在他列的卦象上深思。

「邵師傅，」李雅琴哭了，「你好好看看，看我母親甚麼時候去世，我回去還能不能趕上見她一面。」

「小李，你別傷心了。」邵偉華說，「看你母親不會有病，大概是跟你的兄弟生氣了，才打這個電報叫你快點回去。」

「我明天走能趕上看到母親嗎？」

「我的意見用不着回去。」

「爲甚麼？」

「不信你寫信回去先問一問，等收到回信你再決定回不回去也可以。」

李雅琴還是回去了。果然是母親和她的弟弟鬧了矛盾。打電報是爲她請假方便。她於是將母親帶到了西安，至今依然健在。

二　邵偉華

邵偉華屬鼠，丙子年生人，52歲，祖籍湖北。他當過兵，做過工人，當過幹部。他的個子不高，人也削瘦。辦事極是認眞，連娛樂也是如此。過去，他愛下象棋，便日日琢磨象棋路。過去，他愛釣魚，便日日研究釣魚的技術。他經歷過種種人生的坎坷。人對坎坷的承受力是有限的。當坎坷的分量超過承受力時，人難免要尋覓釋放的渠道，或沉湎酒中天地，或投向玩世不恭。邵偉華屬於性格內向的一路人，便將釋放的渠道投向雅靜之處。城市的雅靜處莫過於寺庵。囂囂市聲，連公園也

無例外。人流人聲，如烟如霧。但一入於寺庵，便覺踏進一片淨土。滿腔浮躁，立時化盡。與僧道品茶論經，樂趣也非同尋常。他因而結交了一批宗教界的朋友。在各寺庵門外，有一種職業是非常普遍的，那便是看相算命。邵偉華是從中國人民解放軍走出來的人，文化大革命中他曾以「學習毛主席著作積極分子」聞名於廠，至今他在談話中，還常常帶上幾句毛澤東著作中的語言。他並不自覺。說他相信看相算命，謬也。然而，他以閑散之身走到相者面前了。

「我看看相。」

看相算命這件事，在許多人心目中其實只當做一種娛樂的。況且在我們大都市中，供人們娛樂的地方和形式少得那麼可憐。看相算卦對於許多人來說，是一種形同燈謎卻又比燈謎更具魅力的活動。燈謎是外在東西，供人們發揮智慧去猜測，而相術和卦術，要測的卻是自身。僅此一點，足可以開掘出魅力的全部奧秘了。

看相的說得很準。

邵偉華大吃一驚。他又找了第二個人，第二個人說得極其準。他又找第三個人，第三個人說得也很準。他生性多思，一旦發現了一個奧妙的天地，便會奮不顧身地撞進去。他開始探求了，抱着一種孩子的天真，輕叩這種種傳統的預測術。他原本就喜歡看中醫理論。他現在尤其注意學習中醫理論了。他覺得中醫的望診似乎也是一種相術。而陰陽五行，又牽扯着《周易》八卦。

1983年4月4日，在西安城裏的小寨，他邂逅了一位河南籍老人。老人精通《周易》，也正與人談論《周易》。他聽得入迷，精微之處又使他迷茫。其時，西安市民中正傳播着一個消息——西安最近要地震了，因為西安地下有三個大裂縫。他於是問：「《周易》都能算甚麼呢？」

「算什麼？」老人說，「上算天，下算地，中算人。」

「老人家，那你說西安最近會不會地震？」邵偉華問。

「地震？」老人望望邵偉華，垂了眼瞼，凝定了左手。大拇指便在其他四指點點劃劃。老人蹙眉沉思，會神運算，半響方抬頭說：

「西安沒有地震。你信我的話，不會地震。我看新疆那個方向有地震。」

「哪一天會地震？」邵偉華窮追。

老人沉吟，又捏指卜算了一陣兒。

「6號。」老人說，「7號早晨你等着聽中央廣播電台的廣播吧，準報這個事兒！」

「那會有多大的地震？」

老人略略凝思少頃，答：

「6點5級。」

老人說得如此肯定，如此具體，使他驚奇。他自然半信半疑。4月5日，車間開黨支部大會，他將這件事當做一個社會新聞，講給大家聽。權且當做閒話吧。但沒有人相信，說：「邵師傅你別迷信了，都甚麼時代了，你還迷信那玩意。」又說：「沒那事兒，他胡說。他老頭兒要是能知道地震發生在啥時候，他還在西安坐得住？早讓北京請去了。」邵偉華想，同志們說得也有道理，7號早晨再說吧。

於是，7號早晨，邵偉華早早起來，打開收音機，中央廣播電台果然播出新疆發生6點5級地震。

邵偉華驚異極了。啊，真準呀！

他怔了許久，突然想，倘若老人專注在這個方面，提前預測出那場唐山大地震，那該拯救多少人的生命啊。

這一天晚上，他失眠了。

他想，我如果學會老人這一套，也不枉活一世，也算學會一點為國家為人民排憂解難的小本事。

他想，《周易》占卜是迷信嗎？若是迷信騙人，老人為甚麼會知道

新疆有地震呢？我若搞這個，別人會說我搞迷信活動嗎？

他想，我應該找着老人，拜他爲師，花多大代價都可以。

他想，我將來學成了，一定爲國家造福，爲人類造福……

第二天，他進城了。沒有找到那位河南老人。星期天他又去了，仍未找到。

從此他再也沒有見到過這位老人。

三　最初的腳步

對於只有高中文化水平的邵偉華來說，起步別提有多麼困難了。我們的孔聖人是研究過《周易》的。《漢書·儒林傳》說孔子「晚而好《易》，讀之韋編三絕，而爲之傳」。可見孔夫子研究《易》的刻苦。

邵偉華開始踏進《易》林，尤爲艱難。第一，他沒有甚麼資料，一窮二白；第二，找不到人可以請敎；第三，文化水平實在有限，而學《周易》全要和文言文打交道；第四，很可能會被扣上搞封建迷信的帽子，本單位不是曾有人因此事於文化大革命中被逮捕法辦了嗎？但是，邵偉華是個一條道跑到黑的人。他開始收集各方面關於《周易》的文章和書籍。另一方面，他也到處求師。他先後不知拜了多少師，大凡碰見街道上看相算命者便邀請到他家裏，管吃管住，經濟上予以周濟。1983年，有一位臨行時還索要了72元路費。邵偉華經濟條件並不佳，夫妻兩人工作，還要養活雙方老人，養活三個孩子。但爲了求學，他能夠付出的都付出了，心血，金錢，還有單薄的身體。經得人多了，他方明白，他邀請的「老師」們皆不通《周易》，有人甚至不知《周易》爲何物，他們走街串巷看命算卦只不過爲了混混衣食而已。他嘆息之餘，原諒了他們。這些人即使巫術騙人，也不過爲了衣食，騙人幾毛錢而已。

請師不成，邵偉華開始自學。他潛心讀了《周易探源》、《周易淺

述》等凡十五部關於《周易》的著述。他不是瀏覽，他是研究。並不像讀小說那樣輕便，他得反覆閱讀以期弄懂並且記憶。他讀了《內經演義》、《黃帝內經》、《內經概論》等九部中醫理論。他讀天文學、氣功、犯罪心理學、地震學等。那當兒，他還在車間從事化驗工作。他沒日沒夜地讀書，充分利用每一個節假日，連走路乘車也不忘記憶《周易》。有一次，暮色已濃，家人還不見他下班回來，尋到廠裏。在工作間伏案讀書入迷的他竟沒有聽見下班的信號，更沒覺察到喧囂的車間何時變得如此寧靜了。春節除夕，全家人看電視，他卻在自己的書室看書做筆記。年年除夕就這樣度過。他再不下棋釣魚了。星期天連樓也不下了。他整個生命投入到對《周易》的研究中去。1988年3月20日，我在他家清點了他的筆記。那統統是32開本的《工作手冊》（他常常一次買十本二十本），總共有六十四本。

另外，在一個大牛皮紙袋裏，還有他的十五篇論文。

「記筆記眞累人。」他邊整理筆記邊說，「你看我的手。」

他右手的中指側，果然鼓着一個厚厚的繭。

他的研究是不爲人理解的。廠裏的領導批評他搞封建迷信（這不應責怪領導。我乍聽到這件事時也曾想，倘若我是領導，我也會這樣批評他的。這總是事出有因的）。爲了他這種愛好，全廠職工大會上批評，全廠黨員大會上批評。幹部會、黨小組長會、廠裏廣播站、廠報，都在批評他的研究。在清除精神污染的運動中，他的《周易》研究又被列爲精神污染的十種表現之一，並且派人到車間調查，整理他的材料。他害怕了，惴惴不安了。以前運動太多，他親歷過勞動的磨難；一朝被蛇咬，十年怕井繩。

老朋友找上門了：

「老邵，算了吧。《周易》八卦是封建迷信，解放以來都這樣說，咱別扭着勁兒幹了。」

老朋友的苦口婆心他是明白的，感激的。他於是沉默了，沉思了。在當今很多人不再信仰馬克思主義的時候，邵偉華卻還是篤信的，仍然常看看馬列的哲學著作。他撲進馬克思主義哲學中去，渴望從那裏覓求精神上的支柱。他把這樣兩段話做為自己的座右銘：

「在科學上面是沒有平坦的大路可走的，只有那在崎嶇小路的攀登上不畏勞苦的人，有希望到達光輝的頂點。」

「在科學的入口處，正像在地獄的入口處一樣，必須提出這樣的要求。」

另外，他自己也在和自己辯論，他自己也在給自己壯膽。他坐在客廳的沙發上，一坐便好久好久。他想，偉大的天文科學家哥白尼，他寫《天體運行論》，第一次證明太陽系的地球及其他行星都繞着太陽運動。以日心說推翻地心說，遭了多大的難。真理就是真理，真理是永遠打不倒的。可是他們要真整我可怎麼辦？

他想：可能不要緊吧。我搞這個，一不害國家，二不害人民，搞成功了，不光利國利民而且利人類……

這個幼年討過飯放過牛的人，這個文革前曾多次被評為先進和模範的人，這個1966年曾經成為省國防工辦暨西北地區毛主席著作學習積極分子的人，這個自1968年起擔任有着幾百工人大車間專職黨支部書記的人，一時間思想壓力別提有多麼巨大了。

他沉寂了。

他除了上班，極少下樓了。

他默默地繼續收集各方面關於八卦的文章。

他刻苦地讀書，一個人在客廳裏，日日學習到午夜。

右手中指側厚厚的繭鼓起來了。

在潛心研究中，他設計出了八卦爻相圖。這個八卦爻相圖按五行六親用各種顏色標示出每個爻的屬性。光這個圖，他反反覆覆畫了三個月

時間。1986年12月，日本文化代表團看到他設計的這幅爻相圖，極感興趣，認為中國古代資料沒有，他們當場拍了照片，也拍了電影，並且要求解釋。1987年12月5日在我國山東濟南召開的國際《周易》研究會上，這個八卦爻相圖受到國內外學者重視。有的拍照，有的諮詢，甚是轟動。有的專家說，他的八卦爻相圖是對八卦圖象上的一個創造。

四　通向預測之路

邵偉華是懷着一顆報效祖國、報效人類的決心在勤奮攻研的。春去春來，理論上的學習已積蘊了相當的功夫了。他決定邁出實踐的步伐。

首先從自己身上算起。根據自己的生辰八字，排出卦象，然後對照個人一生的經歷。研究哪些地方對了，哪些地方還有出入。有出入的地方為甚麼會產生這種不準確，是對卦象斷得粗疏嗎？思索，推敲，學習，再思索，再推敲，解清楚了，明白了，便高興得甚麼似的。接着預測家中的妻子、兒子、女兒、岳母。接着預測朋友、熟人。只預測過去，不預測將來，以便得到驗證。每預測一個人，都記在筆記上，做一次小結。他預測，語言從不模糊，是即是，非即非。然後問：哪些對了？哪些錯了？離邵偉華家不遠的老師傅王魁山，左手四指斷了。對這個殘疾的一切，王師傅皆諱莫如深。但邵偉華和王師傅是多年的鄰居，老熟人了，便找上門去。

「王師傅，我請你配合辦個事兒，行不？」

「甚麼事你只管說吧。啥事？」

「王師傅，你的手指甚麼時候切斷的？」

「喔！早了，那是……」

「別說！我先說，我說出來以後你再說，看我說得對不對。」

「那好。」

「你說你生辰年月日時吧。」

「1929年8月18日下午……大概四五點鐘吧。」

「都是陰曆？」

「陰曆。」

「那你是己巳年癸酉月戊辰日壬戌時生人嘍。」

邵偉華在帶來的筆記本上畫出一個卦象。

這個卦象叫做「地火明夷卦」。他又寫出三排字來。邵偉華在這三排字下面，寫了一個「斷」字，下面寫了四條。然後合了筆記本，抬起頭說：「王師傅，你手指傷在1958年，陰曆五月。」

「對。」

「你本來手可以不斷，但你要鬆開手會傷着別人，你才沒鬆手。」

王師傅高興地站起來，說：「行。你還眞行。我就是58年在吉林拉滾子切斷的。都對。」

邵偉華一下子高興地跳起來。

這一晚他興奮得失眠了。他想，他《周易》八卦的預測完全可以用來爲人類服務。每年有多少人缺胳膊斷腳，不但自己痛苦，而且家裏人也痛苦。如果通過預測提前知道受傷時間和地點，加以預防，豈不是能解除許多人的痛苦嗎？

他思考了好幾天。

他列出了十數個研究項目：工傷、牢獄、失物、疾病、死亡、婚姻、天象、地震等等。後來1985年他從《西安晚報》上看到1984年西安交通事故造成39萬元損失，他又補上了一條交通事故預測。

他最先攻研的是天氣預報。但因我們的氣象台現在已預報得甚爲準確，其意義已經不大了。他接着研究的便是工傷事故。關於人體受傷的原因，《周易》中的「夬、咸、豐、小過」等皆有專門的卦象，邵偉華認爲，人體儲存着豐富的信息。有先天的，有後天的。先天的是遺傳信

息，即他的先輩的信息，後天的是他自己的信息。他的這個觀點，與氣功大師嚴新醫師的觀點不謀而合。嚴新醫師曾講到，重慶市太平三巷332號一個姓陳的人家買了一輛汽車，嚴新醫師說他農曆五月有一個月的大事故。結果五月二日汽車裝了一車糖果糕點，從重慶市往內江市拉，五月三日拉到鼻山縣，摔在13公尺的崖下，司機說躲一個騎自行車的人。而司機邊坐的人說並未見騎車人。結果修車整整修了一個月，嚴新醫師是用氣功的高功夫預測，邵偉華用的《周易》，但同屬中華民族的相學領域。

邵偉華的預測技藝在血汗澆灌下突飛猛進：1983年6月，為同廠張建華預測，斷其大兒子史乃康9月上旬有大的傷災。史乃康是《陝西日報》記者，不信算卦，結果，9月12日因所騎摩托車撞在拖拉機上受重傷。1984年12月22日，為同廠老徐預測，斷其子當年有傷災。結果預測後的第六天老徐之子從樓上跌下住院。1986年12月13日為陝西電視台盧穎預測，斷她1987年有破身之災，時間在上半年三四月份，在西北方向。邵偉華告訴她三四月萬不可到西北方向辦事。結果四月電視台拍茂陵，回來途中車禍而死。尤為奇怪的是開車的司機資歷甚老，是位十分穩妥的老司機，多年評為安全先進。筆者在寫此文時，看到盧穎陪同日本代表團與邵偉華的合影，其年23歲。還看到一封她寫給邵偉華的信。也許是她的遺書了。我將信仔細看了一遍。寫信的日期是1986年12月26日。信中有這樣一段話：

「……您給我算的那幾條，基本上是比較準的，為甚麼這麼說呢，因為有些算的是將來的事情，所以我現在還說不準正確與否。」

邵偉華感慨萬端。「真可惜，」他說，「這麼年輕輕的……」他深感自己技藝不精。他說，如果技藝很精，完全可以預測出破身之禍出在哪一天，哪一時，是甚麼事。

關於工傷事故的預測，他已記了滿滿的三大本。但他仍在探索之

中。研究古代的占例，滙總，歸納，研究。從八卦中尋找規律，從「四柱」中尋找規律。常常卦象中工傷事故和牢獄之災極爲一致，如何區分？這一個問題困擾了他整整半年。日日夜夜，他摸索，總結。從古人例子，到現實的實踐，逐人逐事分析。近來才摸索出一點規律，那便是牢獄之災中「四柱」裏有特定的牢獄標誌，工傷則無。單是爲此一點，他竟研究了八十多例工傷和一百多例牢獄之災，逐個對照，重新運算。87例牢獄之災，有4例未曾預測準確，餘83例皆準確。1985年6月，在某檢察院工作的一位熱心人，寄給他17個犯人的生辰年月，預測結果，就被捕時間一項，預測對了13人。1987年2月，又對10名犯人預測其犯罪行爲，結果全部正確，準確率達100%。

成功了嗎？不，邵偉華說，他才剛剛開始。就他發現的這個標誌，還需要繼續驗證。

他繼續驗證着，有時竟準得出奇。1986年6月，鄰居老吳帶來本廠一位師傅。吳說：「請你給看看，他要出差，你看出門安全不安全。」

邵偉華屈指預測了一下，說：「不是出差，是爲官司的事吧？」

來人尷尬了，說：「是。你給我孩子算算吧，看他今後咋樣？」

來人報了孩子的生辰年月。邵偉華列出卦象，伏案運算。他戴着老花鏡，口裏喃喃着，微聲自言自語自答。末了摘眼鏡說：「孩子犯了法，大概是『五一』節以後犯的。」

「對，對，現在叫公安局抓了。你看怎麼辦？」

「抓就抓了，教育教育有好處。」

「我想認罰，不想叫判刑，你看怎樣？」

「不好。還是叫判上半年一年的好。」

「爲啥？」

「按卦象看，你孩子有兩次牢獄之災。如果能判一年或半年，另外一次就免了。如果這次不好好教育教育，你以罰款了事，下次還要被

抓，那就不好辦了。」

但老人愛子心切，仍然認罰了。不料1987年其子又作案被抓，判刑7年。老兩口悔之莫及，提起孩子就淚漣漣的。

五　神奇的《周易》

爲了寫這篇文章，我和邵偉華曾徹夜長談。

我問：你說你對《周易》的整個看法如何？除了占筮、預測，其他方面你能不能談一談？

他答：《周易》很不簡單。梁漱溟、馮友蘭說《周易》是「大道之源」、「宇宙代數學」。

我問：聽說外國人也研究《周易》。

他答：17世紀《周易》就傳到國外了。本世紀70年代末80年代初成爲世界研究的熱點。美國、日本、法國等等都成立了《周易》研究學會。前兩年在美國和日本還召開了兩次國際《周易》學術討論會。去年12月5日，在中國山東濟南也召開了國際《周易》學術討論會。會上散發了60篇論文。

我說：還有你的論文《八卦與信息》。

他答：我那不算甚麼。

我問：像這種講實用的論文多嗎？

他答：不多。會上搞實用的和研究《易》理的還發生了爭論。我贊成畫家李燕——他是國畫大師李苦禪的次子——的看法：《易》學的本質是預測學。他有個發言。他說搞科學實驗可以一千次一萬次的失敗，大夫可以診斷錯病，甚至把人治死，但沒有人說科學家搞迷信騙人，醫生搞迷信騙人。可是用《周易》八卦預測，你預測對一百次，一次沒算對，別人就說你騙人，搞封建迷信。這不公平。我贊成這個觀點。

我說：我也贊成。「封建迷信」加在《周易》頭上實在可笑。古人發明《周易》的時候鬼知道封建社會在哪兒窩着哩！

他答：《文學報》1988年1月7日登了一篇報導李燕的文章。文章說，人類沒有文字語言的歷史遠遠長於有文明的歷史。那時的人類如果沒有比「洪前鼠遷」、「震前鯰躁」還強的預感本能和預測功夫，人類根本生存不下來。《周易》就是這種預感預測的文字記錄。原始社會產生的東西，現在人卻說它是「封建迷信」。

我說：我們主要吃虧在文化落後，搞學問的人太少。所以好多人熱中於給西方人臉上抹粉，給中國人臉上抹黑。中國的特異功能，氣功，包括《周易》八卦，非得外國人承認了，研究了，說是科學了，我們才跟着屁股說不是封建迷信。心理上很卑鄙。聽說李燕也預測得很準？

他說：高人很多。李燕用「禪易功」運算中泰、中日足球賽，運算日元值比降曲線都非常準。這是《文學報》上登的。

我問：聽說現在《周易》廣泛用於自然科學？

他答：多了。我簡直記不住。17世紀發明電子計算機的萊布尼茲就是從八卦發現二進位的。你看，要是把陽爻「━」當作二進制的「1」，把陰爻的「╌」當成「0」，那麼 ☶ 就是000，☴ 就是001，☲ 就是010，☳ 就是011……看，所有的數都是八卦來表示。1940年咱們一個留法學生劉子華用八卦推算出太陽系有第十顆衛星，他叫「木王星」，轟動世界天文學界。現在數學上的八階矩陣也是從八卦出來的。這份資料你看看，這是這次國際《周易》會上的論文，《自然科學第三次浪潮條條道路通象數》。可惜自然科學裏，我只對化學懂一些。我幹過這工作。你把這篇文章的引論看看就知道了。數學、化學、物理、天文、地球、地震、地質、生物等等全和《周易》象數聯在一起。

我問：象數？

他說：象數是易，易就是象，一物二名，一樣。易這個字有三種意

思——簡易，變易，不易。自然科學第三次浪潮的研究成果明顯證實了《周易》這個根本概念。

我問：那麼你用八卦是不是對一切事差不多都預測得準？

他說：不是都好算。就如算代數題，有好算的，有不好算的。看病也是這樣，有好診斷的，有不好診斷的。就看一個人的技術高低了。我還遠遠沒學到家。

我問：你研究的意圖是甚麼？

他答：研究為第一，救人為宗旨。

我問：有沒有甚麼講究？

他答：心正藝則精，德正藝始高。要說講究就是這。別想圖財，圖人家甚麼。一起這個心，我的體會運算起來就不準的時候多，出錯兒多。有些人在街上擺卦攤。當然擺卦攤的也有高手，一時有難處出來掙個衣食。很多技術平平，有的乾脆騙人。上次到八仙庵，公安局來抓算卦的，他們對公安說，我們是搞科學。他們拿出雜誌給公安局的同志看。公安局的同志說，甚麼搞科學，你就是騙人；不騙人我現在抓你你怎麼沒算出來？這個同志問得好。預測功夫好的，是完全可以預測出來的。公安局的人今天來不來，甚麼時候來，都應該預測到。

我問：他們都認識你嗎？

他說：有的認識。我閑了，有意去看看，聽聽。有時他們也有人有些小門道。一點沒有也不敢擺攤。去年我在八仙庵碰見一場事。是個女的，五十多歲。她一天能掙個二三十塊。她是用六爻的辦法算卦。那天正碰上她和顧客吵架，看見我來，她就叫：「邵師傅你快過來。」我過去，她說：「邵師傅評評理。」原來問卦的是個年輕人。年輕人要算卦，女的問他算啥，小伙子說：「你是算卦的，你還問我算啥？」女的說：「天有萬象，人有萬事，我不知道你問甚麼事我怎麼算？」就吵起來。女的對我說：「邵老師，你看哪有這個道理！」我說：「小伙子，

你來算卦，她問你算啥，沒錯兒。你問她的話也沒錯，都對，這要看誰對誰。叫我看，你是問工作調動的。你想問問甚麼時間工作能調動，對不對？」小伙子說：「對。」我說：「是為打官司的事。」小伙子一驚，說：「你再說，再說。」我說：「你今年跟人家打了場官司，你不想在本單位呆了，想換換地方，對吧？」小伙子說：「對對，你看能不能調成？」我說：「能。10月準能調成。」小伙子拉住我不放，拿出工作證，是公安部門的，讓我給他算。我說：「我不是算卦的，我是來玩兒的。」我就走了。

我問：為甚麼你就能算準？這裏頭有甚麼科學道理嗎？

他說：也不一定次次都非常準。有的時候有出入，就算不準。我認為原因就是本事不到家，技藝不精。

六　《周易》的神奇

1986年元月，兩個朋友到邵偉華的家。見面便問：「聽說你專攻八卦？」

「正在學習。」邵偉華答。

「我們專來拜訪你，請教一個八字。」

兩人取出一張紙條，上面寫了八個字：

「癸未　乙卯　甲子　己巳」。

邵偉華問：

「哪一年生的？」

「不用管。」來人說，「你就按這個算。」

這可難住了邵偉華，癸未年，天呀，六十年一個花甲子，此人是老人，是小孩，是古人，是今人，都不知道。邵偉華硬着頭皮說：「我試試看吧。」

他心裏沒有把握。沒有把握就更認眞，細緻。預測之後，邵偉華說：「這個是男人……排行老大，身材也生得高大，長相比較英俊……妻子也很漂亮……」

邵偉華瞅瞅兩人。兩人不動聲色。

「他們夫婦和好，」邵偉華說，「孩子嘛……老大要是女兒還好養，要是兒子就難以成人了。」

「這都對了。」兩人說，「你再說說他是工人還是農民，或者其他甚麼。」

「這個人……」邵偉華瞅着卦象，心虛了。此人壽數有限，能有那麼大的地位嗎？現在我們軍隊裏還沒有這樣年輕的高級軍官哩。邵偉華硬着頭皮按卦象說：「這個人可能是個將帥級的官兒。」

「你看看這個人39歲怎麼樣？」又問。

「39歲……」邵偉華看看二人臉色，便又肯定地說，「39歲這一年上半年有功，下半年遭殃遇難。」

兩人舒口氣，笑了，說：「你算得很對。」

兩人取出一部《周易》古籍，係其家祖傳。兩人欲尋一位內行者，一位品德高尚的人，將這珍貴古籍提供給他。於是兩人遂將秘籍取出，說明來意：

「請你留下看吧。祝你成功。」

邵偉華極快便工工整整抄下這本書，筆者查了查，抄滿十三本筆記本，32開，每本58頁。

有一年北京香山辦《周易》學習班，邵偉華參加了。這個學習班主要講授易理。邵偉華是作爲學員去的，他想多補一補易理方面的學問。可是學員們許多人對《周易》的本質產生了濃厚的興趣。同學們之間熟了，也常開開玩笑。教師張延生到市裏去了，上午9時，學員李昕東開玩笑地問邵偉華：「張老師甚麼時候能回來？」邵偉華當即預測了，說

：「中午1點以前準回來。」結果12點20分回來了。還有一位搞地球物理學研究的研究員張老師，說她有個同事要出差，問今天能走不能。邵偉華當即起了一卦，笑着說：「我看他7天半之內可能走不成。」她笑了說：「對，她買的20號的臥鋪票，離現在正好7天半。」邵偉華當時起的艮卦。

在一些同學的請求下，學習班的領導同志讓邵講一講試試。學員們聽說講實用了，便給家人打電話，學員200餘人，平日上課大會議室後面多餘三四米的空處。邵偉華登台講課時，後面已站滿了人，窗外也有人在聽。他來學習沒有帶資料，只帶了八卦全圖。課講完之後，響起熱烈掌聲。邵偉華下了講台，不得不再次登台向同學們鞠躬：「謝謝大家！」

掌聲再起，邵偉華又第三次登台致謝。

筆者寫到這一章時，正是3月28日，得知3月26日剛剛發生了一件小事。邵偉華的鄰樓趙世蘭1點多鐘陪客人到飯館吃飯，順便將呢子大衣脫在一邊。吃完飯洗手，便將大衣忘了。回家記起回去找時，大衣已不在了。她找到邵偉華說：

「我這新呢子大衣剛穿沒幾月，100多塊，你看看丟到哪裏了，能不能找回來？

邵偉華起的巽卦，說：「你不要急，今天晚上別出門，大衣不會丟。大約晚上5點至7點就回來了。這個時辰回不來，9點至11點一定會回來。」

「會回來？」她有些奇怪，「你說丟在哪裏我去找差不多。現在人還偷還搶哩，還會自己回來？」

「是等着吧。也別出去找。」

趙世蘭果然等在家中。6點半鐘有人敲門。開了門，果然是送大衣來了。送大衣的是本廠的同志，平日認識。送大衣者說，他看她走了忘

帶大衣，便替她收起來了。剛剛才打聽到她的住處，怕她着急便先送來了。

七 我與邵偉華

憶起老父生前，我甚是慚愧。作爲老人，他是深信占卜的；但我作爲一個宣傳幹部，從來沒有這種觀念，常常與老父爭辯，甚至到反目的地步。

然而彷彿老父的在天之靈使然，我卻偶然地結識了邵偉華。

1985年的夏天，我主持擧辦省作家讀書班。作家們都希望得到一點《易經》的知識，便通過朋友介紹，請了邵偉華來。他講了4個半小時，甚是精彩。上午講課，下午他便可以起程回家了。大家却執意要看看他的預測功夫。我擔心影響，便只限定讀書班的圈子。據邵偉華講，要眞正預測透徹一人一事，常常需三四個小時。然而這麼多人，加之讀書班的同學口也不緊，招待所的服務員，還有本處的教師、幹部，也都來了，忙得他頭腦昏昏，連極簡單的數也加不到一起了，當然談不上十分的準確。但只有一點留給我深刻的印象。那是給一位年輕的幹部預測。第一句邵便似乎說錯了：「我看你不是你家老大。是不是？」

但我知道，這位幹部確是他家的老大。周圍站的幾位女服務員便悄語起來：「不對不對，他就是他家老大。」

「算錯了。第一句就說錯了。」

「唉，算得太多了，累了……」

年輕幹部笑笑，說：「你說，你往下說。」

我爲邵偉華尷尬。我想，許多占卜者說話皆極圓滑，留有餘地，老邵怎麼一點餘地不留呢？接着邵偉華又重複地說：

「你不是你家老大。在你上頭，你媽還有個孩子，從小送出去了，

不在你家。」

那年輕幹部仍然笑笑，說：「你算，你算。」

他接着說了一些事，並說年輕幹部右大腿上有塊傷疤。這一點又說得過分具體了。在我的心目中，操此業者都有一張巧嘴鐵口的。預測過了，年輕幹部甚麼也沒說。我將年輕幹部拉到我住的屋子意欲替邵偉華做點解釋工作，請他權當游戲。不料年輕幹部卻先開口了：「韓老師，你說邵老師怎麼算得這麼準？我不是我家老大，我媽送給人家一個孩子，這些連我弟我妹都不知道。我們廠7千多人，只有我爸我媽和我三個人知道呀，邵老師怎麼知道？」

我大吃一驚。

「我右腿上確實有個痣。」他又說。

這一晚，邵偉華忙至深夜。次日送他走時，我順口說請他為我預測一下。他開口便說我那已去世兩年的父親生前吃過官司。之後說起我時，已經過去的講得比較籠統，未來只說我有文運。只有一點給我留下記憶。他說我9月有一筆小財，大約三五百元。到了這年9月，正巧收到一筆稿費：360元。

以後，我們一年總見幾次面，他來也匆匆，去也匆匆，總是忙。為了更深入地研究《周易》的實用，為了一些專科的研究，他有目的地尋找預測對象。他為人預測從不取人分文，有些經營部門要聘請他去工作，答應給予高薪優待，但他統統拒絕了，「躲進小樓成一統，管他冬夏與春秋」，研究他的《周易》。偶爾有朋友來找我引薦，請他預測，他卻欣然接待。

1988年3月22日，我在他家呆了兩天。他家那兩天有4口人——他、妻子、岳母和女兒。岳母寡言，只知忙家務。妻子身體極健，與削瘦的他恰成鮮明對照。她少言愛笑，眉目間流蕩的是一股仁善溫柔，會使人聯想起種種關於母愛與妻賢的傳說和音樂。女兒22歲，戴副近視眼鏡，

秀媚中蘊着一股稚氣。我以爲她只有十六七歲。她常常偎着母親悄語，說說笑笑，童稚之氣洋洋溢溢的。她是工廠的電工，正上電大。她喜歡文學，也希望繼承父親的研究。邵偉華說：「我如果有生之年攻不下來，就叫她繼續攻。不過我希望攻下來，造福人類。到那時候，我就公開公布我的研究成果。這種辦法既省資金又省人力還省時間。」

我問邵偉華的女兒：「你懂嗎？」我指了牆上的八卦爻相圖。

「不懂。」她說，「我爸的書都是古文，我看不懂。」

邵偉華俯首看他的筆記，沒有插話。他個性肅然，從不開玩笑。他的愛好目前只有兩項：一個是《周易》的研究；一個是做善事好事。這是他生命的兩個根。他認爲這兩者是相輔相成的。這裏不僅有方法問題，還有人體信息問題。

進入他的家，總會給客人一種賓至如歸的感覺。我是極隨便的。爲了這篇文章，我反覆啓發他的妻子和兒女，希望能獲得一些更生動的細節。但母女倆怎麼也講不出來。

「我爸天天就這樣兒，」女兒說，「在家就是看書，白天晚上都看書。」

「你喜歡你爸搞的這些嗎？」

「喜歡。」她說。

在我的印象裏，邵偉華也就是這樣的人。沒有甚麼花哨的東西供作家賣弄。1986年12月13日接待日本代表團那次，他像一個大學者，回答了許多詢問：八卦的起源、八卦的作者、八卦占卜的方法、「卜辭」的含義等等。末了，日本客人要求借他的八卦爻相圖，他卻當即拒絕了。客人問他：「你是不是算卦的？」他應聲答：「我是研究《周易》的，不是算卦的。」後來，他還爲日本電影協會何野史子測算了她的情況，實際上類似猜謎，不過講一講她家現在的情況和她本人以前的一些情況。他不提未來，未來於當時無法證明。他的目的不過爲了使人相信

《周易》的預測功能。日本客人報以熱烈的鼓掌。

3月29日，他進城有事，折到我家。看我在寫此文，便當即指出本題目要改，《占卜者》這個題目不恰當。他說，應該是「預測」。我明白他的心意，多少年來，「占卜」二字，在人們心目中習以爲常了，過多地滲入唯心主義和封建迷信的意義。但我以爲這個概念只不過恢復《周易》史前的本質而已。易學兩千多年扼而不死，流而不衰，並且在現代化的今天形成國際易學，足可見它是何等偉大神聖的學問。而且我有一種預感，在下一世紀，以我國《周易》和氣功爲基礎而建樹的唯象學說體系，必然會改造現有的一切科學體系。

然而4月1日，我又收到邵偉華來信，信中說：「題目最好用預測學習方面的名詞，這樣容易被官方和人們接受。」

但我想，眞正的科學並不在乎冠以甚麼名稱的。

八　爲人類服務

邵偉華研究易學的宗旨是爲人類服務，他研究的方向也集中於這個方向，突出的是犯罪、工傷、自然災害等。這些給國家造成損失，給人類造成不安的惡事，他希望能夠預測預防。例如犯罪，這是世界各國重視研究的課題。世界上出版的這方面專著也多如牛毛。邵偉華盡其所能，把能找到的都讀了。他想看看世界上這方面的研究發展到了哪一步。他認爲目前研究犯罪多是宏觀的，如從家庭教育、社會教育、經濟條件、罪犯個性等等研究犯罪的原因。犯罪在卦象上是有標誌的。如革卦，就是研究刑法的卦象。爻辭中都有論述犯罪的事。如此卦九五爻爻辭中就有：大人虎變，未占有孚。有孚即有罪，即已經犯罪了。

1983年下半年，他爲20多個孩子預測過，對他們進行遵法守法的教育。其中有3個孩子卦象上有牢獄之災。他將他們叫到家裏做工作。其

中有一個姓高的孩子，他測出1984年正月犯法，他叫來做了半個多小時工作。他反覆教導他們不要做壞事。如果已做了壞事，只要洗心革面，改過自新，完全是可以避免的。

某著名大學裏一位研究生，因為失戀產生輕生的念頭。他偶爾聽說有個邵偉華在北京香山講周易八卦的預測，便寫了一封絕望的信，請邵偉華看看他的愛情有無轉機。邵偉華審慎地預測了，發現這個研究生極有光明前程。他回了一封長長的信，安慰、勸告，讓研究生正確對待戀愛和婚姻，說研究生前程非常光明，很可能出國深造，要留下生命，報效祖國。去年春節（1988年），研究生寄來了信與賀年片。賀年片上寫道：

祝恩師一家人春節快樂，龍年萬事如意。

學生：××敬上

研究生的信上說，他現在正在某地集訓，秋天將到日本留學。信中還說：「待我自立之時，定報恩師的大德。」研究生的另一封信上又說：「在過去的一年中我得到了您莫大的幫助，感激之情不可言狀，此恩此情，他年必將回報。在此，衷心祝您龍年吉祥如意。」

他拯救了一個年輕的生命，對於他仿佛得到了甚麼極高的獎賞。善欲人知非真善。這喜悅，彷彿甘露日夜滋潤着他苦澀的心靈。

找邵偉華的人多了。許多人思想有了不痛快，便找上門來了。工作調動，工資調升，評定職稱，職務升降等等都來找他了。但經邵偉華一講，便憂愁而來，寬心而去。有位師傅按編外人員處理了，他忿忿不平，認為領導整他，報復他。邵偉華預測後說：

「×師傅，工作該變動了，別愁，動動有好處。反正哪裏都吃飯。……」

幹部退居二綫有意見，邵偉華勸他：

「退居二綫不一定是壞事。八卦中有上即有下，有陰即有陽。甚麼

事一分為二看待，塞翁失馬安知非福，別想不通了……」

前年有位中年人找上門來，他萬分苦惱，欲求解脫的方法。邵偉華為他進行了預測，得澤水困卦，六爻動，辭曰：「悔知戒」。邵偉華說：

「看來你有後悔之事，這事是曖昧之事。是吧？」

「您看怎麼處理好？」客人問。

「懸崖勒馬，從此洗手不幹。」邵偉華說，「你要是不決心改過，必然會釀成大事。」

「謝謝，謝謝。」

中年人方講明了他的憂愁。他正深深陷入婚外戀的困擾之中。邵偉華苦口婆心勸他回頭。後來，此人妥善處理了他和女友的關係，回到妻子的身邊。

此類事尚多。邵偉華仍是相信人定勝天的。他常常談起這個觀點。他說：「古人說：『聖人立卦，以明吉凶』。清朝易學家陳夢雷說：『易之為書，象理數象占所包者廣，大旨無非扶陽而抑陰，隨時而守正。教人遷善改過，憂勤惕厲，以終其身。學易者苟不悟此……決占雖神，總於身心無當。』又說：『不能為人趨吉避凶，聖人作易何用。』宋朝天文學家、易學家邵康節說，一個人算出他要坐牢，只要不犯法律，就不會坐牢；算出他要死在水裏，他不到水邊去，就可以避免。所以學習八卦預測的目的，就是多多為人類創造好事、善事，消除惡事、壞事。」

九　　困惑之心

打算寫這樣一篇真實的報告文學，已經有了一年多時間了。我有意接觸了這樣的一些人才。他們隱名埋姓，既不以此謀生，又不欲以此謀名。他們預測得準確，使許多高級知識分子驚異不已。後來談到氣功大

師嚴新醫生的報告，使我開了一些茅塞。但困惑之心，猶然鬱結在胸。

我並不懂《周易》，但我對《周易》的神聖深信不疑。從而也對我們的祖先和我們的祖國充滿神聖之情。我深切企望《周易》的研究能夠為我們的現在和將來創造奇迹。不要再用「封建迷信」這四個字否定我們先祖的偉大創造。對於《周易》，乃至氣功，皆是人類文明之前先民們的智慧結晶，本與封建無緣，與迷信無緣。在這裏講「封建迷信」，只會成為阿Q的語言。但是，我困惑着。《周易》這部千古之謎依然迷霧彌天。它的預測方面的實用依然為學術界否定着。尤奇者，有的《周易》學者本人亦懂些預測，亦在生活中應用，卻在自己的學術論文中否定《周易》的預測功能。學者說：不如此文章不好發表。但我想，倘若有一天西方的《周易》研究真正洞穿了預測之謎，人們一定會驕傲地說：《周易》是我們祖先發明的。

是啊，是我們祖先發明的。然而，我們祖先的子孫呢？……

主要參考書目

一、周易大傳今注　　　　　　山東齊魯出版社

二、周易古經今注　　　　　　山東齊魯出版社

三、《周易》雜論　　　　　　山東齊魯出版社

四、周易探源　　　　　　　　北京中華書局

五、周易通義　　　　　　　　中華書局

六、周易集解　　　　　　　　上海古籍出版社

七、黃帝內經・素問　　　　　人民衛生出版社

八、素問譯釋　　　　　　　　上海科技出版社

九、運氣學說　　　　　　　　上海科技出版社

十、周易概論　　　　　　　　山東齊魯出版社

十一、斷易天機　　　　　　　上海書局（民國時期）

十二、增刪卜易　　　　　　　上海書局（民國時期）

十三、卜筮正宗　　　　　　　上海書局（民國時期）

十四、文王課秘傳　　　　　　上海書局（民國時期）

十五、淵海子評　　　　　　　台灣台北出版社

十六、毛澤東選集 3 － 5 卷　　人民出版社

十七、中國通史簡編　　　　　范文瀾著

十八、天文知識　　　　　　　南京天文台

十九、白話易經　　　　　　　台灣星光出版社

二十、列寧選集（14卷）　　　人民出版社

二十一、犯罪心理學（日本）　知識出版社

二十二、周易淺述　　　　　　（清代）

二十三、奇門遁甲統宗大全　　上海江東書局（民國時期）

修訂版編後語

本書問世以來，廣獲讀者歡迎，首二版均於短期內售罄，而海內外讀者（包括中國大陸讀者）仍不斷來函來電訂購。我社本着精益求精的精神，特請作者對全書再次詳細審閱修訂，出版「精校修訂版」，以酬謝廣大讀者之支持。

修訂版除更正了原版的錯字外，對一些卦例之分析也稍作文字上的更改，希望能使初學者更容易理解與接受；書前「六爻預測信息卡（邵氏卡）」彩頁亦全部重新分色印製，各卦右側的世爻、應爻符號均改用紅色，避免與左側的六親爻符號相混。

必須着重在此說明的是有關本書各卦例的六親排列問題：

在進行預測實踐時，主卦與動卦各爻都應當排出五行與六親。任何一卦各爻所屬五行是固定不變的，可以直接從本書下篇第六章第二節《六十四卦爻象全圖》中查到。但是，動卦各爻的六親排法，並非根據其原卦原宮的排法，而是應當根據主卦所屬的宮之五行配六親規則來排。因此，如果主卦與動卦在同一宮，或者雖不在同一宮但兩宮所屬五行相同，就不存在動卦改變六親排法的問題，主卦、動卦的爻象都可直接從《六十四卦爻象全圖》中查得；如果主卦與動卦不在同一宮，而且兩宮所屬五行不同，那麼動卦各爻的六親就要按主卦所屬的宮的規則來排。如：

例一：起得《水雷屯》六二爻動，化爲《水澤節》（參見本書176頁）。由於主卦、動卦均在坎宮（五行屬水），故六親排法相同，爻象均可從爻象全圖中直接查得。

例二：起得《火雷噬嗑》（在巽宮，屬木）上爻動，化爲《雷爲震》（在震宮，屬木），主卦、動卦雖不在同一宮，但巽、震兩宮皆屬木，

所以六親排法相同，兩卦爻象也皆可直接從爻象全圖中查得。

例三：起得《艮爲山》（在艮宮，屬土），除六二爻外，其餘五個爻皆動，變爲《澤雷隨》（在震宮，屬木）。由於《隨》卦是從《艮》卦變動而來，故它各爻六親的排列規則應依《艮》卦（艮宮）的規則排（參看本書166頁《六親排法》），所以實用時的卦例應如下式所示：

主卦：艮爲山　　　　**動卦：澤雷隨**

官鬼寅木、世　　　　兄弟未土、、應

妻財子水、、　　　　子孫酉金、

兄弟戌土、、　　　　妻財亥水、

子孫申金、應　　　　兄弟辰土、、世

父母午火、、　　　　官鬼寅木、、

兄弟辰土、、　　　　妻財子水、

上述原則，本書在第124頁、第168頁和第172頁曾再三提醒讀者留意，希勿輕視之，以免預測時出錯。

但是，爲甚麼本書上篇自第124頁起至篇末共舉十多個卦例，各卦的六親排法都是直接從《六十四卦爻象全圖》中引用過來？爲甚麼這些卦例的動卦沒有按照主卦所屬之宮的規則排列呢？（例如，請將第125頁《艮》之《隨》卦例和本文例三之卦例參照對比）

其實，這是作者的精心安排。六親排列是在五行生克論的基礎上發展起來的，欲熟習六親生克制化之理須先熟習五行生克之理，故作者根據「循序漸進，穩步提高」的學習原則，在上篇詳析五行理論，在下篇才講授六親排法。爲了避免初學者學習五行理論時分散注意力，所以上篇暫不深究六親問題；也因此，上篇所舉卦例亦盡量選用可以不涉及到動卦六親排法問題的例子，以免初學者一時難以領會。個別例子不可避開動卦六親問題者，則以五行生克之理解釋。例如第129頁卦例分析的第四點，是按「兄動化兄，劫妻克妻之兆」的原理分析，但因該章尚未

講到六親用法，故分析時說「兄弟寅木動而化進爲卯木」；事實上該卦例的動卦《履》的六親若按主卦《無妄》所屬之宮（巽宮，屬木）的原則來排，「卯木」爻恰是「兄弟」爻也。

五行六親的生克制化是六爻預測法中很重要的一部分，實踐時往往會「差之毫釐，失之千里」，初學者尤須謹愼對待之。

本書雖經作者詳細校閱審訂，但恐仍有訛誤之處，尚祈海內外賢達不吝賜正爲幸。

編者謹識

一九九一年四月

術數系列

編號	書名	HK $
BB01	眞佛的心燈(盧勝彥)	45
BB02	靈機神算漫談(盧勝彥)	45
BB03	粒粒珍珠(盧勝彥)	45
BB04	靈機神算漫談(續)(盧勝彥)	45
BB05	佛與魔之間(盧勝彥)	45
BB06	彩虹山莊大傳奇(盧勝彥)	45
BB07	第三眼世界(盧勝彥)	45
BB08	輪迴的秘密(盧勝彥)	45
BB09	眞佛秘中秘(盧勝彥)	45
BB10	盧勝彥的哲思(盧勝彥)	45
BB11	活佛的方塊(盧勝彥)	45
BB12	圓頂的神思(盧勝彥)	45
BB13	走過天涯(盧勝彥)	45
BB14	陽宅地靈闡微(盧勝彥)	45
O057	金剛經淺釋(陳果齊)	35
O062	周易與預測學(邵偉華)	83
O098	周易預測學釋疑(邵偉華)	73
O116	四柱預測學(邵偉華)	73
O121	四柱預測學題解(陳園)	69
O164	另一宇宙來的人(冠玄)	46
N001	淸室氣數錄(紫微楊)	40
N002	天網搜奇錄(紫微楊)	40

編號	書名	HK $
N003	商業風水 (凌霜)	40
N004	家宅風水 (凌霜)	40
N005	擇地安居 (凌霜)	40
N006	蕉窗傳燈錄 (紫微楊)	40
N007	香港商廈風水 (李申)	40
N008	術數故事 (李申)	40
N009	玄空紀異錄 (紫微楊)	40
N010	中國當代預言家 (冠玄)	40
N011	中國當代預言家 (二) (冠玄)	40
N012	中國當代預言家 (三) (冠玄)	40
N013	健康掌中看 (李申)	40
N014	中國當代預言家 (四) (冠玄)	40
N015	中國當代預言家 (五) (冠玄)	40
N016	掌相入門 (陳鼎龍)	40
N017	易經之謎打開了 (謝寶笙)	40
N018	風水易理闡微 (陸毅)	40
N019	政權興亡五行說 (靈山)	40
N020	解籤不求人 (裘一居)	40
N021	易經之謎是如何打開的 (謝寶笙)	40
N022	燃犀日知錄 (紫微楊)	40

明報出版社　查詢熱線：2595　3256

■ 郵購書籍表格 免付本港郵費

編號	書名	郵購價	數量	合共
		總額HK＄		

姓名：（中文）＿＿＿＿＿＿＿＿＿（英文）＿＿＿＿＿＿＿＿＿＿

日間郵寄地址：＿＿＿＿＿＿＿＿＿＿＿＿＿＿＿＿＿＿＿＿＿

日間聯絡電話：＿＿＿＿＿＿＿＿＿＿＿＿＿＿＿＿＿＿＿＿＿

傳真：＿＿＿＿＿＿＿＿＿＿ 身份證號碼：＿＿＿＿＿＿＿＿＿

付款方法：

□附劃線支票　抬頭請寫「明報出版社有限公司」

□信用卡付款（只適用於購滿 HK＄100 或以上）

　　□VISA　　　□MasterCard

信用卡號碼：＿＿＿＿＿＿＿＿＿＿＿＿

有 效 期 至：＿＿＿＿＿＿＿＿＿＿＿＿

有 效 簽 署：＿＿＿＿＿＿＿＿＿＿＿＿必須與信用卡上的簽名相同

郵購請寄
香港柴灣嘉業街 18 號
明報工業中心 A 座 15 樓
明報出版社

傳真訂購電話
（852）2898 2646
只限以信用卡付款者

周易與預測學

作　　　者：邵偉華

責任編輯：蔡敦祺

封面設計：陳邦儀

出　　　版：明報出版社有限公司

發　　　行：明報出版社有限公司

　　　　　　香港柴灣嘉業街 18 號明報工業中心 A 座 15 樓

　　　　　　電話：2595 3215　　傳眞：2898 2646

版　　　次：一九九七年三月第十版

ISBN　　：962 – 357 – 290 – 5

承　　　印：金冠印刷有限公司

版權所有・翻印必究